Cómo crear la
Relación Ideal

Si este libro le ha interesado y desea que lo mantengamos
informado de nuestras publicaciones, puede escribirnos a
comunicacion@editorialsirio.com,
o bien registrarse en nuestra página web:
www.editorialsirio.com

Título original: HOW TO HAVE A MATCH MADE IN HEAVEN
Traducido del inglés por Antonio Gómez Molero
Diseño de portada: Editorial Sirio, S.A.
Ilustración de portada: dreamer82 - Fotolia.com

©   de la edición original
     2012 Ask Productions

©   de la presente edición
     EDITORIAL SIRIO, S.A.

EDITORIAL SIRIO, S.A.	NIRVANA LIBROS S.A. DE C.V.	ED. SIRIO ARGENTINA
C/ Rosa de los Vientos, 64	Camino a Minas, 501	C/ Paracas 59
Pol. Ind. El Viso	Bodega nº 8,	1275- Capital Federal
29006-Málaga	Col. Lomas de Becerra	Buenos Aires
España	Del.: Alvaro Obregón	(Argentina)
	México D.F., 01280	

www.editorialsirio.com
sirio@editorialsirio.com

I.S.B.N.: 978-84-7808-860-7
Depósito Legal: MA-2051-2013

Impreso en Imagraf

Ariel y Shya Kane

Cómo crear la
Relación Ideal

**Un nuevo y transformador enfoque
sobre las relaciones y el matrimonio**

editorial Sirio

Este libro está dedicado a los protagonistas de los
vídeos y programas de radio mencionados en él.
Su sinceridad, valentía y voluntad a la hora
de exponerse a los demás
son una verdadera fuente de inspiración.

PRÓLOGO

Prácticamente a toda la gente que conocemos le interesa relacionarse bien con los demás. Hay muchos que están buscando pareja, quizá después de un divorcio o de haber enviudado, o tras un largo paréntesis sin salir con nadie. Otros están comenzando; nunca se habían aventurado hasta ahora por ese terreno. También hay algunos que están atrapados en relaciones conflictivas y muchos matrimonios que han perdido la pasión. Y además hay otros cuyas relaciones o matrimonios funcionan muy bien, pero aun así echan en falta algo más en la unión de pareja. En todos estos casos vemos salir a la luz ciertas ideas y principios básicos. Cuando los conozcas y los domines, no solo sanarás tu relación sino que entrarás en el ámbito de la relación ideal.

Hace poco una mujer nos dijo: «No todo el mundo puede tener una relación ideal, como la vuestra». Eso nos dio que pensar. Nos dimos cuenta de que aunque llevaba razón, eso no significa que tú no puedas disfrutar de una relación ideal. En este libro exponemos las claves que te ayudarán a lograrlo.

Como afirmamos en nuestro primer libro, *Working on Yourself Doesn't Work: The Three Simple Ideas That Will Instantaneously Transform Your Life* (Trabajar en ti mismo no sirve: tres ideas sencillas que transformarán tu vida en un instante):

> El estado ideal se produce a la par que se van desarrollando nuestras vidas, ahora mismo, en este preciso instante. El secreto consiste en ser capaz de acceder a ese estado con el que coexistimos, no solo cuando estamos en unas circunstancias agradables y adecuadas, sino día tras día, en todo momento.

Desde 1987 hemos actuado como catalizadores para cientos de individuos y parejas, guiándolos en el camino a la comunicación efectiva y a la transformación personal. Nuestros talleres son eventos orgánicos e interactivos, y los propios participantes son uno de sus elementos más extraordinarios. No es raro encontrar, durante nuestros seminarios nocturnos, en donde conocemos por vez primera a algunos de los participantes, a muchos que están dispuestos a hablar sobre sus más grandes esperanzas, sus preocupaciones más profundas y los mayores desafíos de sus vidas. No deja de sorprendernos y admirarnos la grandeza de la gente que hemos ido conociendo alrededor del mundo.

En 2009, como extensión natural de nuestros seminarios, iniciamos un programa en Internet, *The Premium Excellence Club*, en el cual mediante suscripción se podían recibir artículos especiales, acceder a secciones como «Preguntas y respuestas» –que contestamos personalmente–, y ver minisesiones en vídeo de nuestro trabajo con individuos y parejas. Este programa ha sido para muchos un medio eficaz de conseguir una dosis de transformación instantánea enviada semanalmente a la bandeja de su correo electrónico. El número de vídeos fue creciendo, y con él la profunda emoción que nos producía la generosidad de quienes se sentaban a conversar con nosotros, dispuestos a responder de una manera pública a las preguntas más privadas e íntimas. Ha sido un verdadero privilegio contemplar sus caras mientras reunían el valor suficiente para formular una pregunta y escuchar nuestra perspectiva transformadora. La cámara ha recogido la expresión de sus rostros, su lenguaje corporal y todos sus gestos en el instante preciso en que se transformaban sus vidas.

Un día estábamos mirando una minisesión de vídeo en la que trabajábamos con una mujer llamada Christiane. Llevábamos unos minutos haciéndolo cuando de repente comprendimos que se trataba de un ejemplo perfecto de cómo nos quedamos estancados en las relaciones. Era muy valioso para no compartirlo con otros. Christiane parecía ir cobrando vida conforme descubríamos algunos de los «errores» arquetípicos que solemos cometer en las relaciones y veíamos cómo estas elecciones vitales pueden llevarnos cuesta abajo por un camino de insatisfacción el resto de nuestras vidas. Simplemente era demasiado bueno para guardarlo solo para nosotros y los suscriptores del programa. Había llegado el momento de pedir permiso para compartir con el resto del mundo los progresos de Christiane, además de las historias de muchos otros que nos han inspirado. Hoy estamos encantados de que tanta gente valiente no solo nos haya permitido, sino también animado, a compartir contigo sus relatos verídicos.

Guardamos una evidente deuda de gratitud con nuestros clientes, que han sido tan generosos con su tiempo y tan sinceros a la hora de hablar de su habilidad y de relacionarse. Acompáñanos mientras exponen sus pensamientos íntimos y flaquezas para que puedas descubrir cómo crear la relación ideal, al mismo tiempo que ellos. Te invitamos a adentrarte en estos momentos tan especiales en los que cada uno revela una faceta de esa piedra preciosa que es la relación ideal.

En nuestra galardonada obra *How to Create a Magical Relationship: The Three Simple Ideas That Will Instantaneously Transform Your Love Life* (Cómo crear una relación mágica: tres ideas sencillas que transformarán tu vida en un instante), cambiamos los nombres de los protagonistas de las historias que usamos como ejemplos. Sin embargo, en este libro innovador, no solo los dejamos intactos en la mayoría de los casos, sino que ofrecemos acceso online a los propios vídeos.

Te pedimos que tengas en cuenta que nos hemos tomado algunas licencias literarias al incorporar los vídeos en el texto de *Cómo crear la relación ideal*. Decidimos que una simple transcripción de nuestras conversaciones se quedaría corta a la hora de recrear su brillo, ya que normalmente se «marchitan» al sacarlas de la pantalla. Nuestra intención es hacer que tanto nuestros protagonistas como las historias que nos cuentan cobren vida ante ti. Esperamos haberles hecho justicia.

1

APRENDE A ESCUCHAR

Sea cual sea el punto en que te encuentres —en la fase del cortejo, las relaciones o el matrimonio—, una de las aptitudes más importantes que puedes desarrollar y afinar es la de escuchar (escuchar *de verdad*) para atender a lo que tu pareja (o cualquier otra persona) te está diciendo desde su punto de vista. Esto suena bastante sencillo, y a lo mejor piensas que ya lo sabías. Pero ¿de verdad lo sabes?

Nuestras mentes son microprocesadores complejos e inteligentísimos, capaces de realizar muchas tareas en una fracción de tiempo infinitamente minúscula. Esa es una de las razones por las que reducir nuestra velocidad hasta quedarnos simplemente en la escucha suele ser algo complicado. Piensa en esto: si alguien dice algo que te gusta, ¿no le das automáticamente la razón en tu interior?

Vamos a examinar un momento el proceso de asentir o disentir. Para estar de acuerdo con algo hay un paso previo: comparar lo que se ha dicho con lo que ya sabes. Si lo que alguien dice es congruente con tu base de conocimiento y tus creencias, estarás de acuerdo. Si no, estarás en desacuerdo. Pero todo este proceso se produce en un nanosegundo. Hazte a ti mismo las siguientes preguntas:

1. ¿Alguna vez me sorprendo a mí mismo adelantándote en mis pensamientos y terminando la frase que alguien está pronunciando?
2. ¿En alguna ocasión pierdes el sentido de lo que el otro está diciendo por estar ocupado pensando en lo que quieres decir cuando te llegue el turno?
3. ¿Asientes y disientes automáticamente, mientras conversas con alguien?

Si la respuesta a alguna de estas preguntas es «Sí», no te preocupes. Eres normal. De hecho, tener una mente que funciona así es parte de ser humano. Lo que te sugerimos es que hagas un pequeño esfuerzo por ir más despacio y escuchar lo que dice tu interlocutor desde su propia perspectiva. No escuchar como si ya lo supieras. No escuchar teniendo en cuenta si va en contra o a favor de tus propósitos. Y no estar de acuerdo ni en desacuerdo, sino simplemente escucharlo desde el punto de vista del otro.

Aquí te ofrecemos algunas pistas sobre cómo aumentar tu capacidad de escuchar. Empieza por escuchar con los ojos además de con los oídos. Mira directamente a tu pareja o a la persona con quien estés en esos momentos.

Implícate como si estuvieras escuchando las palabras
y la esencia de lo que se está diciendo no solo con
tus oídos sino también por medio de tus ojos.

Si estás escuchando a alguien por teléfono, sé consciente de que tus ojos siguen procesando información. Si estás leyendo correos electrónicos o mirando un programa de televisión con el volumen apagado, te perderás los matices de lo que se está diciendo. Eres perfectamente capaz de alternar una y otra actividad pero no harás bien ninguna de las dos. Y no crearás una sensación de intimidad. Simplemente escucharás lo que esperas escuchar, no lo que realmente se está diciendo.

2

LA INTIMIDAD EMPIEZA POR TI

Un lunes por la tarde hablamos con Ursula, una mujer suiza de mejillas sonrosadas y aspecto de querubín, de cuarenta y pocos años y pelo castaño corto. El día antes había participado en nuestro taller de fin de semana en Hamburgo, Alemania, y era una de las asistentes que iban a grabar unas minisesiones de vídeo con nosotros. En el transcurso de ese seminario hablamos con los participantes sobre estar en el momento, sobre estar realmente aquí en nuestra vida, en lugar de intentar adelantarnos o centrarnos en llegar a alguna parte. Los animamos a que se escucharan de verdad unos a otros.

Cuando relacionamos lo que estamos escuchando con nuestras vidas, es muy fácil quedarse centrado en uno mismo y dejar de prestar atención cada vez que la conversación se desvía de nuestras preferencias o no se ajusta a nuestros intereses. Por ejemplo, alguien puede asistir a uno de nuestros seminarios con el objetivo primordial de aprender cómo encontrar pareja o «arreglar» su relación. El resultado es que cuando se hable de deportes o de la crianza de los hijos, tenderá a perderse en sus propios pensamientos en lugar de escuchar con atención.

Ursula había pasado el fin de semana con nosotros prestando conscientemente atención a todo lo que estuviera sucediendo en el momento. Esto tuvo un impacto profundo en cómo se veía a sí misma y al resto de la gente, así como a las circunstancias que formaban parte de su mundo. El resultado fue que, en lugar de mantener un diálogo consigo misma sobre sus preferencias, en seguida empezó a experimentar directamente una sensación de frescura e intimidad en su vida.

Ursula había sido nuestra cliente y amiga durante varios años, y cuando nos sentamos con ella para grabar la sesión, nos resultó obvio que se había producido un cambio en ella, algo especial había ocurrido durante el fin de semana. En ese día frío de otoño, sentada en un acogedor apartamento, se le humedecieron los ojos y la voz se le quebró de emoción. Todos los que asistían a la grabación estaban fascinados.

—¡Estoy tan ilusionada! –dijo Ursula—. Asistí a vuestro taller de fin de semana aquí en Hamburgo y creo que por primera vez en mi vida he descubierto lo que significa la palabra «intimidad». –Hizo una breve pausa mientras se serenaba. Conteniendo las lágrimas, respiró hondo y continuó–: Hoy me fui de compras con unas amigas, y el mundo estaba lleno de momentos de intimidad, en cualquier lugar, con cualquier persona, hasta con un vendedor.

Se esforzó en expresar lo especial que había sido su día. Le resultaba difícil poner en palabras la sensación de dulzura y grandeza que sentía por el hecho de estar viva. De pronto, sin ningún motivo aparente, se había sentido libre para ser ella misma, y su jornada transcurrió con una sensación de asombro infantil.

—Me sentía tan ligera... —dijo—. Me limitaba a vivir, sin pararme a pensar, sin tratar de averiguar cómo hay que vivir. Yo no decidí ponerme a cantar la canción de Abba que sonaba en la megafonía de los grandes almacenes. Simplemente pasó, surgió de una manera espontánea. Empecé a cantar, sin más. Cuando me fijaba en unos pantalones o veía alguna joya, me acercaba tranquilamente hasta allí para mirarlos de cerca. Sentía intimidad con las *cosas*, además de con las personas.

Resultaba evidente que Ursula se sentía inspirada mientras hablaba sobre lo que sucedió aquel día. Nunca se le había ocurrido que la intimidad fuera una experiencia que se produce cuando estás en el momento, en lugar de ser algo que se da solo con gente especial, bajo circunstancias especiales. Había tenido conversaciones significativas con sus amigos y con la camarera que le sirvió la ensalada. En realidad los acontecimientos del día fueron de lo más normal, pero la forma en que los vivió la había transformado.

—Tengo una pregunta sobre esos momentos de intimidad —dijo Ariel—. ¿Alguno de ellos tenía que ver con hombres?

Ursula hizo una pausa. Miró al vacío mientras repasaba los recuerdos de ese día. La sala permanecía en silencio. Pasaron varios segundos.

—Que yo recuerde, no —susurró con un hilo de voz. Pero al momento se le iluminó el semblante—. ¡Sí, sí! Hubo algunos con hombres! —exclamó, riendo encantada.

—Muy bien —dijo Ariel—. La verdad es que es fantástico que puedas sentir esa intimidad con la ensalada, los pantalones y las amigas. No me estoy riendo de ti. Es solo que me parece gracioso.

—*Es* gracioso —dijo Ursula.

—Pero yo empezaría a incorporar también a los hombres —dijo Ariel, echando un vistazo a Shya—. Porque el mundo está lleno de ellos.

—Al menos la mitad del mundo —dijo Shya.

—Y son maravillosos, ¿sabes? —añadió Ariel.

—Sí, ya lo veo —respondió Ursula, mirando a Shya. Se le humedecieron los ojos de emoción—. *Te* veo.

—Oh, eso es estupendo. Muchas gracias —respondió Shya.

—Lo es —dijo ella—. ¡Y muy divertido también!

—Oh, hummm —murmuró él, y nos quedamos un rato disfrutando de nuestra mutua compañía.

—Es emocionante ir descubriendo cada vez más cosas de mi vida —dijo Ursula con vehemencia—. Este sentimiento de intimidad abarca a más y más gente.

—Eso está bien —dijo Shya.

—Y a los *hombres* —añadió.

—Eso es como decir «amén» —bromeó Ariel.[1]

—¡Sí, amén! —dijo Ursula.

---

1. N. del T.: juego de palabras intraducible entre *and the men* (y los hombres) y *Amen* (amén).

Fue un momento dulce e íntimo, compartido por los tres y por quienes estaban observándonos en la sala.

—No puedo agradecértelo lo suficiente –dijo Ursula–. Llevo viniendo bastante tiempo a estos cursos. Creo que siete u ocho años. Hay más profundidad, más amplitud, más dicha, más de mí y más cosas por vivir con cada persona que conozco. Me encanta. ¡Muchas gracias!

Nos alegramos por Ursula. Había comprendido realmente la esencia del enfoque transformador de nuestra propia vida, que se hace extensiva a un enfoque transformador de las citas, las relaciones y el matrimonio. Ya no se trataba a sí misma como si tuviera algo malo o algo que hubiera que arreglar. Ya no se sentía perdida intentando salir adelante, encontrar un novio, mejorar su vida o arreglar a quienes se encontraban a su lado. No estaba ausente, enfrascada en sus quejas o aferrada a la historia de su pasado y a sus planes para el futuro. Ursula descubrió que la intimidad empezaba por ella misma. Estaba fluyendo con la sensación de «estar aquí» y su vida empezaba a ser ideal.

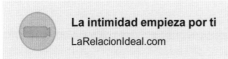

La intimidad empieza por ti
LaRelacionIdeal.com

CÓMO ACCEDER A LOS VÍDEOS Y PROGRAMAS DE RADIO

Si quieres ver los vídeos que acompañan a cada capítulo y acceder a los programas de radio que forman la base de *Cómo crear la relación ideal*, tan solo tienes que ir a:

www.LaRelacionIdeal.com

y seguir las instrucciones de la página. También puedes guardar la dirección en tu buscador de Internet para que te sea más fácil acceder a ella en el futuro.

O bien tener acceso a los vídeos y programas de radio usando el código de respuesta (QR) con un *smartphone*.

3

ACTÚA COMO UN CIENTÍFICO

Aunque las citas, las relaciones y el matrimonio son temas muy personales, la mejor manera de enfocarlos es hacerlo de una forma impersonal. Nuestro enfoque es antropológico. Un antropólogo estudia las culturas. Le interesa descubrir en qué consiste una cultura determinada, no juzgar cómo funciona. Para crear una relación ideal aplicando el enfoque transformador, la clave es la conciencia.

LA CONCIENCIA: UN PUNTO DE VISTA
ANTROPOLÓGICO/TRANSFORMADOR

Tomar conciencia es observar o ser testigo de algo sin hacer críticas ni juzgarlo, ver sin añadir el elemento de «hacer» algo para alterar lo que vemos. Cuando tomes conciencia, deja en suspenso tus ideas de bueno y malo, correcto e incorrecto, mejor y peor, para poder dedicarte simplemente a observar sin juicios de ningún tipo. Al hacerlo, no perderás nada, seguirás manteniendo tus valores. Tan solo estarás dejando a un lado los juicios, para ver más claramente tu conducta o tu manera de relacionarte contigo mismo, con tu entorno y con los demás.

¿Por qué no desarrollamos una perspectiva antropológica similar a la hora de abordar nuestro comportamiento? Como hemos mencionado, un antropólogo observa las culturas sin juzgar, sin compararlas con ningún estándar, tan solo para entender cómo funcionan. Por lo general, la gente no aplica esta forma de observar, sin críticas ni juicios a uno mismo y a la propia manera de relacionarse. Te invitamos a que actúes como un científico, a que explores una cultura formada por una sola persona —tú— y la manera en que te relacionas.

Si lo que quieres es *cambiar* tu manera de relacionarte, será una tarea ardua, llena de juicios y remordimientos. Cuando te esfuerzas en cambiar, buscas esos aspectos de tu conducta o de la conducta de tu pareja que consideras equivocados o inapropiados. A partir de ahí comienza la labor de corregir aquello que has identificado como el problema.

Hablemos un momento sobre esto. Lo que ahora te parece problemático te lo inculcaron en el entorno cultural en el que creciste. Tus ideas de correcto e incorrecto, bueno y malo, bello y feo se basan en los patrones culturales absorbidos en tus primeros años de vida. Te enseñaron a identificar lo que está mal y hacer algo para arreglarlo. Este es el paradigma del cambio, no de la transformación.

> Con la transformación, el simple hecho de
> ver basta para llegar a una solución.

Se trata de mirar para ver «lo que hay» en lugar de juzgar cómo os comportáis tú o tu pareja. Es decir, se trata de observar comportamientos y no de encontrar defectos y aspectos que criticar en la manera en que te relacionas.

La idea de que el simple hecho de ver algo puede solucionar tus problemas puede sonar extraña, imposible o, en cierto modo, incompleta. No te preocupes. En las páginas siguientes te demostraremos que existen posibilidades que todavía ni siquiera te has planteado. Somos conscientes de que te gustaría cambiar, abordar o eliminar algunos aspectos de tu manera de relacionarte. Sin embargo, lo que te estamos sugiriendo es una manera mucho más fácil y más efectiva de resolver tus «problemas» que criticarte a ti mismo y a tu pareja.

Existe la posibilidad de la transformación instantánea.

LOS TRES PRINCIPIOS DE LA TRANSFORMACIÓN INSTANTÁNEA

Aunque exploramos profundamente los tres principios de la transformación instantánea en *Working on yourself doesn't work* y en *How to Create a Magical Relationship*, creemos que es importante esbozarlos también aquí. La razón es que forman una estructura de apoyo que puede hacer avanzar tu relación de lo mundano a lo mágico, y que son la columna vertebral de una relación ideal. No importa si no conoces nuestros principios. Aunque aquí solo exponemos las nociones básicas, habrá muchos ejemplos en el libro que llevarán los conceptos al terreno de la realidad para que veas cómo cobran vida los principios.

Primer principio de la transformación instantánea:
lo que resistes persiste y se hace más fuerte
(y controla tu vida y tus relaciones).

Puede que conozcas una ley de la física que dice que a cada acción le corresponde una reacción igual y contraria. Esta ley es también la base del primer principio de la transformación instantánea. En una ocasión tuvimos una conversación con un físico que nos describió esto en términos sencillos: «Cuando empujas algo, esto empuja en el sentido contrario con la misma cantidad de fuerza». Si aplicas esta idea a las relaciones, te das cuenta de por qué se estancan.

Por ejemplo, ¿te has fijado alguna vez en algo que no te guste de tu pareja o has intentado cambiarlo? ¿Y cuanto más te empeñas en cambiar a tu pareja, más se obstina en seguir igual? ¿Alguna vez la criticas, en voz alta o en tus pensamientos? Cuando sucede esto, los desacuerdos entre vosotros llegan a controlar tu vida y tu relación hasta que se vuelven el principal foco de atención. Dejas de ver sus cualidades, aquello que al principio te atraía de ella y pasas a ver solo sus defectos, o lo que consideras que son sus defectos. De manera que, una vez más, el primer principio es que cualquier cosa a la que opongas resistencia, persistirá, seguirá estando ahí y, de hecho, terminará controlando tu relación.

Segundo principio de la transformación instantánea:
dos cosas no pueden ocupar el mismo
lugar al mismo tiempo.

Para entender mejor este principio, piensa en un momento específico. Te bastará con chasquear los dedos. Si chasqueases los dedos ahora mismo, en el momento en que se produce ese chasquido ¿dónde estarías? ¿Tal vez sentado en una silla? Si es así, solo podrías estar sentado donde estabas en ese preciso instante. En otras palabras, solo puedes estar exactamente donde y como estás en cada momento.

Para ilustrar mejor esta idea, ¿alguna vez has dejado en pausa un programa de televisión, un DVD o un vídeo? ¿El actor que salía en pantalla se quedó paralizado con una expresión ridícula en el rostro? El movimiento se detuvo, y él se quedó con la boca abierta y los ojos medio cerrados.

Todos tenemos preferencias e ideas que dictan cómo deberíamos estar en un determinado momento de nuestras vidas. En nuestras fantasías, tendríamos una relación armoniosa, enriquecedora y dichosa, y todos los encuentros con quienes nos rodean se desarrollarían sin tropiezos. Nos sentiríamos bien con nosotros mismos, seguros y satisfechos. Pero ¿y si no es así? ¿Y si acabaras de tener una discusión con tu pareja? ¿Y si no pudieras encontrar a nadie para salir?

Es el momento de adoptar una perspectiva antropológica. El estado de tu relación o tu capacidad para relacionarte se refiere solo a un instante de tiempo. En este momento solo puedes ser exactamente como eres y estar donde estás. Esto no es ni positivo ni negativo, porque lo positivo y lo negativo son parte del paradigma del cambio, lo contrario al paradigma de la transformación. Simplemente es así. La vida se desarrolla en una serie de «ahoras», y en *este* ahora solo puedes ser exactamente de la manera en que eres. Ese es el segundo principio.

Tercer principio de la transformación instantánea:
cualquier cosa a la que le permitas ser exactamente
como es se acabará y disolverá por sí misma.

Si dejas que las cosas sean como son, sin intentar cambiarlas ni arreglarlas, sin juzgarlas como buenas o malas, correctas o incorrectas, se acabarán por sí mismas y desaparecerán.

A menudo este principio es el más difícil de comprender porque nos han inculcado que darse cuenta de algo no basta para solucionarlo. Creemos que debemos sentirnos mal por nuestras faltas y proponernos ser mejores. Creemos que tenemos que mirar el problema, encontrar una solución y luego esforzarnos por llevar a cabo con éxito la nueva estrategia.

Pero vamos a echar un vistazo a nuestras vidas y ser sinceros. ¿No es verdad que todo aquello de lo que hemos intentado desprendernos sigue de alguna manera ahí? Todo eso contra lo que luchamos no acaba de irse de nuestras vidas.

La conciencia, examinar las cosas sin juzgarlas, puede liberarnos de viejas conductas, incluso de las que llevan años con nosotros y contra las que nos hemos resistido, o de las que hemos intentado deshacernos, que forman parte de nuestra lista de buenos propósitos de Año Nuevo. Si te das permiso a ti mismo para simplemente aceptar algo, ese algo pierde el poder que tenía sobre ti. Sin embargo, si te resistes a un viejo patrón de conducta, lo único que consigues es darle más fuerza.

Cuando ves algo sin juzgarlo o sin oponer resistencia, en el instante en que lo ves, se soluciona. Esto puede ser difícil de comprender para nuestras mentes porque está fuera de lo que es nuestra realidad normal, en la que nos han educado para *hacer* algo con lo que vemos. No obstante, darte cuenta de cómo te relacionas es suficiente para, en ese mismo instante, encontrar la solución.

LOS TRES PRINCIPIOS Y TU MENTE ASTUTA

Ahora que tienes la base de los tres principios para la transformación instantánea, date cuenta de lo astuta que es tu mente al tratar de reconfigurar las cosas para que puedas seguir «cambiando» y mejorando. En otras palabras, es probable que transformes estos principios en un sistema que genere cambios con la intención de «ver» algo y «aceptarlo» para que así se termine por sí mismo y desaparezca. Este es el primer principio camuflado: te estás resistiendo. Se necesita práctica para observar cómo vives y te relacionas sin juzgarlo, sin añadir el propósito de convertirte en alguien mejor ni intentar «arreglar» a tu pareja.

El cambio es lineal; este libro, no

En un mundo perfecto y lineal, una cosa sigue a la otra en una secuencia lógica que avanza hacia una conclusión racional, deseada. En este mundo de fantasía, empiezas a salir con alguien, tienes una relación con esa persona y luego te casas con ella y vives feliz. Pero la vida no es así.

Al principio pensamos dividir este libro en esos pasos lógicos. Podíamos empezar por las citas, seguir con las relaciones y luego, naturalmente, llegaríamos a la meta final: el matrimonio. Sin embargo, relacionarse es un proceso mucho más orgánico. Hay giros del azar e influyen muchos factores. Como descubrirás en las páginas siguientes, una relación ideal no es un logro, sino una forma de vivir que requiere que centres tu atención en cómo relacionarte y sigas cultivando el romanticismo con tu pareja. Así, por ejemplo, encontrarás capítulos que hablan del cortejo diseminados por todo el libro.

Tanto si estás saliendo con alguien como si tienes una relación más estable o estás casado, intenta suavizar esa tendencia a ir por delante de los acontecimientos y trata de mejorar tu capacidad de relacionarte centrándote en el momento que estás viviendo ahora mismo. Conforme te acostumbres a estar aquí, tu manera de relacionarte se expandirá espontáneamente por sí misma. No tienes que proponerte mejorar. No es necesario que tomes notas mentales sobre cómo comportarte.

Solo tienes que escuchar. Simplemente con «escuchar» —es decir, leer para saber desde nuestro punto de vista lo que te decimos—, sin hacer nada más, nuestro enfoque se integrará de un modo natural en tu manera de ser.

Pero queremos hacerte una advertencia. Esto va a ser complicado porque eres inteligente y te han educado en la creencia de que si ves algo «imperfecto» o erróneo, deberías intentar hacer algo para cambiarlo. Te han hecho creer que eso te beneficiará en el futuro. Te han metido en la cabeza la idea de que algún día tu vida será mejor de lo que es en este momento. Es muy probable que nunca te hayan enseñado a dedicarte íntegramente a este instante como si fuera el momento cumbre de tu vida. Y eso es justo lo que es.

No te preocupes. No te hace falta cambiar. La transformación ya se está produciendo. Sucede en un instante y vas cosechando sus beneficios con el paso del tiempo. Esta es una de las paradojas de un enfoque transformador. Tu capacidad de relacionarte se transforma en un instante y sin embargo, con constancia, los efectos son acumulativos.

Por cierto, debes saber que aunque tu transformación se produce en un instante, tu mente tarda en asimilarla. Es una máquina que está repleta de grabaciones de temas que has ido componiendo durante toda tu vida y que se repiten incesantemente en tu cabeza. Si solo notas tus pensamientos, sin aferrarte a ellos como a una verdad absoluta, perderán su poder sobre ti y sobre tu capacidad de relacionarte.

4

LA RELACIÓN IDEAL EMPIEZA POR TI

Somos lo que pensamos.
Todo lo que somos surge de nuestros pensamientos.
Con nuestros pensamientos construimos el mundo.

BUDA

Con objeto de construir unos cimientos fuertes en los que asentar tus relaciones, primero debes examinar la que mantienes contigo mismo. Si te tratas mal a ti mismo, finalmente terminarás tratando mal a tu pareja. Cuando conectas con alguien, esa persona se convierte en una extensión de ti. Al final la atacarás de la misma manera que te atacas a ti. Al principio puede que solo la critiques en tu pensamiento. Pero pronto los pensamientos se traducirán en actitudes, y las actitudes dictan las acciones. Piensa en las desavenencias que has tenido con otros en tu vida. ¿Las peores peleas y las discusiones más fuertes no han sido acaso con quienes más quieres?

Si después de leer este libro, obtuvieras un solo beneficio (tratarte bien a ti mismo), nos sentiríamos increíblemente afortunados.

La relación ideal empieza por ti. Si en tu interior
hay agitación, no habrá paz en tus relaciones.

Para desprenderte de esos pensamientos repetitivos y negativos sobre ti mismo, siempre es una buena idea que tomes conciencia de tu conversación interior sin juzgar lo que veas. Conforme te vuelves consciente de todo lo que te dices sobre ti mismo en la privacidad de tus pensamientos, notarás que estos no son estáticos. En otras palabras, en cierto tipo de situaciones tus pensamientos tomarán automáticamente un giro negativo y en otras no lo harán. Si empiezas con la suposición de que tus pensamientos son siempre negativos o que siempre te subestimas, no percibirás los matices de tu vida interior y no te darás cuenta de esas ocasiones en que te tratas con amor.

En la próxima sección te invitamos a escuchar una conversación que tuvimos con nuestra amiga y clienta Stefanie, en un jardín, una mañana soleada en la que soplaba una suave brisa. Era un día precioso de primavera, al lunes siguiente de uno de nuestros seminarios de fin de semana.

LA BONDAD EMPIEZA POR TI

Stefanie es una bella mujer de mediana edad con un lustroso cabello blanco y ondulado que le cae suavemente sobre los hombros. Cuando empezamos, no perdió el tiempo en exponer lo que pensaba que era su problema.

—Me doy cuenta de que le guardo rencor a la gente —dijo con una ligera expresión de desagrado en el rostro. Guardar rencor pareció dejarle un mal sabor de boca—. Me cuesta mucho trabajo perdonar a los demás —prosiguió—, si se han portado mal conmigo o si han hecho algo que no me gusta.

—Bueno, eso empieza por ti –dijo Ariel.

Durante un momento Stefanie dio la impresión de haberse quedado ligeramente desconcertada por el comentario de Ariel. Parecía sorprendida. Quizá esperaba que la juzgáramos por guardar rencor tanto como ella se juzgaba a sí misma. Ese no era el rumbo que creía que tomaríamos ninguno de los dos.

—Me atrevería a apostar que te cuesta bastante trabajo perdonarte a ti misma por lo más mínimo que hayas hecho que te parezca que no está bien o no es apropiado –sugirió Shya–. Cada vez que haces algo que piensas que no está lo suficientemente bien o que cometes un «error», te juzgas a ti misma.

Stefanie se rió reconociéndolo, mientras el sol caía sobre su pelo y lo iluminaba como un halo.

—Oh, sí –admitió–. Soy muy dura conmigo misma incluso aunque solo haya tropezado con una escalera.

CÓMO TE TRATAS A TI MISMO ES COMO TRATAS A LOS DEMÁS

Cuando Stefanie mencionó la palabra «tropezar», a Ariel le vino a la mente el recuerdo de la primera vez que la vi, hace varios años, en uno de los talleres que organizamos en Hamburgo. En el edificio en el que lo impartimos había una elevación de varios centímetros en la entrada de las salas y Shya tropezó en una de ellas. Al verlo, Stefanie exclamó: «Tú no puedes estar *tan* iluminado. ¡Tropezaste!».

—Oh, Dios –exclamó Stefanie, riéndose y sobresaltándose al mismo tiempo mientras se acordaba del incidente también. Después de tantos años seguía avergonzándose de su comentario.

—Stefanie, no te sientas mal por eso –dijo Ariel–. Ese no es un ejemplo de crueldad o dureza hacia Shya. En realidad es un ejemplo de cómo te hablas a ti misma.

—Sí –continuó Shya–, en ese momento simplemente me trataste como te tratas a ti misma.

—Eso es verdad –dijo Stefanie. Su semblante se relajó–. Eso es lo que me hubiera dicho a mí misma, al menos en mi interior.

—No –dijo Ariel–, tú habrías sido mucho más dura si hubieses estado hablando contigo.

—Sí, me habría llamado idiota o algo peor –asintió Stefanie.

—De acuerdo –dijo Shya–, tan solo date cuenta de las veces que te llamas a ti misma idiota y no te juzgues por ello. Simplemente fíjate en la naturaleza automática de esos ataques contra ti misma y trata de notarlos sin criticarte, porque cuando te atacas no puedes evitarlo. Si lo notas y no lo juzgas como bueno o malo, o apropiado o inapropiado, eso es suficiente para que se desvanezca en un instante –continuó, chasqueando los dedos–. No hace falta tiempo. Ocurre en un instante. Y luego cada vez lo haces mejor. Por cierto, este es el tercer principio de la transformación instantánea.

Stefanie había estado escuchándole absorta, con la boca ligeramente entreabierta.

—Genial –dijo, claramente encantada ante esa posibilidad–, porque a menudo me descubro a mí misma siendo dura conmigo, y entonces me digo: «¡No deberías ser tan dura contigo misma! –Ahora estaba riéndose.

—¿Ves? –dijo Shya–, ese es el primer principio. Si te opones a algo, persistirá. Cualquier cosa a la que te resistas permanece. Si dices: «no debería», eso hará que no desaparezca.

—Puedes tratar esa dureza como un problema –explicó Ariel–, y decir: «¡Oh, no debería hacer eso!» o puedes empezar a darte cuenta de cuando eres dura contigo. Simplemente observarlo o notarlo. Entonces tu conversación interior podría cambiar a algo como: «Uh, estoy irritada. Se me ha escapado algo. Ha pasado algo que me ha perturbado y no lo he visto». Porque hay veces en que harás exactamente lo mismo pero tendrás una reacción completamente distinta. Una vez te reirás y dirás: «Vaya, he tropezado», pero otra te llamarás a ti misma idiota.

—Cuando eres dura contigo misma, lo más probable es que ya estés irritada desde antes. Quizá hubo algo que se te olvidó decirle a alguien en el trabajo, o quizá permitiste que sucediera algo que no te parecía bien. Observar la manera en que te hablas a ti misma puede ser una aventura excitante llena de posibilidades, en lugar de un motivo más por el que tratarte mal.

—Eso es maravilloso –dijo Stefanie en un susurro–. Me da una sensación de alivio y de paz, porque no lo estoy haciendo mal.

—¡No puedes hacerlo mal! –exclamamos al unísono.

—Solo puedes hacerlo exactamente como lo estás haciendo en ese momento de tu vida –dijo Shya.

—Y eso es transformación –añadió Ariel cantando.

—Muchas gracias –dijo Stefanie. Su rostro resplandeció, el viento meció sus cabellos, y la sensación de alivio y de paz de la que hablaba se reflejó en la suavidad de su rostro y en la dicha de sus ojos. Era como si su cuerpo entero se hubiera desprendido de cada una de las palabras duras que había pensado o pronunciado alguna vez. De repente Stefanie estaba sintiendo su verdadera dulzura interior y la suavidad de la vida que palpita a su alrededor. Sucedió en un instante. ¡Y eso es transformación!

La bondad empieza por ti
LaRelacionIdeal.com

NO TE JUZGUES A TI MISMO POR JUZGARTE

¿Has notado alguna vez lo duro que eres contigo mismo? Probablemente te quedarías horrorizado si alguien grabara todos tus pensamientos y te los reprodujera luego para que los escucharas. Estás tan acostumbrado a la manera en que te hablas a ti mismo que puede que no seas realmente consciente del tono tan duro que empleas. En estos casos no notarás cuándo le hablas a tu pareja con la misma dureza.

Para ser más amable contigo y con los demás, primero debes prestar atención a la manera en que te portas ahora. Empieza por ser consciente de cuándo eres duro, de cuándo usas términos despectivos o un tono brusco. En el momento en que notes este comportamiento y no te juzgues por tenerlo, irá disminuyendo por sí mismo (tercer principio). Sin embargo, si te criticas a ti mismo por lo que ves, estarás oponiendo resistencia a tu comportamiento. Eso solo significa que, a pesar de tus mejores intenciones, no podrás detenerlo. Te quedarás atrapado en el círculo vicioso de comportarte «mal», sentirte «mal» por ello y volver a comportarte «mal» de nuevo. Este es el primer principio de la transformación instantánea: cuando eres duro contigo mismo por ser duro, lo único que haces es reforzar ese comportamiento. En otras palabras, lo que resistes, persiste, se hace más fuerte y controla tu vida.

Si has sido desagradable con tu pareja, ver este comportamiento sin juzgarlo es suficiente para eliminarlo. Pero aun así sigue siendo una buena idea disculparse. El enfoque transformador de las citas, las relaciones y el matrimonio es paradójico: no tienes que hacer nada con lo que ves, no tienes que juzgarte a ti mismo –ya que hacerlo te lleva a perpetuar tu comportamiento–, no tienes que proponerte mejorar en el futuro. Aun así, si has sido desagradable, decir «¡lo siento!» de corazón puede curar muchas heridas.

NOTA CUÁNDO YA ESTÁS DISGUSTADO

Puedes pensar que ciertas circunstancias son inherentemente perturbadoras o frustrantes, que te irritan y hacen que respondas de una manera brusca. Pero si miras bien, te darás cuenta de que cuando reaccionas de forma fuerte a algo, la mayoría de las veces ya estabas irritado.

La experiencia de conducir en medio de un tráfico intenso es un buen ejemplo. Si en esos momentos te sientes tranquilo y en paz contigo mismo, alguien puede atravesarse y cortarte el paso, y eso apenas te afecta. Es probable que, mentalmente, te encojas de hombros y permitas al otro vehículo que te adelante. Pero otro día, cuando estás de mal humor y se meten en tu carril, tu reacción será muy diferente, porque ya estás mal. El problema es que a la mayoría nos han enseñado a culpar de nuestro malestar a las circunstancias en lugar de vernos a nosotros mismos como condicionados para reaccionar.

NO LE ECHES LA CULPA AL GATILLO

La irritación puede ir desde un simple gruñido hasta una explosión de ira. Vamos a examinar la naturaleza explosiva de una bala como analogía de la irritación. Una bala es un proyectil situado dentro de una carcasa en el que hay un material combustible –pólvora– y una cápsula de fulminación. Al apretar el gatillo, el percusor de la pistola golpea la bala y una reacción química prende la cápsula de fulminación, que enciende la pólvora, causando una rápida expansión de gases. Esta expansión fuerza al proyectil a salir del cañón. Si tuvieras una bala en una carcasa, sin pólvora o sin cápsula de fulminación, no habría reacción al apretar el gatillo. La pistola solo se dispara cuando la bala está cargada.

Del mismo modo, es fácil echarle la culpa a tu pareja, a una circunstancia o incluso a ti mismo por hacer algo «incorrecto» cuando de hecho ya estabas «cargado» desde antes. Por ejemplo, si has tenido una mala jornada laboral o un día frustrante con tus hijos, cuando te encuentras con tu pareja es mucho más fácil contestarle bruscamente, como si ella fuera la causa de tu irritación.

Echarle la culpa a algo fuera de ti
perpetúa las irritaciones.

Estas irritaciones continuas perderán su poder sobre ti y, con práctica, te librarás de ellas, si te limitas a tomar conciencia de cómo funcionas, sin juzgarte por lo que ves en ti ni echarle la culpa a algo o alguien por causarlas.

PALOS Y PIEDRAS

¿Has escuchado alguna vez el dicho: «Los palos y las piedras romperán tus huesos, pero las palabras nunca te dolerán»? No es verdad. Las palabras pueden contusionar una relación. Y, como una fruta, cuando hay muchas magulladuras se pudre. Ahora es un buen momento para darte cuenta de cómo peleas y hacerlo sin juzgarte.

¿Cómo te han condicionado para discrepar de tu entorno y de los que te rodean? ¿Maldices? ¿Gritas? ¿Pronuncias injurias y arrojas objetos? ¿Les das golpes a las paredes o a la gente? ¿O te quedas callado y ausente? ¿Les echas la culpa a los demás o a las circunstancias de cómo te sientes, como si fueran responsables de tus sentimientos? Quizá te sientes deprimido, bebes en exceso y vagas como un alma en pena. O quizá le «haces el vacío» a tu pareja y duermes de cara a la pared. Hay otra manera más de pelear que consiste en quedarse hasta tarde con los amigos una y otra vez, sin tener en cuenta los deseos de tu pareja. O prometer que vas a estar en casa a una hora y llegar mucho más tarde. O tal vez llegas habitualmente tarde a cualquier sitio que vayas.

La mayoría de la gente evita reflexionar sobre cómo pelea. Pelear nos suele parecer algo «malo», de lo que avergonzarse, algo para esconderlo debajo de la alfombra o de lo que tienes que justificarte con tus amigos. Si quieres tener una relación ideal, te convendría emplear un enfoque antropológico. Es importante observarte y ver cómo te comportas cuando te sientes mal. Resulta más fácil deshacerse de esas formas habituales de discusión si te atreves a mirarlas con franqueza y sin juzgar lo que ves. Y no olvides que, si dijiste algo hiriente, esas dos palabras de oro, «Lo siento», dichas de corazón, a menudo suelen bastar para volver a arreglar las cosas.

5

EL RELATO DE TU VIDA

¿Alguna vez te has detenido a pensar hasta qué punto influye en tu forma de ser el relato que te cuentas a ti mismo sobre tu vida? ¿Qué edad tenías cuando te creaste la noción de quien eres? ¿Cuándo te formaste las ideas que tienes sobre las relaciones y tu capacidad de relacionarte? Todas estas ideas que albergas están muy bien ensayadas. Se han ido refinando a base de contarlas una y otra vez, primero a ti mismo en tus pensamientos, y luego a tu familia, a tus amigos y a cualquiera que te escuchara.

A la mayoría de la gente le da miedo desprenderse de la idea de quiénes son para descubrir su potencial. Puede que no te guste tu vida o cómo te relacionas, pero eres *tú*. Sin embargo, en tu relato hay muchas impresiones erróneas y limitantes, ya que se grabaron en tu mente desde un punto de vista infantil, y esto limita en gran medida lo que hoy te parece posible. Esta narración la fueron creando parcialmente las creencias de tu familia y el entorno que te rodeaba. Las primeras experiencias de la niñez, basadas en esa forma única de ver la vida, por ejemplo, con su ambiente cultural, contribuyeron a fabricar el relato de la persona que crees ser. Tus limitaciones forman parte de esa ficción. La historia se amplió añadiendo algunas cosas que pensabas que se te daban bien y otras que se te daban mal. Luego juntaste pruebas para respaldar tu opinión. Esto es especialmente cierto en el caso de tus supuestas faltas y limitaciones. Utilizas situaciones sociales e interacciones para demostrar que tus creencias sobre ti son ciertas. En realidad estas creencias te preceden y dictan cómo actuarás en cada momento de tu vida basándote en el pasado. El equivalente puede ser conducir mirando por el espejo retrovisor para decidir por dónde tienes que torcer y luego preguntarte por qué tu coche tiene tantas abolladuras.

La mente es una máquina de supervivencia. Colecciona y almacena información sobre incidentes que representaron amenazas potenciales, como si frente a esos incidentes tu comportamiento fuera en realidad la *causa* de tu supervivencia. ¿Se te ha ocurrido pensar alguna vez que sobreviviste *a pesar de* tus debilidades o tu manera de relacionarte? La mente siempre está reuniendo pruebas para demostrar que tiene razón, pero su sistema para reunirlas está sesgado de la siguiente forma: la mente examina la información para descubrir por qué sobreviviste. Sin embargo, la muestra de datos de que dispone se limita a lo que ya sabe, o cree, que es verdad. Desde su punto de vista, estas ideas son las únicas posibilidades que tienes de sobrevivir. Por tanto cualquier incidente fortuito que esté fuera de su paradigma o de su manera de ver las cosas en ese momento no existe en su sistema lógico. Como resultado, las conclusiones que alcanza tu mente son defectuosas debido a la limitada muestra de posibilidades a través de las cuales llega a esas conclusiones. Y sin embargo esta base limitada en la que se sustenta lo que conoces de ti mismo ha perpetuado el relato de tu vida y de quien piensas que eres.

Puede que no te guste este relato. Puede que diga que necesitas arreglar ciertos aspectos de tu vida o de tu educación para ser mejor. Pero es el relato que conoces. Salir de lo conocido resulta aterrador y puede parecer que ponga en peligro tu supervivencia. Y está claro que pone en peligro la supervivencia del relato, porque este te proporciona una identidad. Pero la identidad te da una falsa sensación de seguridad y de control sobre tu vida.

Por ejemplo, en el programa matutino *The Today Show*, hay un meteorólogo, Al Roker, que es famoso por haber perdido más de cuarenta y cinco kilos. El señor Roker estaba obeso y el deseo de su padre moribundo era que perdiera el exceso de peso. Recordamos una entrevista que hizo el reportero después de haber pasado por una intervención de bypass gástrico, en la que se resaltó el cambio que había sufrido su físico. Roker contó que su principal problema no era la operación ni el cambio de régimen alimenticio, sino la preocupación de que ahora que ya no era el «hombre gracioso y gordo del pronóstico del tiempo» dejaría de gustarle a la gente. Aunque su peso extremo era lo bastante grave para poner en peligro su vida, se sentía poco dispuesto a perderlo porque su mente había identificado su masa corporal con un elemento fundamental para su éxito y supervivencia.

TU MENTE ES COMO UNA MÁQUINA DE PANINI

Una máquina de Panini es en realidad una máquina de fabricar bocadillos calientes y sofisticados de queso. Si tomas dos pedazos de pan, un poco de mozzarella, una rodaja de tomate y algo de albahaca fresca, y lo colocas en una máquina de Panini, lo mezclará todo y formará una masa de harina tostada viscosa. Una vez que el queso se funde, es prácticamente imposible separar los ingredientes del bocadillo. Se han combinado formando un único elemento. Es lo mismo que una sopa. Una vez que está hecha, no puedes extraer un solo ingrediente.

De forma muy parecida, tu mente es un aparato de grabación que mezcla todos los ingredientes de un incidente y diseña una estrategia para salir adelante. Si cuando eras niño viste a tu alrededor un estilo de relación, es probable que inconscientemente busques ese mismo tipo de «amor» cuando seas adulto. Pero ¿qué sucede si uno de los ingredientes del «bocadillo» de tu relación es la idea de que no eres atractivo ni hay nadie que quiera salir contigo? ¿Cómo podría afectar esa historia a tu vida actual? Echemos un vistazo a cómo ha influido esa idea en la vida de una amiga nuestra.

UN MUNDO ENTERAMENTE NUEVO

En una habitación tranquila nos sentamos a charlar con nuestra amiga Annina. Era una preciosa mañana de primavera y había aproximadamente unos doce participantes preparados para salir en las minisesiones de vídeo. Estos valientes se habían prestado voluntariamente a hacer sus preguntas privadas en un formato público.

Hemos llegado a la conclusión de que hay algo en común en toda la gente, que su humanidad habla por encima de géneros, nacionalidades, edades y diferencias religiosas. Grupos muy diversos de individuos pueden verse a sí mismos en otras personas cuando se detienen a mirar. La gente muestra su generosidad cuando está dispuesta no solo a hacer una pregunta para su propio beneficio sino cuando, al mismo tiempo, está dispuesta a dar algo a los demás.

La primera impresión que da Annina es la de ser una mujer bastante robusta de unos cuarenta y tantos años; sin embargo, si dedicas un poco de tiempo en fijarte de verdad en ella, es probable que su cara redonda y su pelo corto castaño te den la impresión de que es una mujer traviesa. Si te fijas en la suavidad con la que habla y la facilidad con la que se sonroja, sin duda terminarás dándote cuenta de que Annina es como una flor delicada. Con mucha sinceridad, nos contó algo que le había sucedido recientemente:

—Tras regresar del taller que hicisteis en Costa Rica —dijo— me hice un nuevo pasaporte. El otro se había roto. No me había dado cuenta hasta que el agente de inmigración del aeropuerto de Newark me dijo: «Señora, le hace falta un nuevo pasaporte». La página de la foto estaba plastificada y había empezado a rasgarse.

No estábamos seguros de a dónde nos quería llevar Annina pero parecía tan absorta que era fácil seguir escuchándola.

—Ese era el quinto pasaporte que he tenido en mi vida y, por primera vez, estaba contenta con la foto —dijo con una sonrisa tímida.

Nos alegró que Annina fuera finalmente capaz de ver su belleza. Y ese era solo el principio. No nos imaginábamos lo que seguía.

—Cuando me devolvieron el viejo pasaporte perforado con un agujero, lo puse con los otros cuatro caducados. Y cuando lo estaba haciendo, miré los otros pasaportes. Solo miré las fotos, y, para mi sorpresa, ¡todas me encantaron! Pensé: «Bueno, era muy atractiva cuando tenía dieciséis años, y cuando tenía veintiocho...», de manera que fue maravilloso.

También para nosotros fue maravilloso que llegara a entenderlo. La historia de Annina sobre su falta de atractivo había ensombrecido la forma en que se veía a sí misma durante al menos treinta años. Su historia había actuado como un conjunto de anteojeras que ocultaban esa belleza tan evidente para nosotros cuando estábamos en su presencia.

—Cuando tenías dieciséis años, ¿pensabas que eras atractiva? –preguntó Ariel.

—No, en absoluto. Odiaba esa foto.

—¿Y a los veintiocho?

—No –dijo rotundamente–. Esta era la primera vez que estaba realmente contenta con una foto mía y pensaba que era atractiva. Me veo atractiva en ella.

Era un momento muy bueno para dejarlo pasar. Qué maravilloso descubrimiento acababa de hacer Annina. Qué hermoso ver por fin más allá de una vieja historia y comprender que de verdad eres realmente atractiva. Para divertirnos, le pedimos que volviera a decirlo. Estaba aturrullada cuando, un poco indecisa, dijo:

—Es la primera vez que... me veo atractiva. Y es una sensación estupenda.

Ariel dijo:

—Siempre has sido atractiva, pero no podías verlo porque tu diálogo interno te estaba diciendo otra cosa.

Daba la impresión de que acabara de abrírsele otra nueva puerta cuando contestó:

—Debe de haber sido así. Sí.

Al llegar a ese punto, ya no solo se encontraba en el umbral de una habitación que estuvo cerrada durante mucho tiempo, sino que se estaba preparando para entrar en un mundo totalmente nuevo. Con expresión melancólica, dijo:

—Me pregunto en qué otro contexto de mi vida no me he permitido a mí misma ver mi propio atractivo.

—Bueno, conozco uno de esos contextos –dijo Shya cariñosamente–. Todavía no me has mirado desde que empezamos a hablar.

Lo dijo en voz baja; sin embargo, la verdad de su observación era atronadora. Annina se giró para mirarlo de frente. No se detuvo a pensar en lo que había dicho Shya. No se puso a la defensiva. Simplemente miró sin juzgar lo que veía y dijo:

—Eso es verdad. –Y luego siguió mirando, y, como si estuviera respondiendo a un antiguo misterio, repitió–: Sí, eso es verdad.

—Por tanto, aquí hay otra posibilidad que puedes estar perdiéndote, Annina. Es eso que llamamos «hombres» –dijo Shya con la franqueza que le caracteriza–. Podrías ser atractiva para los hombres.

—Sí, sí –dijo ella riendo–. ¡Eso sería un poco peligroso!

—Podría serlo –dijo Shya–, pero también podría ser divertido.

Con un tono de asombro en su voz, Annina replicó:

—Sí, también podría ser divertido.

Mientras ambos reían afablemente, Ariel dijo:

—Casi la mitad de la población del planeta son hombres, Annina.

Fue un momento íntimo entre los tres, también compartido por el equipo que estaba rodando y los que asistieron a la grabación.

—¿Qué ocurre cuando lo miras? –preguntó Ariel, dirigiendo la atención de Annina de nuevo a Shya.

Annina se sonrojó encantadoramente y rió:

—Estoy sorprendida de la misma manera en que lo estaba cuando vi la foto de mi nuevo pasaporte.

—¿Y cómo es eso? –preguntó Shya–. ¿Qué es lo que te sorprende?

—Que no lo había visto antes.

—¿Ver el qué?

—Ver lo bien que sienta. Y todo ese mundo enteramente nuevo que aparece al mirarte.

—Sí –dijo Shya.

Annina permaneció callada en su asiento. Parecía como si estuviera despertando de un sueño.

—Y al mirarte a ti aparece la posibilidad de la otra mitad del mundo, el mundo de los hombres.

Fue un momento dulce. Annina miró a Shya y él le devolvió la mirada. Había un ambiente de simplicidad y gracia. La sonrisa de Annina era beatífica.

—Desde el momento en que lo miraste, Annina, te has vuelto aún más bella –dijo Ariel.

—Sí, incluso yo me he dado cuenta de que soy… –Su sonrisa se ensanchó mientras buscaba palabras para expresarse–.

¡Creo que estoy usando otro par de músculos para sonreír que normalmente no uso! Es hermoso.

—Tú eres hermosa –dijo Shya–. Muy hermosa.

—¡Gracias! –dijo ella–. Me han pasado muchas cosas desde que os conocí. –Tenía los hombros relajados. Se notaba que se sentía a gusto en su piel.

—Todo este tiempo has estado creyendo que sabes quién eres en lugar de descubrir quién eres –dijo Shya–. Ahora es un buen momento para descubrir quién eres.

—Sí –contestó–, esta idea de descubrirme a mí misma surgió durante vuestro taller de fin de semana, también. Comprendí que si me arriesgo a no saber quién soy hasta que llegue el momento, no me hará falta tener una noción de mí misma de antemano.

Asentimos. Había descubierto algo muy importante. Con frecuencia la gente cree que necesita saber de antemano lo que va a decir para estar bien, para darse a sí misma una identidad y así poder sentirse segura o cómoda.

—Esto ya no me da miedo –dijo Annina–. ¡Es emocionante y hace que la vida sea más divertida!

—Estás muy guapa, Annina –dijo Shya.

Ella se sonrojó una vez más.

—Gracias. Gracias. Muchas gracias.

Nos quedamos sentados un momento mientras todos los que se encontraban en la sala tomaban aliento a la vez. Apagamos las cámaras y ahí se acabó la grabación de la mini-sesión de vídeo. Otros empezaron a agitarse en sus asientos preparándose para cuando llegara su turno de hablar con nosotros, pero Annina no había terminado aún. Se levantó del asiento y cruzó el espacio entre ella y Shya. En realidad era una distancia muy corta pero Annina estaba cruzando una gran línea divisoria. Inclinándose, puso los brazos alrededor del cuello de Shya y enterró la cara en su hombro. Su amortiguada voz dijo una vez más:

—Gracias. Muchas gracias.

Siguieron abrazados un poco más mientras todos disfrutábamos el momento. Era como si finalmente hubiera abierto de par en par la puerta de su corazón para dejar entrar a los hombres en su vida. Era un momento sagrado, algo precioso de presenciar. Y Annina era, de verdad, realmente atractiva. Era un mundo enteramente nuevo.

Un mundo enteramente nuevo
LaRelacionIdeal.com

EL RELATO DE TU VIDA TE DEFINE

Vamos a hacer una pausa aquí para contemplar la narración de tu vida. Consiste en la historia de tu vida tal y como tú la has escrito. También incluye cosas que te dijeron los demás y la influencia del entorno en el que te educaste. No vivimos la vida sin más, experimentando, sino que nos han inculcado cómo debemos interpretar las cosas. Por ejemplo, un niño puede aprender que es «malo» o «sucio» cuando su madre lo sorprende jugando con sus órganos genitales. Era obvio que Annina había desarrollado un tipo de relato frecuente acerca de su atractivo. Muchos jóvenes han tenido esta idea errónea. ¿Y tú?

No estamos sugiriéndote que te deshagas del relato de tu vida. Te estamos animando a volverte consciente de tu guion interno sin juzgarte a ti mismo por su contenido y sin tener que creerlo.

MÁS ALLÁ DEL RELATO

Dicen que para que un pollito nazca, primero hay que destruir un mundo. Se debe romper el huevo para que salga el pollito. Esto también puede aplicarse a nuestras ideas sobre quiénes somos. Si creemos lo que nos hemos contado a nosotros mismos sobre nuestras vidas, nunca miraremos más allá para ver hasta dónde podemos llegar. El propio relato determinará cómo interpretamos las circunstancias. Se repite continuamente y reúne pruebas para demostrarte que tiene razón en su idea de quién eres y lo que eres capaz de hacer. Por eso, para descubrir tu verdadero ser, tienes que salir de ese cuento que heredaste de tu infancia. Puedes hacerlo centrándote en estar presente y sentir el momento que estás viviendo, sin basarte en tu pasado.

A la mayoría nos da miedo hacer esto. Puede que no nos guste el relato de nuestras vidas, pero en él se encuentra todo lo que sabemos que somos. Cuando contemples tu vida, puedes tomar prestada la idea de Annina de que si estás dispuesto a arriesgarte a no saber quién eres hasta que llegue el momento, no necesitarás ninguna noción previa de ti mismo. De esta manera puedes descubrir quién eres en lugar de dejar que el pasado se repita.

DEJANDO ATRÁS TU PASADO

Era un día fresco de otoño cuando Candice se sentó con nosotros. Nos habíamos reunido en nuestro salón de Nueva Jersey con un grupo de amigos que venían a grabar otra serie de minisesiones. La verdad es que no conocíamos muy bien a Candice. Era amiga de nuestro asistente, Val, y cuando empezamos parecía que le costaba hablar.

El fuego crepitaba animadamente detrás de nosotros mientras esta preciosa joven comenzaba a reflexionar en voz alta sobre su capacidad de relacionarse y cómo podía mejorarla. Su actitud mostraba a las claras que para ella una relación ideal no era ni siquiera una posibilidad remota porque vivía atrapada en el pasado, tratando en vano de resolver su infancia. Le habían enseñado que para avanzar tienes que solventar tu pasado.

—Llevo un tiempo teniendo dificultades. Creo que estoy estancada en el pasado con muchas cosas que pasaron y me cuesta trabajo superarlo –comenzó.

—¿Con qué parte del pasado tienes dificultades? –preguntamos.

—Con el hecho de que mis padres se divorciaran cuando yo tenía trece o catorce años. Mi madre es la que se marchó. Por lo general no son las madres las que abandonan el hogar. Pero ella se marchó con su novio y toda mi familia implosionó. Éramos una familia muy unida, y cuando se marchó y descubrimos lo que pasaba, nos hundimos. Eso se me quedó grabado, y estoy estancada ahí.

Era obvio que Candice se hallaba en un aprieto. El relato era convincente, como si las circunstancias de su adolescencia la hubieran encerrado en una habitación de la que no podía escapar. Estamos seguros de que se sorprendió cuando vio la llave que le entregaba Shya.

—Mira, Candice —dijo con suavidad—. Es un magnífico relato «malo». Tiene todos los elementos de un buen drama. Podían usarlo como guion para cualquier telenovela. —Una sonrisa fue formándose en el rostro de Candice mientras Shya continuaba—: Puedes ser una persona corriente y dejar que este incidente te marque durante toda tu vida. O bien puedes olvidarte de tu relato sobre tu madre, sobre tu padre y sobre cómo implosionó tu familia. Ya lo has dicho antes. Implosionar era una palabra muy buena para no haberla usado antes.

—Sí, es verdad —asintió Candice.

—Este es un relato que no has parado de contarte a ti misma y a los demás desde que tenías trece años —dijo Shya.

Al principio Candice no reconocía que hubiera ensayado ese relato, pero seguimos bromeando en tono distendido, y terminó relajándose. Se dio cuenta de que había cristalizado esa historia mientras hablaba acerca de ella en la terapia. Lo que nos había contado esa mañana era una destilación del cuento desgraciado que se había repetido mil veces a sí misma durante los largos años de su juventud.

La gente se identifica con su relato, pero Candice era mucho más que esa historia de su madre abandonando el hogar. Le señalamos que el hecho de que su madre se hubiera ido no tenía que determinar cómo se relacionaba con su marido ni su calidad de vida.

Ariel dijo:

—Candice, mucha gente piensa que no puede tener una buena relación, porque nunca ha visto una o porque ha crecido en una familia deshecha. Pero tu vida es única. No puede compararse con la de otra gente y no surgió por error. No has empezado con un obstáculo.

»Nuestro enfoque no es psicoterapéutico. Es antropológico, en el sentido de que solo tienes que fijarte en lo que ha sucedido para poder verlo sin juzgarlo. Cualquier cosa de tu pasado a la que te resistas controlará tu vida. Es obvio que algo tan tremendo para una niña como que sus padres se separen es algo a lo que cualquiera se resistiría.

»Da la impresión de que ocurrió de una forma muy poco adecuada —continuó Ariel—. Te sorprendió mucho que tu madre se fuera con su novio. Aquello causó una ruptura que cambió tu vida por completo. Y no estabas sola. Contigo había toda una familia unida resistiéndose a aceptarlo.

»Pero ahora te encuentras en otro punto. Hay un sinfín de posibilidades nuevas en las que no usas la ruptura de tus padres como punto de referencia para explicar tu forma de relacionarte. Se trata de estar aquí a cada momento y relacionarte con quien se sienta frente a ti.

—¿Te das cuenta? —añadió Shya—. Pensabas que eras especial y que estabas destrozada porque venías de un hogar deshecho.

Viendo la expresión de su rostro, era obvio que Candice no estaba de acuerdo. Pero la verdad de las palabras de Shya y de las implicaciones de vivir en esta parte de su relato vital estaban a punto de corroborarse.

—Creo que es verdad que pienso una y otra vez en la ruptura de mis padres —reconoció—. Cada vez que intento salir adelante y hacer algo, me digo a mí misma: «No puedo hacerlo, porque mi madre me dejó», y siento que no valgo nada. Creo que no puedo lograr lo que me gustaría tener en la vida. Y es verdad que me acuerdo de ella. Pero ahora estoy en el punto en que quiero dejarlo estar, alejarme de todo eso y desapegarme, y aunque sé lo que pasó, deseo que se quede en el pasado. No quiero que esté conmigo ahora.

—Muy bien –dijo Ariel–, volvamos un momento al primer principio de la transformación instantánea. Si no quieres que el abandono de tu madre esté aquí contigo, te estás resistiendo a aceptarlo. Y cualquier cosa que resistes, persiste y controla tu vida. Si te revelas al hecho de que ella se marchó, tendrás contigo ese abandono como un elemento activo de la forma en que te relacionas. Todo lo que permites, te deja ser. Ese es el tercer principio.

—Vamos a contemplar por un momento la realidad del divorcio –dijo Shya–. Más del cincuenta por ciento de los matrimonios de los Estados Unidos termina en divorcio. Por eso, si eso fue lo que ocurrió con la relación de tus padres, eres normal, no especial.

Candice parecía poco dispuesta a olvidar. La repentina marcha de su madre era un elemento tan importante del relato de sí misma que se había convertido en la excusa que explicaba por qué no podía salir adelante en la vida. Pero la manera en que Candice contemplaba las cosas es muy común. Todos hemos guardado varios relatos «malos» que podemos emplear para explicar la razón de nuestra falta de éxito. Mientras mirábamos a nuestro alrededor fijándonos en los rostros de los asistentes, era fácil ver los motivos que se habían dado a sí mismos para no avanzar en sus vidas y en sus relaciones. Había días en los que se sentían inútiles y sus relatos salían a la superficie:

- ➤ No puedo porque soy demasiado viejo.
- ➤ No puedo porque soy demasiado joven.
- ➤ No puedo porque mi última relación fue un desastre.
- ➤ No puedo porque estoy muy gordo.
- ➤ No puedo porque mis padres se llevaban mal.
- ➤ No puedo porque no tengo la formación adecuada.
- ➤ Etcétera, etcétera.

—El relato en sí es lo de menos –dijo Ariel–. Es solo a donde acudes cada vez que te hace falta algo que te sirva de motivo para no progresar. No se trata de desprenderse de ese relato. Se trata de no usarlo como excusa para hacer o no hacer algo.

A partir de ahí fue Shya quien habló:

—Si dejas a un lado tu historia y te fijas en lo que quieres en tu vida en este momento sin volver atrás para determinar si puedes o no puedes hacer algo, de repente tendrás el control de tu vida. De repente esa narración perderá todo el poder que tiene sobre tu vida.

»De hecho, el segundo principio de la transformación instantánea dice que solo puedes estar exactamente donde estás en este preciso momento. No puede ser de otro modo. Tienes que estar sentada aquí y ahora, frente a nosotros, Candice, porque lo estás. En este preciso instante no puedes ser de otra manera. Pero si ahora te pones a pensar en tu niñez, dejas de estar aquí, vuelves allí. Y pierdes la oportunidad de experimentar este momento mágico que se llama «tu vida» justo ahora.

»Candice, eres una mujer extraordinaria, también por el abandono de tu madre, no a pesar de él, no por culpa de él. Pero eso sucedió, y tratar de desprenderte de él es como tratar de desprenderte de una parte de ti. Es como este suelo. Parte de lo que lo hace bello son las vetas de la madera. Todo eso que sucedió durante tu niñez es parte de la veta de la madera llamada «Candice». Si te desprendes de los trozos que no te gustan, dejas de tener una base firme. Tu base se vuelve agujereada y porosa, y no sirve. Si desbastas todas las vetas, te quedarás en nada.

—Sí —dijo ella—. Es algo contra lo que lucho. Estoy siempre dándole vueltas a la idea de que podría ser mejor. Sigo diciéndome a mí misma que podría hacer mejor esto y aquello.

—Pero eso no es verdad —dijo Shya. Levantando la mano derecha, añadió—: Ser diferente de lo que eres ahora. —Chasqueó los dedos—. Vaya, es demasiado tarde. De manera que, ¿cómo podrías haber sido mejor de lo que eras? Sé mejor de lo que eres *ahora* —añadió, volviendo a chasquear los dedos—. Demasiado tarde. El momento pasó. Es justo ahora. ¿De acuerdo? Vamos a intentarlo otra vez.

Mientras Shya se preparaba para chasquear los dedos en un intento de expresar lo que es un momento, Candice empezó a sonreír.

—No deberías estar sonriendo justo *ahora*. No. Deberías haber estado sonriendo porque...

—No pude evitarlo —dijo Candice.

—Eso es. En este momento solo puedes estar como estás. Eso significa que solo puedes ser exactamente como eres en cada momento de tu vida, entre ellos los que transcurrieron antes. Si no hubiera ocurrido como ocurrió, no podrías estar aquí justo ahora. De manera que, en mi caso, tengo que darle las gracias a tu madre por haberse marchado, porque de no ser así nunca te hubiéramos conocido. Estaría sentado aquí hablándole a una silla vacía. Eso sería bastante vergonzoso, ¿no te parece? —preguntó Shya.

Asintiendo pensativamente, Candice dijo:

—Tiene sentido, pero creo que voy a necesitar un tiempo. Sin duda alguna.

—Se necesita tiempo y no se necesita tiempo —explicó Ariel—. Esa es una de las paradojas de la transformación. Es instantánea y a la vez acumulativa. Dejar tu relato es algo que sucede en un instante. Cuanto más prescindes de usar la marcha de tu madre como eje de tu vida o como la razón para cualquier cosa, más fácil se volverá. Con práctica, cada vez te costará menos dejarla a un lado, pero te han educado para pensar que debe ser un proceso largo y penoso. Crees que va a ser difícil y que tienes que superar obstáculos. Pero ¿y si no fuera difícil?

—Si abandonas tu relato sobre todos los obstáculos y dificultades de la vida —continuó Shya—, dejará de molestarte. Esa es una de las maravillas de esta «Aventura en Costa Rica». La gente viene al grupo, deja a un lado su relato durante seis días y a su alrededor no hay nada que lo refuerce. De repente se olvidan incluso de que tenían un relato, y descubren su grandeza. Es también una de las maravillas de nuestros talleres de fin de semana, porque te involucras tanto en lo que le está ocurriendo a los otros que te olvidas de tu propia historia. Si te olvidas lo suficiente, no sabes quién eres. Entonces puedes descubrir quién eres sin referirte a la vieja idea de ti mismo, sino mirando a tu alrededor y viendo.

—No tienes por qué creerme, pero créeme –dijo Ariel, y Candice rió–. Eres magnífica.

Shya subrayó el momento diciendo:

—De verdad.

Candice parecía pensativa, como si tuviera delante de sí todo un mundo de opciones nuevas. Volvió a sonreír y dijo:

—Gracias.

—Sí –contestó Shya–. Gracias a *ti*.

Dejando atrás tu pasado
LaRelacionIdeal.com

6

SIMPLEMENTE RELÁJATE

Es muy probable que estés leyendo este libro con el deseo de hacer progresos, avanzar, mejorar la calidad de tus relaciones o, como mínimo, descubrir cómo debes comportarte en una cita. Naturalmente, esto es comprensible. ¿Por qué ibas a leer un libro sobre el tema de las relaciones si no tuvieras interés en mejorar tu manera de relacionarte? Sin embargo, te sugerimos que te tomes con calma ese deseo de mejorar.

En la siguiente sección vamos a conocer a John, un hombre muy inteligente, con una formación académica superior, que tenía problemas con las citas. En su caso, su inteligencia y empuje a la hora de triunfar le estaban perjudicando.

Cuando te relajas y te centras en el momento, el crecimiento se produce por sí mismo.

Mientras lees su historia, trata de no darles tanta importancia a tus aspiraciones. Quizá descubras que esta actitud es fundamental para tus problemas actuales con las relaciones.

YA HAS LLEGADO

Cuando nos sentamos con John en nuestro salón esa mañana, su deseo de conseguir una cita y su desconcierto con respecto a ese tema eran palpables. John, un hombre de cuarenta y tantos con bigote y las sienes plateadas, llevaba una camisa de vestir de color gris. Sus primeras palabras revelaron su modo de pensar y su contradicción. Era fácil ver que se juzgaba por no conseguir citas.

—Quiero conectar con mi grandeza, con mi potencial, y siento que a cierto nivel no lo estoy haciendo –dijo–. Tengo un doctorado, he escrito libros que están a punto de salir... Creo que soy un hombre que puede conseguir citas, pero parece que quizá estoy más cómodo siendo una especie de víctima del desamor.

Las ideas que John tenía sobre sí mismo eran claramente sinceras, pero mientras las exponía saltaba a la vista la tensión que le causaban esas teorías. Se transmitía en su voz, en sus hombros agarrotados, en la rigidez de su mandíbula.

Para su alivio, Ariel se inclinó hacia él y dijo:

—Tienes una teoría sobre lo que debes hacer, y te estás presionando a ti mismo para hacerlo y poder ser mejor de lo que eres. –Agitando las manos como si fueran varitas mágicas que pudieran eliminar su tensión, añadió:– Si tuviera que darte un consejo, te diría: «Relájate».

Fue como si el lenguaje corporal de John gritara: «¿Relajarme? ¿Qué quieres decir con eso de que me relaje?». Para él se trataba de un concepto desconocido. Estaba acostumbrado a ajustarse a un plan para avanzar. Estaba acostumbrado a usar su potente intelecto para identificar problemas y solucionarlos. Para él estaba claro que la respuesta no era relajarse.

Ariel no se desanimó:

—Relájate, John, relájate –repitió–. No le des tanta importancia. Simplemente relájate.

Era obvio que simplemente pronunciar esas palabras no iba a funcionar. Resulta mucho más fácil pensar en relajarse que hacerlo realmente. Sobre todo si crees que relajarse no es la respuesta.

Cambiando de táctica, Ariel dijo:

—Shya y yo fuimos al río con un instructor llamado Andrew que nos enseñó el lanzado Spey, un estilo de lanzado de caña de pescar que se hace con las dos manos. Le estaba hablando sobre mi técnica cuando dijo: «¿Sabes?, probablemente de esto es de lo que hablas en tus cursos sobre relajación: no le des tanta importancia. Simplemente relájate». Te estoy dando el consejo de Andrew. No le des tanta importancia, simplemente relájate. En todo caso, John, cuando te he visto con gente, pones toda esa presión sobre ti para conectar con tu grandeza, como decías, o tu potencial. Esto no logra ni la intimidad ni las citas que deseas. Pero si te relajas cuando estás con los demás, vendrán a ti, se sentirán invitados a conversar contigo.

—Tu inteligencia te está estorbando –prosiguió Shya–. Tienes todas estas teorías que te dicen que has de ser mejor de lo que eres o reunir ciertos requisitos para poder salir con alguien. Cuando estás con los demás, no te permites ser sencillamente quien de verdad eres. Te presionas a ti mismo para no salir del marco de lo que conoces y te dejas guiar por lo que decidiste que causa buen efecto. Estas ideas seguramente te las formaste durante la adolescencia.

—A las mujeres les gustan los hombres asequibles –dijo Ariel.

—Hummm –masculló John, absorto en sus pensamientos. La expresión de su rostro pasó de la curiosidad a la impaciencia, de estar enfadado a interesado.

—A las mujeres les gustan asequibles –repitió Ariel–. No tienes que ir a por ellas. No necesitas esforzarte tanto.

—Disfruta –sugirió Shya.

—De acuerdo –contestó John sin entusiasmo.

—En lugar de intentar hablar, trata de escuchar. Porque, ¿sabes?, realmente escuchar es algo extraordinario. Cuando le prestas atención a alguien, esa persona se interesa por ti, porque lo que la mayoría de la gente quiere es que le presten atención. Deseamos tanto que nos hagan caso que hablamos con los demás para que nos presten atención, pero, por lo general, con esto solo conseguimos que pierdan el interés en nosotros. Trata de escuchar.

—De acuerdo.

—Interésate por los demás, John –dijo Shya.

—De acuerdo –volvió a responder John.

—¿Te das cuenta de cómo incluso ahora mismo estás mentalmente sentado en el borde de la silla intentando aprender las claves, intentando hacer progresos?

Fue como si se encendiera una luz. John estaba empezando a ser consciente de que su pensamiento iba por delante de los acontecimientos.

—No tienes paz, John. Te vendría bien relajarte, de verdad.

John respiró profundamente. Ese fue el principio del espacio entre momentos.

—Despacio –dijo Shya cariñosamente.

—La verdad es que ya has llegado, John –señaló Ariel–. Eres un gran hombre, pero hasta ahora has tenido encima de ti toda esa presión que te obligaba a llegar a algún sitio. Tienes tu doctorado, tus libros a punto de salir..., es genial. Pero incluso en los vídeos que hiciste para tu página web, se ve esta presión por ser optimista. –Ariel hizo una pausa, tomó aire y lo soltó–. Piensa que es como si fueses un atleta y ya hubieras terminado la carrera, y ahora ya pudieras relajarte.

John movió ligeramente la cabeza, como diciendo: «¿De verdad?». Se limitaba a oír nuestras palabras, pero no encajaban en lo que él conocía. Simplemente no encontraba lo que estaba «fallando» que le impedía conectarse con su capacidad de salir y relacionarse, pero seguro que no era algo tan sencillo como relajarse.

—Te creaste un plan cuando eras niño –dijo Shya–. Un plan que determinaba la manera apropiada de ser un hombre y lo que tenías que conseguir en la vida. Ahora has logrado cumplir la mayor parte de tus objetivos, John, pero no has vuelto a mirar ese plan que continúa empujándote a seguir consiguiendo *más*. No tienes paz porque todo el tiempo estás pensando que no has conseguido lo bastante.

No muy convencido, John asintió lentamente.

—Te voy a dar la clave –dijo Ariel.

—Por favor, dásela –le pidió Shya.

—Es realmente muy importante –continuó Ariel, reprimiendo una sonrisa–. Tienes que tranquilizarte, ir más despacio, lo suficiente para permitir que una mujer te atrape.

—Y lo harán, si les das una oportunidad –dijo Shya con la voz de la experiencia.

John hizo un sonido en el que mostraba que estaba de acuerdo pero sin comprometerse demasiado; sin embargo, en esta ocasión sus hombros se soltaron y su cuerpo se relajó. Nos regaló una preciosa sonrisa.

—Puedes creerlo –afirmó Ariel.

—De acuerdo, lo haré –dijo John suavemente–. Gracias, chicos.

El agradecimiento de John era sincero, cálido y pleno de significado. Nuestra respuesta fue igualmente sincera. Estaba más tranquilo. Se había establecido una conexión. Podías ver al gran hombre que permanecía escondido tras su intelecto y tras la tensión por salir adelante. Era como si la atmósfera misma se hubiera suavizado. John había aterrizado en el momento, en la dulzura y riqueza del presente, e instantáneamente se volvió atractivo, accesible y alguien con quien se podía salir. Era fácil acercarse a él. Fue un momento precioso y todos disfrutamos el sabor de estar allí. A continuación, vamos a pasar a Holly y ver cómo John dio su siguiente paso.

Simplemente relájate

LaRelacionIdeal.com

LA CITA OCULTA DE JOHN

Holly, una atractiva mujer cercana a los cincuenta, con pelo castaño rojizo y una figura curvilínea y grácil, le pidió a John que fuera a su casa para ayudarla a desplazar un mueble que era demasiado pesado para ella. En un seminario celebrado el lunes por la tarde en Manhattan, Holly habló de lo amable que fue al echarle una mano y de lo bien que lo pasaron los dos juntos. Ella había tenido muchas citas insatisfactorias con hombres que no le correspondían o que rápidamente mostraban que no eran compatibles. Conforme Holly hablaba, John estaba radiante en su asiento y muy pronto fue obvio que ambos habían pasado por alto una verdad fundamental. Como eran «solo amigos», habían obviado que la tarde que pasaron juntos era una cita. Había sido tan fácil, tan fluido y tan natural que la verdadera naturaleza de la situación les había pasado inadvertida.

—¡Eso fue una cita! –dijo Ariel.

—Guau. ¡Tienes razón! –contestó Holly–. No me di cuenta.

Holly miró a John, él la miró a ella, y se vieron el uno al otro con otros ojos.

Días más tarde, ambos tuvieron otro encuentro «casual» en el transcurso del cual ella le preguntó si quería quedarse a pasar la noche. Todos escuchamos cómo respondió con entusiasmo: «¡Sí!». Era enternecedor verlos juntos después de aquello, con frecuencia apoyándose el uno en el otro cuando estaban sentados en uno de nuestros seminarios. Se los veía a gusto y relajados, como si llevaran juntos mucho más tiempo de lo que en realidad llevaban. Muy pronto John dejó su apartamento y se fue a vivir con ella.

Nos dimos cuenta de que era cierto. John se relajó y una mujer lo atrapó.

¿Y QUÉ HAY DE TI?

Ha llegado el momento de que tú también te relajes. Si sales con alguien o estás pensando en hacerlo, puede que estés leyendo esta sección con el deseo de descubrir consejos que te ayuden con ese proceso. Si has estado casado durante años, tal vez la estés hojeando para sacar la información que te interesa. Puedes estar pensando equivocadamente que ya has pasado «la etapa del cortejo» y apresurarte a encontrar las partes que hablan del matrimonio. Pero el cortejo amoroso, en sí mismo, es el elemento fundamental de cualquier relación o matrimonio. De hecho, cuando una pareja tiene problemas, con frecuencia es porque ambos han dejado de seducirse. Se olvidaron de cómo se corteja. Es fácil olvidarlo cuando hay cuentas que pagar y niños que alimentar o cuando estás ocupado intentando hacer que tu relación «vaya a algún sitio».

Nuestra propia relación es una sucesión de citas. Han durado alrededor de treinta años y esperamos que duren toda una vida. A veces dejamos lo que estamos haciendo cuando uno le dice al otro: «¿Quieres ir conmigo al buzón?». Y nos ponemos los zapatos y vamos a la puerta de la calle. La puerta, forrada de tela metálica, cruje a modo de saludo y muchas veces nos tomamos de la mano mientras salimos a la carretera, oyendo el sonido que hacen nuestros pies al pisar la gravilla. Es el momento de sentir el aire, de oler la vegetación y ver la luz del sol que cae inclinada a través de los árboles. O quizá es el momento de deslizarse por la nieve y mirar las ramas desnudas de los árboles que se agitan con el viento. Pero siempre es un momento solo para nosotros dos. Recoger el correo es una excusa para estar juntos.

Por supuesto que no nos hace falta ninguna excusa, porque vivimos y trabajamos juntos, pero lo hacemos así de todas formas. Tenemos citas mientras lavamos los platos y también para ir a la frutería. Tenemos citas en la biblioteca, a la que vamos juntos a tomar prestados libros en CD que escuchamos durante el viaje de una hora a la ciudad de Nueva York, que es donde trabajamos. Y alguna vez, a través de todos estos años, incluso hemos tenido alguna cita en la sala de urgencias cuando uno de los dos necesitó atención médica. Todo es una aventura íntima si estás ahí para apreciarlo.

LA PRIMERA CITA DE SUSAN

Todavía hacía frío a las seis y media de la mañana mientras paseábamos descalzos con Susan por la playa de Manuel Antonio, en Costa Rica. Estábamos en mitad de una de las «aventuras de autodescubrimiento» en ese país que organizamos cada invierno. Viene gente de todos los rincones del mundo para acompañarnos, y emplean esos momentos para escapar de la rutina cotidiana de sus vidas y relajarse. Es una gran oportunidad de examinar los mecanismos de sus vidas en un entorno apacible y exuberante sin juzgar lo que descubren, un tiempo para jugar y dejar que sus vidas se desarrollen.

Esa mañana Susan estaba hablándonos sobre sus relaciones o, por decirlo de una forma más precisa, su falta de relaciones. Conocemos a Susan desde hace años, y es una chica estupenda. Quizá tú también conozcas a alguien como ella. En el trabajo es la que lo maneja todo, muy respetada en su campo, alguien a quien la gente admira. Tiene cuarenta y pocos años, es guapa, delgada, atractiva, inteligente, modesta y le encanta el béisbol. En pocas palabras, es un sueño, para la mayoría de los hombres.

Y sin embargo, en los años que llevo conociéndola, Susan no ha tenido mucha suerte con las relaciones. Por lo general, suele enamorarse perdidamente de un chico y tras varios meses o, en ocasiones, un año o dos, la relación se acaba. Poco a poco dejó de contarle a la gente cuándo le gustaba de verdad alguien. Le avergonzaba tener que admitir luego que «la cosa no funcionó» y que otra relación se había terminado.

Le preguntamos si estaba saliendo con alguien. Haciendo una mueca, respondió:

—Me estoy tomando un descanso. No le veo ningún sentido. Nunca he tenido problemas para atraer a un chico, es solo que nunca dura. Debo de tener algún fallo.

Descartando la idea de que tuviera algún «fallo», examinamos cómo enfocaba la idea de salir con alguien. La animamos a que probara el enfoque transformador antropológico (como un científico estudiando una cultura de una única persona, ella), observando sin juzgar, siendo consciente. Cuando haces esto, el mejor lugar para empezar es donde estás. Exactamente donde estás, en este momento.

—¿Cómo te planteas las cosas en *este momento*? —le preguntamos—. Empieza por tomar conciencia de este momento, de este instante, no de algún día.

Conforme contemplábamos su vida en ese momento, parecía muy claro que al intentar arreglar su «problema», ponerlo todo en orden y procurarse un futuro mejor, Susan se estaba perdiendo muchas cosas: la caricia de la brisa que desordenaba su pelo, la arena bajo sus pies, el sonido constante de las olas...

Mientras conversábamos, resultaba evidente que muy rara vez estaba presente donde estaba. Solía avanzar siempre hacia alguna meta futura que se suponía que le traería la felicidad, la satisfacción o algo mejor, en el futuro. Era evidente por la forma en que enfocaba la conversación. A Susan le costaba simplemente caminar con nosotros. Era tan buena pensando y desarrollando estrategias que continuamente perdía de vista donde estaba. Se perdía las preciosas conchas de la playa, la espuma del mar y la manera en que se movían sus músculos mientras andaba. O bien se lanzaba a caminar o bien se quedaba absorta en su mundo sin moverse apenas.

Le preguntamos si alguna vez había salido con más de una persona al mismo tiempo. Pareció sorprendida por la pregunta, como si estuviéramos sugiriendo que fuera un poco «disoluta» o inmoral. Por eso le aclaramos:

—¿Alguna vez has almorzado con un chico un martes y el viernes por la noche has ido al cine con otro? –preguntó Ariel–. Simplemente para ver con quién te sentías mejor antes de lanzarte a tener una relación.

Avergonzada, dijo:

—No.

Entonces fue cuando comprendimos que Susan en realidad nunca «salía» con nadie. En lugar de eso directamente «se casaba». Tan pronto como salía con alguien, intentaba asegurarse de que fuera «él». En algún lugar de su mente esta persona era ya su compañero, la relación perfecta que estaba buscando. Por eso en realidad nunca salía con nadie, iba de «minimatrimonio» en «minimatrimonio» y su estrategia siempre terminaba mal.

La animamos a que se relajara en cuerpo y mente durante los próximos días y a que se olvidara de hacer progresos. Que dejara a un lado sus propósitos de salir o no salir con alguien. Que estuviera ahí, simplemente, y lo pasara bien.

Dos días más tarde, cuando estábamos en el curso, Susan habló con entusiasmo sobre su primera experiencia con la tabla de surf. Mientras hablaba, miramos a nuestro alrededor y vimos a Ralf muy sonriente. Ralf es actor, homosexual y está casado. Se le da muy bien montar olas.

—Le pedí a Ralf que me enseñara a hacer surf –dijo Susan–, porque me parecía muy divertido y estaba claro que a él se le da muy bien. A la hora del almuerzo fuimos a la playa y entramos en el agua. Aunque estaba nerviosa, él me tranquilizó. Me abracé a la tabla y en seguida vi la ola venir. Me puse de pie y comprendí que esa era la ola, la ola con la que podría aprender por fin a hacer surf. Mucho antes de lo que esperaba, Ralf me dijo: «¡Salta!», y lo hice. ¡Y llegué hasta la orilla! Fue magnífico.

Ralf sonrió abiertamente.

—¡Susan me escuchó de verdad! Calculó el momento justo y atrapó la ola.

Ambos estaban muy contentos. Él se sentía inteligente, escuchado y capaz, y ella también. Y entonces, de golpe, lo entendimos. Esa era la primera cita de Susan, la primera vez que había «salido» con un hombre sin que su computadora mental se pusiera a hacer cálculos sobre un posible futuro. Lo único que hacía era estar allí y disfrutar el momento.

Si Susan fuera capaz de aportar a sus citas ese tipo de actitud en la que pasarlo bien era en sí una experiencia que no tenía por qué conducir a ninguna otra parte que no fuera el momento presente, su vida se transformaría. Solo necesitaba tomar conciencia de ello. Normalmente hacía planes para el futuro, pero ahora, dándose cuenta de que no debía hacerlo, podría suspender sus viejos hábitos y estar en el momento.

> Divertirse es una manera bastante eficaz
> de empezar cualquier relación seria.

EL ARTE DE FLIRTEAR

En muchas ocasiones tu vida amorosa puede tambalearse, o tu matrimonio quedarse estancado, cuando te olvidas del arte de flirtear. Si quieres reavivar tus habilidades, seducir es una forma estupenda de empezar. Cuando decimos «flirtear» no hay implícita necesariamente una connotación sexual o algún tipo de movimientos sugerentes. Nos referimos a apartar la atención de tus planes, de tu relato sobre ti mismo, y dedicarla a la gente que se encuentra cerca de ti. Se trata de estar sinceramente interesado en el chico o la chica que te sirve el café o de iniciar una conversación con la persona que está delante de ti haciendo cola para pasar por caja. Incluso puedes «flirtear» con objetos inanimados. En otras palabras, si estás haciendo una comida y aporreando la sartén por las prisas, ese momento no tiene nada que ver con una cita. Pero si estás ahí plenamente, sintiendo la sensualidad de un tomate o la fragancia de una naranja, puede ser un momento encantador.

Existe una diferencia entre flirtear con alguien manipulándolo para conseguir un servicio mejor, como por ejemplo decirle «bonita camisa» al camarero de un bar esperando que te sirva una porción más generosa de ron en tu bebida, y de verdad decirle «bonita camisa» porque te lo parece.

En una ocasión hicimos un programa de radio dedicado al arte de flirtear, y una profesora llamada Andrea llamó desde Suiza para plantear una cuestión acerca de las citas. Pero en lugar de centrarnos en su «problema», le preguntamos sobre su manera de enseñar.

—¿Cuándo aprenden mejor tus estudiantes? –quiso saber Ariel–. ¿Cuando eres seria y exigente o cuando eres abierta y alegre?

—Cuando no soy exigente. Cuando simplemente estamos pasándolo bien –contestó.

—Bueno, de eso es de lo que estamos hablando. Estamos hablando de flirtear con tu vida, de divertirte.

—Eso es genial –dijo Andrea–, porque suena muy ligero.

—Es ligero –aseguró Shya–. Puedes flirtear en cualquier sitio que se te ocurra, en todas partes. ¿Sabes?, la gente cree que solo hay ciertas circunstancias en las que se puede flirtear. Uno de los lugares en los que se da por hecho que «no se puede flirtear» o en los que debes tener cuidado es cuando estás pasando por un control de seguridad en el aeropuerto. Pero recientemente tuvimos una buena conversación con un agente de seguridad acerca del salmón atlántico. Tras ver nuestro equipo de pesca mediante la cámara de rayos X, uno de los guardias empezó a hablar con nosotros sobre la pesca. Quería saber a dónde ir, qué tipo de anzuelos usar y el tamaño de nuestras cañas de pescar. Conforme hablábamos, podías ver lo vivo que se sentía hablando de su propia vida abierta y alegremente.

—Guau. Eso es estupendo –respondió Andrea, impresionada con la idea mientras se olvidaba momentáneamente de que se proponía tener mejores citas.

Ariel dijo:

—Esa conversación se dio porque no lo estábamos tratando como a un enemigo ni como a un mueble que se interpusiera entre nosotros y el sitio al que queríamos viajar. Es un ser humano, pero a diario trata con mucha gente que no lo ve porque va de camino a algún sitio. Para que flirtear con alguien sea realmente apropiado, tienes que estar ahí. No puedes aparentarlo. Seguro que el guardia de seguridad también se encuentra a mucha gente que es agradable con él para que no les cause problemas. Este tipo de manipulación nunca funciona. Solo estamos siendo nosotros mismos. Cuando tú eres tú misma, Andrea, eres muy atractiva.

Hablamos más con ella acerca de flirtear en su sentido más tradicional, y Ariel tomó la palabra:

—Yo era realmente muy buena flirteando cuando salía con chicos, pero el problema es que todo ese flirteo era dirigido. Miraba a mi alrededor, elegía a alguien que cuadrara con mi imagen del hombre adecuado, y esos eran los hombres con los que flirteaba. Al final me cansé de intentar que funcionara y decidí que iba a flirtear con Shya porque con él no tenía que preocuparme de llegar a ninguna parte. Era muy viejo para mí, en mi opinión, por eso de ahí nunca saldría nada. Solo era una oportunidad de salir y pasarlo bien, sin ningún compromiso. De verdad, empecé a flirtear descaradamente con él y él empezó a hacer lo mismo. Desde entonces ha sido como una cita sin fin. Cuando tú lo diriges, te pierdes a mucha gente.

—Cuando solo buscas un cierto tipo de persona para salir –añadió Shya–, ¿te has dado cuenta de que puedes tener el mismo novio con cuerpos distintos? ¿Has visto que eliges una y otra vez al mismo tipo de chico?

—Sí, lo he hecho –dijo ella.

—¿Te has preguntado alguna vez por qué?

—Sí –contestó Andrea.

—En tus primeros cinco o seis años de vida –dijo Shya– imprimes en tu mente todo lo que va a ser tu vida de ahí en adelante hasta que llegas a tomar conciencia de tu propia conducta. Por eso tu primer amor fue tu padre.

—Sí, sí lo fue.

—Tu padre puede haber sido un hombre estupendo, pero su mentalidad y su temperamento emocional quizá no fueran apropiados para ti como pareja. Aun así, eliges gente que te recuerda a él desde el punto de vista de la niña a la edad que tenías cuando decidiste que papi era tu amor.

—¡Sí, eso es verdad! –exclamó Andrea eufórica–. Perfecto.

—Así que, Andrea, no eres tú como mujer la que elige a un hombre con quien tener una relación. Es tu condicionamiento como niña lo que determina lo que has elegido hasta estos días. Eso es muy insatisfactorio para la mayoría de la gente. De lo que estamos hablando aquí es de flirtear indiscriminadamente, de permitirte a ti misma jugar y estar ahí para ver a quienquiera que se encuentre frente a ti.

Mientras seguíamos charlando con Andrea, parecía llena de vida ante la perspectiva de flirtear, en sentido general, con sus estudiantes, y de flirtear románticamente con gente distinta a la que solía elegir para salir. Hablamos sobre la idea de permitirse ser plenamente ella en lugar de mostrar tan solo lo que pensaba que era la mejor versión de Andrea. Le explicamos que si únicamente mostraba las partes de ella que consideraba aceptables para un candidato a compañero, nunca se relajaría del todo y empezaría la relación sobre una base poco firme. Si escondes partes de ti mismo, siempre desconfiarás de cualquier relación que se esté creando. Te vuelves presa de la idea: «Solo le gusto porque no me conoce. Si conociera a mi yo auténtico, perdería el interés».

Después de esta conversación, Andrea se tomó en serio lo de flirtear. Empezó a hacerlo en todas partes, con sus estudiantes de canto, con su público cuando tocaba y también con hombres disponibles. Es bastante buena haciéndolo y es divertido verla expresar su belleza de una manera tan relajada y tan abierta. No le costó mucho. Ya estaba «flirteando» parte del tiempo. Solo que no comprendía que podía enfocar toda su vida de la misma manera. Es un enfoque transformador de las citas, las relaciones, el matrimonio… y la vida.

El arte de flirtear
LaRelacionIdeal.com

7

LA INTIMIDAD Y TU YO PERFECTO

No importa en qué lugar te encuentres en tu camino hacia la relación ideal. Siempre hay otra oportunidad para descubrir la intimidad y para reconocer las barreras que surgen durante el camino. La intimidad nunca es estática. A cada momento te estás acercando a una persona o alejándote de ella. Tras todo esto se encuentra tu relación contigo mismo.

Anteriormente, en la sección «La bondad empieza por ti», en la página 34, vimos una conversación con Stefanie en la que se hablaba de ser amable con uno mismo. En el capítulo en el que se incluye también presentamos la idea de que tratas a los demás de la manera en que te tratas a ti mismo. Comentamos con Stefanie el concepto de ver sin juzgar en relación con su tendencia a ser desconsiderada o «cruel» consigo misma.

A medida que vas cruzando las barreras que te impiden disfrutar de la verdadera intimidad con otra persona, puede que tengas tendencia a caer en pensamientos repetitivos de autodesprecio. Mientras exploramos en profundidad el tema de la intimidad, vale la pena revisar la importancia de ejercitar tu capacidad de ver tus puntos débiles sin criticarte por ellos.

Todos tenemos ideas acerca de lo que es la intimidad. Hemos oído hablar de ella. La hemos buscado. Pero ¿qué es? Cuando pensamos en intimidad, la mayoría creemos que se trata de un eufemismo para el sexo, algo que se puede alcanzar o superar. La gente quiere tener sexo, pero una vez que lo ha logrado, con frecuencia desea que se acabe. O van hacia el orgasmo o rehúyen el encuentro, cerrando los ojos (literal y figurativamente) a la totalidad de la experiencia.

La verdadera intimidad tiene que ver con estar cómodo en tu propia piel. Es estar dispuesto a entregarte al momento actual de tu vida como si fuera perfecto. Esto incluye aceptar las circunstancias actuales de tu vida como si las hubieras elegido o fueran idea tuya. La intimidad es estar dispuesto a vivir con cualquier cosa que esté ocurriendo en el momento actual de tu vida.

Cuando tienes intimidad en tu vida, esta intimidad, lo mismo que la fragancia de una flor, no solo alcanza a aquellos a quienes diriges tu «perfume». No eres íntimo solo en ciertas situaciones con unos cuantos amigos de confianza. La experiencia de intimidad se irradia y se extiende a todos los aspectos de tu vida.

Echemos un vistazo a lo que puede hacerte sentir incómodo en tu propia piel. Quizá tengas dudas sobre ti mismo, cuando miras a tu pasado, ves cómo has fallado y te preocupas porque podrías fallar de nuevo, no tener éxito, no ser capaz de hacer lo que tienes que hacer o quedar mal contigo o con los demás. Tal vez tengas miedo al rechazo. Pero para la mayoría de la gente esa incomodidad no es cerebral. Es una forma de malestar. Cuando se estimula la dinámica del malestar, los miedos sobre el futuro basados en momentos humillantes o dolorosos del pasado toman el control. Se escapa del momento actual para hundirse en el miedo a cómo será el futuro.

Hay sensaciones corporales y patrones de pensamiento asociados a ese malestar, y si les prestas mucha atención pierdes el contacto con el momento presente. Cuando naciste no tenías ninguna noción sobre el aspecto que un cuerpo perfecto podría tener, no mantenías ningún diálogo interno, no eras consciente de ti mismo, y mucho menos sobre la celulitis, el hecho de lograr una erección o si «¿podré alcanzar el orgasmo?». Todo eso vino después.

Al principio orinabas y defecabas cuando sentías la necesidad de hacerlo, sin conciencia de los olores, de la limpieza o de la suciedad. Llorabas cuando tus pañales se volvían incómodos, y alguien venía a cambiártelos. Conforme empezaste a crecer, tus acciones se guiaban por lo que te hacía sentir placer, y así, tus padres o quienes te cuidaran te encontraban a menudo con una mano sobre la vulva o acariciándote el pene, dependiendo de tu género.

Después empezaste a adaptarte a la sociedad y con esto surgieron ideas sobre tu cuerpo. Podrías culpar a tus padres por cómo te sentías con respecto a tu cuerpo, pero esta acusación estaría equivocada. La verdad es que absorbiste su lenguaje corporal y sus valores mientras te enseñaban a usar el inodoro y a estar en público sin levantarte la falda ni frotarte contra una superficie para sentir placer. Tus padres habían absorbido la realidad de sus padres, y estos a su vez de los suyos, y así durante generaciones y generaciones.

Para la mayoría de las personas es difícil estar con alguien, o incluso consigo mismas, sin dejarse guiar por esas ideas programadas de lo que es atractivo o no atractivo y lo que es «sucio». Vamos a examinar más profundamente esas ideas sobre la visión «perfecta» de ti y de dónde surgieron.

EL PERFECTO TÚ

Un joven nos dijo en una ocasión, con gran entusiasmo: «¡Cuando adelgace, saldré con alguien!». También conocemos a una mujer casada con tres niños que se niega a salir de casa porque asegura: «Estoy muy gorda. No quiero que la gente me vea así».

¿Dónde aprendiste lo que es bello? ¿Dónde aprendiste lo que es feo? ¿Dónde aprendiste el aspecto que tiene un cuerpo perfecto? ¿Cuántos años tenías cuando llegaste a estas conclusiones?

Hace varios años íbamos caminando por una calle de París cuando nos tropezamos con una imagen corporal que nos llamó la atención por su «belleza». Estábamos mirando las farolas frente a la Casa de la Ópera de París. Construidas a mediados del siglo XIX, tenían una base formada por estatuas de mujeres desnudas. Eran unas esculturas de estilo neobarroco que representaban figuras curvilíneas con vientres abultados que, para los estándares de hoy en día, necesitarían ponerse a dieta o, como mínimo, endurecer sus abdominales con una buena sesión de Pilates.

Nuestra idea de un cuerpo atractivo surge de la cultura en la que nos criamos. En la pubertad ya hemos decidido cómo debería ser nuestro aspecto para tener el cuerpo perfecto. Pero para entonces ya sabemos que nunca llegaremos a tenerlo.

Un año impartimos seis semanas de cursos consecutivos en un centro de conferencias de Maui, en Hawai. La sala donde dábamos el curso tenía una pared formada totalmente por espejos, de manera que nos acostumbramos a vernos diariamente en pantalones cortos e incluso, de vez en cuando, en bikini y bañador. Sin embargo, cuando terminamos los grupos y alquilamos una habitación de hotel en la playa para relajarnos y descansar, nos sorprendió la lamentable ausencia de nuestros cuerpos. Comprendimos que ya no estábamos viviendo en la burbuja de nuestros cursos, en la que se animaba a la gente a dejar a un lado su naturaleza crítica. Ahora nos estábamos mirando en el mismo espejo en el que miles de turistas que nos precedieron se habían mirado antes de forma autocrítica, y nos hallábamos rodeados por gente que vivía su vida cotidiana con sus críticas y quejas habituales sobre sus cuerpos.

Fue una lección que nunca olvidaremos. La cultura que te rodea puede tener un impacto directo e inmediato en tu percepción de ti mismo. Si quieres conocer tu imagen corporal, empieza a prestarle atención a tu diálogo interno sin tomártelo de forma personal.

Puede que digas: «¿Qué? ¿Cómo es posible que no me tome como algo personal mi apariencia y cómo me siento?». Es fácil, una vez que comprendes que tus pensamientos sobre ti mismo y sobre tu apariencia son como una colección de grabaciones almacenadas en tu MP3 interno. Cuando las circunstancias generan un poco de presión, reproducen una música conocida.

La clave para crear algo nuevo en lugar de repetir una y otra vez la misma vieja canción es la conciencia. El arte de tomar conciencia o de observarte a ti mismo sin hacerte reproches es una aptitud que se puede aprender. Es como ejercitar un músculo. Cuanto más te dediques a ver simplemente las cosas sin juzgarlas, con más neutralidad podrás observarte a ti mismo. A medida que aprendes a ser amable contigo en lugar de hacerte reproches por tu cuerpo, vas sentando las bases para motivarte a adoptar un modo de vida saludable. Si cada vez que te subes a una báscula o vas al gimnasio, refuerzas la idea de que estás «gordo», tarde o temprano terminarás dejándolo. Si cada vez que sientes ganas de practicar el sexo con tu marido o con tu mujer te preocupa que vea tu cuerpo, te será difícil tener esa intimidad que anhelas.

¿Quieres conocer un gran secreto que te ayudará a disipar una imagen negativa de tu cuerpo? Practica tu enfoque antropológico. Imagina que eres un científico que está observando una cultura de una sola persona: tú. El truco consiste en no juzgar lo que ves, sino observar neutralmente cómo funciona, y esto se refiere también a tu proceso de razonamiento. La conciencia y la bondad son las claves. Si tienes unos kilos de más, trátate bien en este momento, no cuando pierdas peso ni cuando consigas ponerte a hacer ejercicio como te prometiste que ibas a hacer.

En este momento eres perfecto. Si ganas o pierdes peso, seguirás siendo tú. Pero si eres amable contigo mismo en este preciso instante y simplemente notas cómo estás sin hacerte reproches por lo que ves, independientemente de tu peso, forma o talla, te sentirás satisfecho. Esto se puede aplicar también a tu experiencia o falta de experiencia sexual. Si eres amable contigo sobre lo que aún no sabes o lo que no has experimentado, te será mucho más fácil aprender.

La mayoría de la gente piensa que si no es dura consigo misma no tendrá ninguna motivación para mejorar, ningún impulso para moverse, y se quedará pegada al sofá sin mover un dedo. No es verdad. Cuando te sientes satisfecho en tu propia piel, no hay necesidad de usar la comida para sentirse bien. Esa galleta extra no te parece una recompensa cuando vivir la vida es tu propia recompensa. ¿No sientes más deseos de salir al mundo y ser activo cuando no eres duro contigo mismo? En el mismo momento en que dejes de castigarte, tus acciones te empujarán a vivir una vida más sana y tu cuerpo también notará la diferencia.

8

EL PERFECTO «ELLOS»

Quizá sería conveniente que te replantearas tus ideas acerca del perfecto «él», o la perfecta «ella», cuando vayas a buscar pareja (o cuando estés mirando a tu pareja). Es muy probable que hayas visto alguna película en la que los protagonistas se arrancan el uno al otro la ropa en un ataque incontenible de deseo y tienen una sesión de sexo desenfrenado en el suelo, en las escaleras, o contra una pared, luciendo cuerpos maravillosamente torneados y vigorosos. Pero está claro que las películas no son la realidad. Incluso Julia Roberts tuvo una doble para las escenas de desnudo en la famosa película *Pretty Woman*.

Probablemente hayas esas leído revistas que ensalzan los diez atributos más importantes para ser el mejor amante. En la portada, un cuerpo de modelo se retoca con Photoshop hasta quedar convertido en una imagen perfecta de lo sexy en lugar de en un reflejo de la realidad.

¿Te has comparado alguna vez a ti mismo o a tu pareja con algunos de esos modelos de las revistas? Un amigo nuestro, que solía trabajar en la industria del entretenimiento, nos dijo que la mayoría de esos cuerpos «perfectos» eran en realidad una especie de Frankenstein en el que había «un torso de uno y una cabeza de otro, y las piernas y las caderas de un tercero... Alárgalo un poco... Borra las arrugas, bolsas, pecas o imperfecciones de cualquier tipo y *voilà*: el perfecto "él" o la perfecta "ella"».

A VECES LO BRILLANTE Y LLAMATIVO NO ES LO MEJOR: GUÍA DEL RECOLECTOR DE BAYAS PARA ELEGIR PAREJA

La siguiente historia enseña un enfoque distinto para encontrar el perfecto «él» o la perfecta «ella», y nos la cuenta Ariel:

—Empecé a ganar dinero recolectando bayas a la edad de seis años. Mi tía Joyce me llevaba con ella a los campos para «ayudarle» en su trabajo de verano y después de todo un día recogiendo bayas (muchas de las cuales terminaban en mi boca), me sentía orgullosa de llevar a casa tres relucientes monedas de diez centavos fruto de mi trabajo. Antes de la cena, mi madre las colocaba en el sitio de honor y esa noche me dormía soñando con todos los dulces de un centavo que podría comprarme en la pequeña tienda del pueblo.

»Todos los chicos del pueblo que conocía recogían bayas en el verano para tener dinero para sus gastos, y algunos trabajaban incluso para pagarse la ropa y el material escolar del año. Había muchos cultivos alrededor, por eso trabajábamos en función de las estaciones: primero fresas, luego frambuesas, una pequeña cosecha de bayas negras (que eran con mucho las más fáciles de recoger), zarzamoras y, por último, moras. De hecho, recoger frutas del bosque era tan normal en el sitio donde me crié que hasta que me mudé a Nueva York a los diecinueve años pensaba que todo el mundo pasaba los veranos en los campos de bayas.

»Todos los veranos mi madre nos hacía maravillosos postres con las frutas de nuestra localidad. Uno de mis favoritos era el pastel de moras. Mis hermanas y yo llenábamos grandes cuencos de metal de moras silvestres que crecían junto a la carretera o en la parte baja que había al extremo de nuestra parcela, y mamá las transformaba en algo delicioso.

»Shya y yo fuimos a visitar a mis padres en su sesenta aniversario de bodas (¡Felicidades, mamá y papá!) un mes de agosto, de manera que estuvimos allí durante el punto álgido de la temporada de las moras. Mi madre nos hacía unas comidas deliciosas y, para mantenernos en forma, Shya y yo decidimos pasear por el corredor de Springwater, un circuito de sesenta y cinco kilómetros construido para caminar o pasear en bicicleta, siguiendo el recorrido de un viejo tranvía. A ambos lados de esta senda asfaltada crecían abundantemente grandes arbustos de moras. Durante nuestro paseo, recogí para Shya y para mí unas cuantas que me supieron a gloria. La verdad es que esa noche me fui a la cama soñando que, una vez más, tomaba un gran cuenco de metal y lo llenaba para mi madre.

»A los dos días de aquello fuimos a dar otro paseo y vimos que después de todo ese tiempo bajo el sol, había incluso más frutas maduras y oscuras colgando en racimos, altos y bajos. Mi tía Larrita acababa de regalarles a mis padres una caja entera de bayas, por lo que no tenía necesidad de recoger una gran cantidad y pude centrarme únicamente en descubrir las más maduras, jugosas y ricas para saborearlas entre los dos y mancharnos la lengua de un color morado oscuro.

»Conforme recogía las bayas con Shya, me di cuenta de que su falta de experiencia le hacía elegir las que yo rechazaría. Automáticamente se inclinaba por las más brillantes y llamativas que resplandecían bajo el sol. Las que parecían perfectas. Justo como las que puedes ver en una tienda: hermosas pero agrias, normalmente muy agrias. Por eso empecé a enseñarle a buscar y encontrar el «oro negro desde la perspectiva de una vieja chica campesina».

»Primero tenías que buscar las frutas que parecían no tener ningún brillo, las que era fácil pasar por alto cuando cerca de ellas había otras de colores vivos y brillantes. Luego colocabas el pulgar y el índice alrededor de la que te había llamado la atención y probabas dos cosas: si todavía estaba realmente firme, no estaba lo bastante madura, y si la baya resistía cuando tirabas de ella, tampoco lo estaba. Si querías una baya que se derritiera en la boca, dejándote el sabor de los largos y soleados días del verano, tenías que encontrar una que hubiera perdido su lustre, una baya que pareciera casi polvorienta y deslucida, una que prácticamente se te cayera en la mano. Y no podías olvidarte de las que estaban escondidas o colgando a baja altura, de las que solemos pasar de largo. Estaban por todas partes. Todo lo que necesitabas era tener ojos para ver.

»En nuestro último paseo íbamos comiendo desde el corredor y, totalmente saciados, caminamos de la mano mientras volvíamos al coche. Fue allí, en ese tramo mimado por el sol, donde comprendí que recoger bayas se parece mucho a elegir a una pareja. Con frecuencia la gente se olvida de la influencia que la imagen comercial de la «elección perfecta» tiene en su búsqueda y no es capaz de ver lo que realmente son frutas dulces. En las revistas, o en las cubiertas de los libros y en los anuncios de televisión, la persona de tus sueños nunca tiene una calvicie incipiente ni un gramo extra de grasa. La persona perfecta para salir con ella tiene una dentadura increíble y es una modelo de pasarela o alguien famoso. Nunca se resfrían, nunca les huele el aliento, ni tienen problemas en el trabajo. Jamás se tiran un pedo ni se les quedan restos de ensalada incrustadas entre los dientes. Nunca son más viejos ni más jóvenes que tú, ni de un diferente grupo étnico o religión, y, desde luego, no son divorciados con hijos.

Cuando nos dejamos deslumbrar por la gente brillante y llamativa, nos perdemos a quienes se encuentran a su alrededor que son más dulces y están totalmente maduros y listos para ser recogidos.

Muchos de quienes andan buscando pareja se quedan una y otra vez con la fruta agria, es decir, únicamente con aquellos que se resisten. Solo miran a la altura de los ojos en la rama elegida. Pero si observas a tu alrededor, hay gente que está madura y lista para ti. La hay por todas partes. Solo necesitas aprender a verla.

IMPRESIONES INTERIORIZADAS DE LA NIÑEZ

Nuestras ideas sobre lo bello y lo feo, lo deseable y lo indeseable, surgen de lo que escuchamos en nuestro entorno. También nos formamos ideas sin palabras mediante las actitudes y el lenguaje corporal de quienes nos rodean. Quizá esas imágenes de tu cuerpo perfecto son en realidad ideas interiorizadas formuladas desde la perspectiva inmadura de un niño, ideas que no te has detenido a examinar. Entre ellas está todo lo que había a tu alrededor, lo que viste, oliste, sentiste y experimentaste. A veces tu idea de un cuerpo perfecto la creó un niño, que apenas estaba empezando a caminar, cuando le llevaron al supermercado. A continuación te mostramos un ejemplo de esto extraído de la experiencia de Shya.

EL MUNDO A LA ALTURA DE LAS PIERNAS

Un día, a mediados de los años ochenta, me limpié la frente con el dorso de la mano mientras hacía *jogging* por la Segunda Avenida del lado este de Manhattan. Ya hacía calor en aquella mañana de agosto. Iba a ser un día abrasador. Aun así, me gustaba el verano. Me gustaba la vista. Las calles de la ciudad de Nueva York, incluso por la mañana temprano, estaban llenas de gente que hacía *jogging* o sacaba a pasear el perro, y de trabajadores que se disponían a comenzar su jornada laboral. Vi a muchas chicas en pantalones cortos o con minifalda, mostrando una generosa porción de pierna entre el borde de su ropa y las sandalias.

En el transcurso de mi ejercicio físico diario, mi mente divagaba y se me iban los ojos. Cuando dejé atrás los autobuses y los taxis, me di cuenta de que me sentía atraído por ciertas piernas y menos atraído por otras, pero al principio no le di mucha importancia. Simplemente lo disfruté. Era agradable ejercitar y relajar los músculos, con la sangre bombeando por todo mi cuerpo mientras sudaba copiosamente.

Al subir haciendo *jogging* por la Calle 43, mi impulso se vio momentáneamente interrumpido por un semáforo en rojo. Por eso tuve la oportunidad de fijarme en una mujer que estaba delante de mí en una esquina. Tenía un par de pantorrillas impresionantes. De hecho, eran «perfectas». Corrí hasta donde se encontraba, y de pronto me vi transportado a algo que ocurrió cuando era muy pequeño.

Mi madre me había llevado al supermercado con ella y me perdí. No sabía dónde estaba y no podía recordar la ropa que llevaba para localizarla con mayor facilidad. Debía de ser muy pequeño porque recuerdo cómo lloraba mientras iba de un pasillo a otro del supermercado buscando unas piernas, unas pantorrillas que representaban para mí la seguridad y el amor, el hogar y la protección. Estaba buscando esas pantorrillas conocidas que sabía que pertenecían a mi madre. Ahora sé que en ningún momento estuve en peligro. Simplemente me había despistado y lo más seguro es que se encontrara a unos pocos metros de mí. Pero en mi mente infantil aquello era terrorífico y mi vida estaba en juego. Solo me hallaría a salvo si era capaz de encontrar esas piernas. No era lo bastante alto ni estaba lo suficientemente desarrollado para buscar a toda una persona, de manera que lo escrutaba todo desde la altura de unas piernas. Me sorprendió descubrir que tantos años después había vuelto a escrutar automáticamente el entorno para encontrar unas piernas exactamente iguales que las de mi madre. Saludé con una inclinación de cabeza a la chica mientras me cruzaba con ella y seguí corriendo calle arriba.

9

ESFORZÁNDOTE EN SER MEJOR

Cuando llevamos un tiempo sin salir con nadie, a menudo empezamos a pensar que quizá tengamos algún fallo, que debe de haber una razón para que nadie se haya enamorado de nosotros. Pensamos que necesitamos cambiar de algún modo, transformarnos en una mejor versión de nosotros mismos para conseguir atraer a una pareja. Quizá ese sea el motivo por el que has elegido este libro, descubrir cómo puedes mejorar para llegar a tener una relación. Por supuesto, esto tiene sentido para tu mente y para su manera de funcionar, que consiste en solucionar problemas. Pero si te has pasado la vida intentando ser diferente y mejor, sin lugar a dudas habrás descubierto que eso no funciona. Tratar de ser distinto no te hace feliz ni te lleva a tener relaciones satisfactorias. Lo que te estamos sugiriendo es que ya eres la versión perfecta de ti mismo.

No hay nada que mejorar ni perfeccionar. Te sugerimos que cuando salgas con alguien seas tú mismo, que te muestres como eres y escuches de verdad a tu pareja en lugar de preparar una estrategia o tratar de impresionarla, y así todo será más divertido. Además, así es como puedes darte a ti mismo la mejor oportunidad de conocer a alguien con quien terminar manteniendo una relación ideal.

Nos gustaría presentarte a Madhu, un hombre inteligente y atractivo de origen indio de unos treinta y cinco años. Madhu había salido con chicas durante muchos años, pero siempre dudaba de que lo estuviera haciendo bien. Pensaba que tenía que ser una mejor versión de sí mismo para ser atractivo. Mientras lees su historia, trata de ver si puedes desprenderte de la creencia de que necesitas ser mejor y fíjate en cómo eres perfecto tal y como eres.

SOLO SÉ TÚ MISMO

Mientras nos acomodábamos en los asientos de nuestra sala de estar frente a Madhu, resultaba evidente su creencia de que estaba haciendo algo mal y necesitaba mejorar inmediatamente. Estaba claro que pensaba que no bastaba con ser sencillamente como era y que creía que esa era la razón de que sus citas no fueran tan satisfactorias como esperaba.

—Me gustaría saber cómo puedo disminuir mi timidez con las mujeres —dijo en seguida, atrancándose un poco en las palabras por la precipitación con que hablaba—. Cuando salgo con alguien a veces me siento como si no tuviera nada que decir.

Madhu se inclinó en su silla, con la espalda recta y las manos sobre las rodillas, listo y atento para escuchar un consejo acerca de cómo mejorar y perfeccionar sus aptitudes a la hora de salir con chicas. Nos miró, esperando lo que pensaba que venía a continuación.

—Interésate –respondió Ariel, y Shya asintió–. Si estás preocupado por conseguir algo o hacer que la cita vaya bien, no estarás presente con la chica que tienes frente a ti. Da la impresión de que estás esforzándote mucho en parecer interesante, pero interesarte por ella resulta mucho más atractivo. No es un problema el hecho de «no tener nada interesante que decir». Podrías empezar por la verdad. Podrías decir algo como: «Vaya, parece que se me hubiera comido la lengua el gato. La verdad es que estoy algo cortado». Si tú y yo tuviéramos una cita y me dijeras eso, me desarmarías por completo. Puede que yo también te reconociera que me pasa lo mismo, que me siento algo tímida también. ¿Te das cuenta? Ser sincero es algo muy atractivo, en serio.

Madhu asintió con la cabeza, sopesando las palabras de Ariel en su mente. Estaba muy interesado en lo que ella podía decirle, pero al mismo tiempo no parecía del todo convencido de que esa fuera la respuesta que buscaba. Sencillamente no encajaba con los valores que tenía sobre lo que estaba haciendo mal y cómo podría manipularse a sí mismo para hacer las cosas «bien».

Shya se unió a la conversación:

—¿Sabes?, la gente cree que tiene que controlar totalmente la situación –dijo–. La mayor parte del tiempo vive sobreponiéndose a su timidez, fingiendo que se sienten seguros. Ninguna frase que te hayas aprendido para ligar te servirá en una situación como esta.

Al escuchar esas palabras, una sonrisa de complicidad se formó en la cara de Madhu y dejó escapar una risa. Shya se había dado cuenta de una de sus estrategias para conseguir citas, una de las maneras en las que se escondía tras una representación que le parecía mejor y más eficaz que ser sencillamente él mismo.

—Y te has aprendido unas cuantas frases, Madhu –dijo.

Madhu soltó una sonora carcajada. Empezaron a brillarle los ojos conforme se daba cuenta de que era verdad lo que Shya le estaba diciendo.

—Esas frases no tienen el menor valor –prosiguió Shya–. Lo que realmente vale es estar presente con la otra persona, ver lo que hay para luego poder hablar. Decir lo que ves, como: «Me resultas atractiva. ¿Te gustaría tomar un café conmigo?». Eso es suficiente.

Madhu asintió. Estaba claro que para él la idea de ser sincero, sin más, con una mujer era un concepto completamente nuevo. Su cabeza se inclinaba a uno y otro lado, y seguía asintiendo, parecía dudar y al mismo tiempo estaba intrigado.

Shya siguió hablando:

—O puedes confesar: «No sé qué decir. Siento que quiero estar contigo y al mismo tiempo que se supone que debería decir algo profundo e interesante, pero no se me ocurre nada». Eso estaría bien. –Shya se volvió a Ariel con una sonrisa–. ¿Estaría bien si te dijera eso a ti? ¿Aun así saldrías conmigo? –Ariel asintió y le devolvió la sonrisa–. De todas formas tiene que salir conmigo –bromeó Shya–, porque está casada conmigo.

Los tres rieron. Madhu había olvidado momentáneamente su «problema» y su propósito de salir con chicas. En ese momento se limitaba a pasárselo bien.

—En realidad es solo cuestión de mostrar que eres accesible –dijo Ariel–, porque quien verdaderamente elige es la mujer.

—¿Eh? –dijo Madhu, que no parecía estar muy convencido.

—De verdad –confirmó Shya.

—¿Incluso por Internet? –insistió Madhu, claramente confundido sobre ese concepto enteramente nuevo e intentando descubrir si podía creer en él o no. Su mirada pasó de Ariel a Shya, esperando una explicación más detallada.

—Empecé a salir con chicos antes de que existiera Internet –dijo Ariel–. Pero tengo la sensación de que si alguien me escribiera una frase rápida para ligar me resultaría mucho menos atractivo que si me dijera algo como: «Ahora no sé realmente qué decir, puede que no esté en mi mejor momento, pero me atrajo tu perfil y la verdad es que me encantaría conocerte, o hablar contigo...». Para mí el hecho de expresarte con sinceridad, como tú eres, es mucho más atractivo que decir: «Hola nena...».

—¿Te puedo hacer una foto? Quiero enviarla a mis amigos y demostrarles que los ángeles existen –dijo Madhu, regalándonos una de sus frases para ligar.

Ariel abrió la boca de par en par fingiendo terror y Shya gimió, y con él todos y cada uno de los miembros de la pequeña audiencia que había con nosotros en la habitación.

—Ese es un ejemplo de una frase mala –rió Madhu.

—De acuerdo, entonces danos un ejemplo de una buena —dijo Ariel.

—Humm... «Hola. ¿Qué tal estás? —dijo Madhu sin parar de reír. Su «frase» era sencilla, clara y directa. Su semblante se iluminó y de repente comprendió el don de ser él mismo.

—Eso podría funcionar —dijeron al unísono, riéndose, Ariel y Shya.

—Esta me gusta mucho más —confesó Shya, mientras Madhu y Ariel seguían riendo.

—No te hace falta una frase —dijo Ariel—. Solo tienes que ser tú mismo.

—No te hace falta una frase —repitió Shya—. Solo tienes que ser tú mismo.

Fue un momento precioso de transformación instantánea que todos nosotros disfrutamos juntos.

TENER UN PROPÓSITO

Con nuevo ímpetu, recién abierto a posibilidades que nunca antes había contemplado, Madhu empezó a contar otro episodio de su vida amorosa.

—Hace solo una semana —dijo— volví a salir con dos chicas a la vez. Pensé que estaría bien, pero luego me llegaron correos de las dos chicas diciéndome que no existía ninguna química entre nosotros. Sentí que no sabía cómo crearla.

—Ahí está el problema —dijo Shya—. Estás intentando conseguir algo. No te estás permitiendo a ti mismo estar con esa otra persona. Quieres marcarte un tanto.

Con esto, una repentina sonrisa de reconocimiento se formó en los labios de Madhu y sus ojos brillaron.

—Es verdad –dijo sonriendo.

—Bueno –continuó Shya–, intenta tomártelo con calma, de manera que estés presente con ella. Y así puede que descubras que «marcas» muchos más «tantos».

—La otra cuestión es –añadió Ariel– que tú no tienes que «crear» nada. Vuelvo a lo que te dije al principio: en lugar de intentar ser interesante, interésate por la chica.

Madhu asintió, recordando y asimilando sus palabras.

—Escuchar es una manera estupenda de estar con alguien –dijo Shya–. Si de verdad escuchas, verás como sienten una gran atracción por ti. Esto no es ninguna técnica; sin embargo, si de verdad escuchas, te volverás interesante.

Madhu sonrió, mirando a Shya mientras este hablaba. Estaba claro que ahora escuchaba de verdad y que a medida que asimilaba las palabras estaba experimentando una transformación. Lo entendió. Cuando estás saliendo con alguien, y en la vida en general, lo más atractivo que puedes ser es ser tú mismo.

—Si te interesas –concluyó Shya–, te vuelves interesante.

—Eso es genial –dijo suavemente Madhu–. Gracias.

Al darle las gracias, pudimos ver el tremendo cambio que se había producido en él. Ya no estaba sentado en el borde de la silla, ni enredado en sus pensamientos, ni repasando frases para ligar, ni sujeto a un plan, ya no pensaba en lo que estaba haciendo mal ni se preguntaba cómo hacerlo bien.

Ahora Madhu se sentía relajado. Resultaba atractivo y accesible. Se había tranquilizado y había entrado en el ahora. En la perfección inherente al momento presente había descubierto que no había nada que tuviera que hacer de manera distinta. Que no necesitaba representar ningún papel para atraer al sexo opuesto. Que solo tenía que ser él mismo. Podía escuchar a quien estuviera con él y eso era suficiente. Era mucho más simple de lo que había imaginado cuando se sentó con nosotros, y fue una delicia contemplar su alivio.

Solo sé tú mismo
LaRelacionIdeal.com

10

DECISIONES INFANTILES

Ser solo tú mismo es complicado si todavía estás representando un guion que escribiste cuando eras niño. Todos hemos tomado decisiones infantiles que han afectado en gran medida a nuestra capacidad de relacionarnos al llegar a adultos. Si recuerdas el ejemplo de Annina en un capítulo anterior, había decidido que no era atractiva y esa decisión la había cegado a su propia belleza.

Las decisiones que tomas en tu infancia avanzan en el tiempo, y se manifiestan en la edad adulta y en tus relaciones amorosas. Aquí tienes otro ejemplo de cómo funciona esto:

Terry era lo bastante inteligente para obtener un doctorado en Historia, pero cuando vino a nuestros talleres por primera vez, a pesar de que tenía interés en salir con alguien, no poseía ninguna aptitud para hacerlo. Se encontraba más cómodo en medio de sus libros que en las interacciones sociales, y no sabía cómo salvar la distancia entre interesarse por una chica y expresar ese interés de una manera que hiciera que ella quisiera salir con él. Estaba demasiado inhibido y tendía a ponerse inquieto o nervioso en presencia de las mujeres. Le aconsejamos que volcara su interés en cualquier sitio que estuviera, que se involucrara y escuchara. Con frecuencia le repetimos que «escuchara» con los ojos. En otras palabras, que mirara directamente a quien le estaba hablando.

A medida que Terry iba mejorando en el arte de escuchar en general, de forma natural empezó a sentirse más cómodo cuando se encontraba delante de una mujer que le parecía atractiva. Fue volviéndose más diestro socialmente y las mujeres empezaron a interesarse por él. Cuanto menos pendiente de sí mismo estaba, con más facilidad y humor podía expresarse. Con el tiempo comenzó a salir con Julie, una elegante mujer de cuarenta y pocos años. En seguida congeniaron al sentarse juntos en uno de nuestros seminarios; resultaba evidente, por su lenguaje corporal, que Terry y Julie se apoyaban el uno al otro.

Conforme su reciente relación florecía, Terry parecía más atractivo. Su cuerpo se relajó. Incluso su nuevo corte de pelo parecía más fresco, más joven y vivo. Sin embargo, para nuestra sorpresa, esa apariencia más joven y firme que había surgido naturalmente no se extendió a su manera de vestir. Déjanos describírtelo: ya fuese un lunes por la noche, un seminario de fin de semana o un evento social, Terry aparecía siempre con una indumentaria muy descuidada y daba la impresión de que sus trajes no le quedaban bien. Lo más notable es que llevaba el cinturón apretado bastante por debajo de la cintura, los pantalones colgando por la parte de atrás y las camisas por lo general sueltas o a punto de salirse de los pantalones. Sencillamente los faldones de las camisas de Terry no eran lo bastante largos para remetérselos por los pantalones. Durante varios meses algunos habían intentado sugerirle, con mucho tacto, que quizá debería subírselos. Era raro ver a un profesional con un aspecto parecido al de los raperos que salen en los vídeos musicales o al de un adolescente dando vueltas por un centro comercial. Julie no quería criticar a su flamante novio, pero vimos que se alegraba por dentro cuando tuvimos una conversación con Terry sobre su apariencia física.

Era una cálida tarde de verano y nuestro seminario «Monday Night Alive!» llevaba ya bastante tiempo empezado. La gente había llegado un poco mustia por el calor intenso del día, pero para entonces la mayoría se había recuperado con el frescor del aire acondicionado. Nosotros dos estábamos sentados en el frente de la habitación en asientos altos acolchados, y Ariel dijo:

—De acuerdo, ¿quién más tiene algo de lo que quiera hablar?

Terry se puso de pie y fue al centro de la sala. Erguido y rígido, con las piernas separadas, parecía preparado para una pelea. Era una postura que habíamos aprendido a reconocer como señal de que se sentía incómodo. Llevaba una camisa blanca de vestir con finas rayas azules; había prescindido de la chaqueta del traje y su corbata azul y roja estaba suelta, ligeramente torcida. El faldón de la camisa se le salía del pantalón por el lado izquierdo mientras el lado derecho se hinchaba como una vela. Los pantalones le colgaban sueltos por debajo de las caderas y la parte baja caía arrugada sobre los zapatos. Y aun así, tenía el cinturón bien apretado, como para destacar todos esos kilos de más de su abdomen. Si no conocieras a Terry, en la vida se te ocurriría pensar que era un hombre brillante que ocupaba un puesto respetable en su trabajo. Seguro que no se te pasaría por la cabeza que a diario corría kilómetros en su bicicleta, porque tenía la apariencia de alguien que jamás hace ningún tipo de ejercicio físico.

—Hola, me llamo Terry —comenzó—, y quiero hablar sobre la venida de mi padre a la ciudad. No lo he visto desde hace cinco años, y está en una gira dando conferencias por Boston y Washington D. C. Va a aprovechar y viajar especialmente hasta aquí para venir a verme. Esto me pone un poco nervioso.

Era un momento perfecto, el momento que habíamos estado esperando. A veces notamos algo sobre alguien y luego no lo mencionamos durante un tiempo porque no es el momento oportuno. En el caso de Terry, siempre habíamos sido conscientes de que aunque por fuera es un individuo maduro, fuerte y brillante, por dentro es muy sensible. No habíamos intentado moldearlo para conseguir una versión mejor y más respetable de sí mismo, porque no queríamos cambiarlo. Pero podíamos ver que su forma de vestir llamaba la atención y causaba una impresión en quienes le rodeaban. También nos dábamos cuenta de que Terry no era consciente de ello, por eso no tratamos ese asunto hasta que lo vimos dispuesto a hablar.

Shya tomó la iniciativa:

—Bueno, Terry, si de verdad quieres cuidar de tu padre y hacer que sea una visita agradable, hay algo muy sencillo que puedes hacer que cambiará muchísimo las cosas.

—¿Qué? –preguntó Terry.

—Subirte los pantalones.

Todos los que se encontraban en la habitación rieron ahogadamente mientras Terry se miraba la cintura y luego miraba a Shya.

—Últimamente he oído esto muchas veces –señaló con una sonrisa tímida.

—Sí, Terry –dijo Shya, sonriendo cariñosamente–. Adoptaste esta forma de vestir cuando eras adolescente para fastidiar a alguien, probablemente tu padre. Seguro que le llamó la atención.

—Sí, sí que lo hizo. Mi padre siempre tenía algo que decir sobre mi ropa.

—¡Seguro que sí! –dijo Shya. Todos rieron, también Terry.

—A los niños les hace falta más que comida para crecer y alimentarse –indicó Ariel–. Les hace falta atención, y la mayoría hemos aprendido que es preferible tener una atención negativa a que no nos hagan caso. Como frecuentemente nuestros padres estaban pensando en sus cosas, nuestras jóvenes mentes inventaron maneras de hacer que se fijaran en nosotros. El resultado es que esas formas inmaduras de relacionarnos perviven en nosotros.

»Una vez conocimos a una chica que llamaba la atención de sus padres comiendo alimentos en malas condiciones. Se intoxicaba y tenían que llevarla a urgencias. Para cuando tenía unos treinta y tantos años, había estado ingresada por intoxicación alimentaria más de una docena de veces. Ese método destructivo de llamar la atención de sus padres se había convertido en su forma de vivir.

—Terry –dijo Shya–, sin que te des cuenta, esa simple decisión infantil que tuviste está afectando realmente a tu vida hoy día. Estoy seguro de que tu novia se alegra de que estemos hablando de esto, porque ella no ha querido decirte nada, aunque le molesta.

Julie asintió con una sonrisa comprensiva. Mientras los dos se miraban, podíamos ver que Terry se sentía tenido en cuenta y amado, pero no juzgado, ni siquiera por sí mismo.

—Vamos a hablar de trabajo un momento –dijo Ariel–. Sé que estás buscando un puesto mejor pagado. Si leyera tu currículum, me quedaría muy impresionada. Pero si te viera de la manera en que sueles vestirte y tuviera otro candidato de una categoría parecida, lo contrataría a él. La imagen que das con tu forma de llevar los pantalones no tiene nada que ver con lo competente que eres.

Terry volvió a mirarse la cintura y sonrió al alzar la vista, mientras agarraba el cinturón y tiraba de él hacia arriba.

—Sí –contestó–, lo entiendo.

—De veras, Terry –dijo Shya suavemente–, si te ocupas de esto, la visita de tu padre será mucho más agradable.

—Y aparte de eso –continuó Ariel–, ha llegado el momento de que dejes de pensar en lo que él puede darte. Deja de pensar en él como tu «papi», como alguien cuya atención te resulta imprescindible, alguien a quien tienes que impresionar o de quien necesitas algo. Como adulto, me fijo en lo que puedo hacer para cuidar de mis padres, no porque les haga falta que alguien los cuide. No están enfermos pero así es como cuido de todos los que me rodean, entre ellos mis padres. Shya y yo tratamos de ver lo que «necesita» nuestro entorno.

Ariel hizo una pausa para respirar profundamente y reorganizar sus ideas. Cuidar de la gente y de aquello que forma nuestro entorno es un concepto importante, y quería hacer todo lo posible para que tuviera sentido para Terry.

—Vamos a ver si puedo explicarlo de una forma más fácil de entender –dijo–. Aquí hay otro ejemplo, Terry. Nuestra amiga Caitlin, que es diseñadora de vestuario, estaba trabajando en una pequeña producción de cine independiente. Como gran parte del equipo de filmación tenía menos experiencia que ella, vio que podía o bien limitarse simplemente a «hacer su trabajo» o bien ayudar a quienes estaban a su alrededor.

»En una ocasión ayudó al conductor del camión de vestuario porque nunca antes había conducido por Nueva York. Él no sabía que había puentes y alamedas en los que no se permitía pasar a los camiones. Caitlin le escribió una lista de cosas que necesitaba saber, que guardó en el salpicadero.

»En otra ocasión a alguien del camión del catering se le cayó una caja de fresas en el suelo. Caitlin le ayudó a recogerlas. Técnicamente ese no era su trabajo pero tenía tiempo y vio que era algo que había que hacer. Cuidar de su entorno implica mirar alrededor para ver lo que requiere tu atención. Pero en tu caso implica también cuidar de tu padre procurando vestir de una manera que no le moleste intencionalmente.

Terry inclinó la cabeza, asintiendo. Estaba pensativo. Su postura se había relajado y ahora parecía más cómodo.

—¡Gracias! –dijo, volviendo a su asiento–. Gracias a los dos, muchas gracias.

Pasaron dos semanas y el padre de Terry, Joseph, que estaba en la ciudad, vino al final de uno de nuestros seminarios del lunes. Cuando Terry nos presentó a Joseph, un atleta, vimos que la valoración inicial de Shya con su declaración sobre la forma de vestir descuidada de Terry había sido extraordinariamente acertada. Terry se vestía mal para molestar a su padre. Conocer a este nos permitió encajar otra pieza del rompecabezas de Terry. En realidad se encuentra en muy buena forma, aunque nunca lo hubieras dicho mirando sus pantalones caídos con el cinturón apretado por debajo de la cintura, que destacaban esos kilos extra. ¿Qué mejor manera de fastidiar a un padre exigente que tener una apariencia desaliñada? ¿Qué mejor manera de imponer tu independencia que estar fofo y gordo cuando tu padre valora el hecho de estar en forma?

Terry se había formado esa estrategia en la pubertad y la adolescencia, y la había llevado consigo hasta su vida adulta. Ahora, conforme empezaba a verse a sí mismo sin juzgarse, logró ser él, en lugar de una declaración contra su padre. En poco tiempo, cuando entraba en una habitación llena de gente, todo el mundo se sentía atraído por su sonrisa y su rostro en lugar de fijar los ojos en su camisa suelta y sus pantalones arrugados. Con facilidad y prácticamente sin esfuerzo su exceso de peso fue desapareciendo y así su figura atlética reflejó su forma física en lugar de ocultarla. Conforme dejaba de intentar ser independiente de su padre, pudo sacar al atleta que había estado escondido bajo esos kilos extra.

Era verdaderamente un placer ver cómo Terry avanzaba en su vida y en sus relaciones. Había dejado de estar encadenado a las decisiones de un joven que quería molestar a su padre y a declarar su independencia por medio de «no ser como él».

11

SI MAMÁ NO ESTÁ CONTENTA, NADIE ESTÁ CONTENTO

REPITIENDO LOS PATRONES PARENTALES

En Costa Rica, durante uno de nuestros cursos invernales de inmersión en la magia de la transformación instantánea, conocimos a varios participantes y grabamos vídeos cortos de nuestras sesiones. Una tarde nos sentamos con Shea, un joven de Minnesota. A él lo conocíamos desde hacía un par de años y a su novia, Ali, unos cuantos meses antes. Para nosotros resultaba evidente que Shea estaba intentando construir una relación sin prestarle realmente atención a la manera en que se relacionaba.

La experiencia de Shea con las chicas era limitada. Sus ideas sobre lo que constituye una «buena» relación eran en gran medida una teoría amorfa y vaga basada de alguna manera en conceptos que había aprendido en los libros o en charlas con otros jóvenes. Pero, sin darse cuenta, Shea estaba también representando el guion cultural que se escribió cuando era joven. Conforme iniciaba su camino para conseguir una relación ideal, llenaba los huecos de su conocimiento y experiencia con teorías juveniles y copias razonables de lo que había visto cuando niño. Hasta entonces había interiorizado los mecanismos conocidos de cómo un hombre y una mujer deben relacionarse, tal y como lo veía su familia, sin detenerse demasiado a examinarlos.

Era un día brillante y soleado, y detrás de Shea podían verse las colinas verdes, con su frondosa vegetación tropical. Tenía el cabello castaño liso dividido en el lado izquierdo por una raya impecable, y el color castaño de sus cejas sobresalía como un arco perfecto por encima de las gafas. Llevaba un polo de color rosa oscuro que hacía juego con sus mejillas sonrosadas y con su apariencia juvenil. Durante nuestra conversación, Shea empezó a ver lo que estaba escrito en las páginas de su guion familiar. Estaba descubriendo cómo ser él mismo en lugar de seguir ciegamente los pasos de quienes le precedieron.

Comenzó a hablar con mucha vehemencia, y mientras intentaba ordenar sus pensamientos y expresarse, sus ojos miraban a un lado, como si estuviera leyendo las palabras que había preparado.

—En las relaciones íntimas –quiso saber–, ¿cómo puedo distinguir si estoy viviendo mi vida en mis propios términos y no en los términos de mi novia?

Ariel le contestó:

—Bueno, hasta ahora no has estado viviendo la vida en tus propios términos, tal y como tú dices. Has estado sometiéndote a los antojos de la mujer con la que estás y dejando que te guíe cuando ella misma no sabe a dónde va.

—Sí —replicó Shea con entusiasmo.

Era probable que pudiera pensar en innumerables ejemplos de ese tipo de comportamiento por parte de ambos. Sin embargo, resultaba obvio que eso no era lo que quería para su relación, ni tampoco era la manera en que deseaba comportarse. Tomó aire y dejó escapar un suspiro apenas audible. Luego, la próxima pregunta empezó a salir lentamente. Shea en seguida había identificado su manera de relacionarse con un problema. Ahora quería saber cómo mejorar, cómo cambiar las cosas, cómo hacerlas de forma distinta.

—Entonces, ¿cómo...? —comenzó.

—Bueno, míralo de esta manera, Shea —lo interrumpió Shya, cortando su impulso de trabajarse a sí mismo—. ¿Sabes lo que quieres en una relación?

Tras una ligera pausa, Shea dijo sí una vez más. Pero en esa ocasión su respuesta fue un poco menos entusiasta.

—¿Y qué podría ser? —preguntó Shya.

La respuesta de Shea fue inesperada. Pensamos que diría algo como: «quiero casarme», «quiero ser feliz» o «quiero dejar de discutir con Ali». Pero su respuesta, aunque en la superficie parecía lo bastante razonable, sonaba como si la hubiera extraído de un texto escrito por un adolescente, una fórmula juvenil superpuesta a la realidad. Shea habló como si fuera un actor recitando las palabras de una obra teatral escolar. Las frases salían artificiales, de forma intermitente, mientras se esforzaba por no olvidar su parte.

Tartamudeó:

—Quiero apoyar y que me apoyen de una manera delicada, genuina y sincera... y tener una comunicación honesta y afectuosa... con otro ser humano.

Tardamos unos momentos en responder porque su respuesta nos mostró que no estaba viendo en absoluto la relación con Ali. El hecho de que vivía con esa joven, compartiendo ya su vida y su hogar, no estaba en ninguna parte de su conciencia en ese momento. Cuando Shya le preguntó qué quería en una relación, Shea se desmarcó del momento. No había mirado a lo que era su verdad en ese instante, sino que más bien había echado mano de un guion escrito anteriormente. De esa manera no tenía que estar allí sentado soportando la incomodidad de no saber. No tenía que sentirse inseguro o como un principiante en las relaciones. Podía, en efecto, taparse la cabeza con la manta de una teoría y así ya no tenía por qué seguir allí. Su concepto estaría allí en su lugar.

—Bueno, empieza por ti –le pidió finalmente Shya–. No puedes controlar que Ali sea delicada y genuina y que se comunique de forma comprensiva y afectuosa. Eso son conceptos generales, Shea.

—Cierto –respondió muy serio, humedeciéndose los labios con la punta de la lengua.

—Pero si no eres franco –continuó Shya–, no puedes esperar que te respondan con franqueza. Por ejemplo, si Ali te dice o te hace algo que te sienta mal y no lo expresas (por miedo a perderla o por miedo a que se enfade contigo y a las consecuencias con las que tendrías que enfrentarte), muy pronto la amenaza de que se disguste dictará cómo vas a relacionarte con ella. En otras palabras, tal y como están las cosas ahora, si tu novia amenaza con molestarse, tú te portas bien.

—Cierto –dijo, asintiendo con la cabeza. Shya había descrito perfectamente la dinámica que se había desarrollado entre Shea y Ali.

—Muchas relaciones funcionan así durante toda una vida –continuó Ariel. No quería que él malinterpretara la conversación de una forma que pudiera conducirlo a la errónea conclusión de que si Ali lo estaba manejando por medio de la amenaza del disgusto, eso era algo «malo». En el enfoque transformacional de las citas, las relaciones y el matrimonio, es importante tratar lo que descubres sobre ti y sobre tus relaciones de una manera libre de críticas.

MANEJAR A ALGUIEN CON LA AMENAZA DEL DISGUSTO

La forma de relacionarse de Shea y Ali no era nada infrecuente. Mucha gente reprime su verdad por miedo a perder a su pareja o para evitar tener que lidiar con una rabieta. Muchos manipulan a quienes tienen a su alrededor amenazándolos con enfadarse si las cosas no van de la manera que ellos quieren o si no se salen con la suya.

—Dominar mediante la amenaza de disgustarse o no ser sincero y luego echarle la culpa a tu pareja por tu falta de honestidad es algo «normal» en las relaciones –dijo Shya.

—Recientemente vimos un ejemplo de esta forma de relacionarse –añadió Ariel–. Shya y yo estábamos dando unos cursos en el New Yorker Hotel de Manhattan, en el que alquilamos una sala para realizar nuestros talleres de fin de semana. La última vez que estuvimos allí vimos a una pareja que rondaba los setenta años y que se hospedaba en la habitación contigua a la nuestra. Una mañana, mientras salíamos de la habitación ellos estaban saliendo al mismo tiempo de la suya. La mujer salió primero y él la siguió, aturdido. Cuando ella llegó al ascensor, pulsó repetidamente el botón como si quisiera hacer pública su queja de que iban tarde y era por culpa de su marido, que iba muy lento. Estuvo metiéndose con él durante todo el recorrido del ascensor.

»Los volví a ver a los dos una vez más la noche en que nos íbamos del hotel tras terminar el taller. Llevaban otra ropa e iban a otro lugar, pero la dinámica era la misma. Parecía que ella lo estaba llevando a algún sitio y él la seguía como un niño. En la acera, ella llamó a un taxi mientras él permanecía allí, algo alejado físicamente y totalmente alejado en su mente. Veo que esto te podría ocurrir a ti, Shea. Sería fácil que te casaras y fueras por la vida con este tema sonando de fondo en tu relación.

—Sí, eso suena a lo contrario de lo que quiero —contestó él.

—Bueno, es interesante que digas eso, Shea —dijo Shya—. Porque si estás consiguiendo lo contrario de lo que quieres, eso significa que te estás resistiendo a algo.

Una vez más, esta es una ley de física, a la vez que el primer principio de la transformación instantánea. Por cada acción hay una reacción igual y contraria. O aquello a lo que resistes persiste y se hace más fuerte. Si Shea se estaba comportando de una forma que era opuesta a su verdadero deseo, era porque probablemente estaba intentando no ser como uno de sus padres. Era el momento de averiguarlo.

—¿Quién estás intentando no ser? —preguntó Ariel.

—Sí —repitió Shya— ¿como quién estás intentando no ser? ¿Quién mandaba en tu familia?

Los ojos de Shea volvieron a su guion una vez más. Miró a lo que suponía que era la verdad pero en realidad no lo miró.

—Mi padre —respondió con una leve sonrisa, dándose a sí mismo y a nosotros la respuesta que pensaba que queríamos.

—¿De verdad? —le preguntó Shya, retándolo a mirar con más profundidad.

De repente algo totalmente nuevo apareció en el rostro de Shea cuando vio la realidad de cómo sus padres interactuaban.

—La verdad es que... —Hizo una pausa mientras las imágenes de sus padres salieron de su memoria y reemplazaron su gastado guion con una refrescante claridad.

—¿Sí? —le animó Shya.

Shea rió un poco. No estaba totalmente preparado para esa verdad, pero ahí estaba de todas formas. Alzó la vista una vez más para tomar las palabras del escrito. Pero en esa ocasión Shea recitó las palabras de su padre.

—Mi padre decía siempre: «Si mamá no está contenta, nadie está contento».

Podías ver la mezcla de emociones de Shea conforme su verdad iba apareciendo, la dicha de mirar su vida con honestidad, seguida inmediatamente por los juicios sobre sí mismo y su padre.

—Sí —dijo Shya—, eso es cierto. Te has moldeado a ti mismo tomando como modelo la relación de tus padres.

—Ajá —dijo él.

—Te estás comportando como tu padre —señaló Ariel— y has elegido a alguien para que te maneje amenazándote con enfadarse, lo mismo que hacía tu madre.

—¿Alguna vez te han contado el cuento de Jake y Becky y el caldo de pollo? —preguntó Shya.

—No me suena –contestó Shea.

—Ah, me alegro. Te lo puedo contar ahora. –Shya se retrepó en su sillón y comenzó a contarle el cuento.

CALDO DE POLLO

—Había una vez una pareja, Jake y Becky. Todos los viernes por la noche, Becky hacía caldo de pollo y todos los viernes por la noche, Jack, su marido, decía: «Becky, este caldo de pollo es excelente, pero no es tan bueno como el de mi madre. El de mi madre debía de tener un ingrediente especial porque aunque este es un caldo excelente de pollo, no es tan bueno como el de ella.

»Durante muchos años Becky intentó preparar el caldo como a él le gustaba. Utilizó distintas recetas, pero siempre obtenía una respuesta parecida: «¿Sabes, Becky? Este caldo de pollo es excelente, pero no es tan bueno como el de mi madre».

»Un día, Becky estaba lavando la ropa y la lavadora se averió. La espuma de jabón inundó la habitación donde hacía la colada y ella se dispuso a limpiarla. Era viernes y el caldo estaba en la hornilla, y mientras estaba ocupándose de fregar el suelo el caldo se quemó. Era muy tarde para salir y comprar verduras frescas y otro pollo, por lo que Becky simplemente sirvió el caldo a su marido y regresó rápidamente a la cocina esperando que no lo notara.

»Pero de repente oyó: «¡Becky, ven aquí! ¡Este caldo de pollo...!». Ella esperaba que le regañara por echar a perder así la comida, pero para su inmensa sorpresa Jack dijo: «¡Es el mejor! ¡Es justo como lo hacía mi madre!».

Regocijado, Shea empezó a reírse.

—Mira, eso es lo mejor —dijo Shya—. Aquello con lo que Jake creció. Aquello con lo que tú creciste era el modelo para tener una relación satisfactoria y es también como ves el amor. Por eso tratas de crear el mismo tipo de relación que tenían tus padres, tanto si te das cuenta de ello como si no. Pero estás recreando una relación en la que tu madre dominaba usando la amenaza de disgustarse y tu padre representaba el papel de ser la víctima de una mujer dominante. Esta dinámica de su relación se dio porque era con lo que ellos habían crecido, y así es como va de generación en generación. En mi cuento, Jake había llegado a asociar el caldo que hacía su madre con amor. Como su madre siempre lo quemaba cuando era niño, al crecer eso era lo que buscaba. Nuestra mente añade ingredientes extra que, si tratamos de reproducirlos, no nos conducen a tener relaciones satisfactorias. ¿Te das cuenta?

—Sí —contestó Shea. Se había relajado y ahora parecía bastante adulto, atractivo y cómodo.

—Has desarrollado un esquema de la relación amorosa basándote en la lucha entre tu madre y tu padre —dijo Shya—. Y en este escenario, aparentemente tu padre perdía y tu madre ganaba.

—Pero en realidad —señaló Ariel— tu padre no era la víctima de tu madre. La dejaba ganar porque así podía renunciar a ser responsable de su propia vida.

—Que es justo lo que tú has estado haciendo, Shea —añadió Shya—. Así no tienes que ser responsable. Si algo sale mal, no es culpa tuya.

Cuando las diversas partes de nuestra conversación encajaron de pronto, fue como si se encendiera una bombilla en el cerebro de Shea. En la historia que había contado Ariel sobre la pareja del hotel, la mujer parecía poco razonable y el hombre, su víctima. La afirmación del padre de Shea: «Si mamá no está contenta, nadie está contento», había dibujado una imagen en la que su madre era la persona poco razonable y culpable de las decisiones impopulares. Era una manera indirecta de decir: «Yo no estoy de acuerdo, pero solo lo hago para evitar que se irrite. Por favor, no te enfades conmigo».

—Sí. ¡Eso es! –exclamó Shea, volviendo de repente a la vida.

—Aquí lo tienes –continuó Shya–. La manera en que has estado actuando es una forma encubierta de tener razón. Dejas que tu novia se equivoque para probar tu punto de vista, en lugar de mantenerte firme en tus ideas y decir: «No, eso no va a funcionar. Vamos a hacerlo a mi manera».

—¿Qué es lo que decía tu padre? –preguntó Ariel.

—«Si mamá no está contenta, nadie está contento» –respondió Shea sonriendo.

—¿Y quién quedaba siempre bien en esos casos? –quiso saber Ariel.

En esta ocasión la respuesta de Shea salió de su verdad:

—Mi padre. ¡Vaya! –exclamó al tiempo que disipaba su viejo malentendido.

—Cuando tu madre cometía un error, ¿de quién era el fallo? –preguntó Shya.

—De mi padre –contestó Shea.

—No para tu padre. Para él, el fallo era de *ella*, Shea. En secreto pensaba que si él lo hubiera hecho a su manera, el resultado habría sido diferente. Tu padre cedía a los deseos de tu madre y si las cosas salían mal, podía echarle la culpa a ella. De esa manera no tenía que asumir ninguna responsabilidad.

—Shea —dijo Ariel—, existe la posibilidad de que tú y Ali establezcáis una verdadera colaboración. No la has desarrollado aún, pero está ahí. Uno de los elementos indispensables para tener una verdadera colaboración es la sinceridad. Si algo no te convence, dilo. Si Shya dejara que me saliera con la mía en algo que no le convence, terminaría haciendo el ridículo conmigo misma o con otra gente. Haría cosas perjudiciales para mí, para él y para nuestra relación, o para otros.

Shya añadió:

—Esta mecánica funciona en los dos sentidos. Ariel también es sincera conmigo. Dejar que tu pareja «se salga con la suya» es una relación «normal». Pero con la misma facilidad puedes tener una relación excepcional.

—Funcionar en colaboración —señaló Ariel— implica asegurarse de ser realmente francos el uno con el otro, de no guardarse nada. No nos vamos a la cama resentidos. De hecho, en los primeros días, aunque nunca quería acostarme con resentimientos, me costaba trabajo hacerlo. Era como si tuviera que empujarme a mí misma a hablar para superar mi reticencia a expresarme. Lo importante es que, para hablar, no esperábamos a estar tan enfadados que pudiéramos sortear a nuestro censor interno con la fuerza de la ira, «empujando» lo que era necesario decir.

Cuando dices algo con ira, aunque sea
verdad, hieres a tu pareja.

—Hoy en día no tenemos que tomar una decisión ni mantenernos vigilantes para asegurarnos de que todo va bien entre nosotros. Es un flujo natural en el que puedo contar con tenerlo a él cubriéndome las espaldas –dijo Ariel con una sonrisa–, y también en el frente, los lados, arriba y abajo, y de todas las maneras posibles, y viceversa.

—Sí –dijo Shea, sonriendo y asintiendo sabiamente–. Colaboración suena mejor que caldo de pollo requemado.

Todos nos reímos.

—Muchas gracias –dijo Shea con una sonrisa. ¡Esto es estupendo!

—De nada –respondimos.

 Si mamá no está contenta, nadie está contento
LaRelacionIdeal.com

12

SER EL AUTOR DE TU VIDA

En nuestro primer libro dedicado al tema de las relaciones, *How to Create a Magical Relationship*, presentamos el término «divisor de relaciones», una influencia tan destructiva en relaciones por lo demás sanas que dedicamos una sección entera de ese libro a explorar muchas de las maneras en que esta dinámica puede manifestarse.

En resumen, la división de relaciones es un comportamiento que primero se ve entre los niños y sus padres, y que después se extiende a la vida adulta. Un divisor de relaciones es una persona que tiene algún tipo específico de carencia con sus padres. Por lo general, establece un vínculo con el progenitor del sexo contrario al suyo, el padre o la madre, excluyendo al otro. Durante los primeros años de vida, este comportamiento puede verse como algo gracioso. Nos parece muy tierno ver a un niño pequeño que está muy pendiente de su madre, o a una niña a la que le encanta estar con su papá. Pero si la competición con el padre para obtener el afecto y la atención de la madre, o al contrario, se extiende hasta la edad adulta, se convierte en una forma de relacionarse que automáticamente desestabiliza o destruye todas las relaciones con las que uno entra en contacto.

En ese libro relatamos numerosas anécdotas que demuestran las diferentes formas en que actúa un divisor de relaciones, y explicamos cómo reconocer este fenómeno y cómo neutralizar sus efectos en tu relación. Pero ¿qué sucede cuando descubres que *tú* divides las relaciones? ¿Qué sucede cuando tú eres la persona que está tan aferrado a competir con tu madre (o padre, si eres un hombre) que automáticamente compites con todas las mujeres (u hombres) que hay a tu alrededor? Eso es lo que le sucedía a Anne.

APRENDIENDO A ORGANIZARTE

Anne es una belleza europea: alta, delgada, con la piel de color crema, un cabello largo y oscuro que cae en cascadas por su espalda, una sonrisa encantadora... Podía haber sido modelo si hubiera elegido esa profesión. Era fácil apreciar su belleza, pero no tan fácil, para las mujeres que había en su círculo, tolerar lo atenta que se mostraba con sus novios y maridos. Aunque al principio Anne no era consciente de ello, prácticamente todas sus conversaciones durante nuestros seminarios fueron con hombres que ya tenían alguna relación con alguien. Poseía la extraña habilidad de sentarse únicamente junto a aquellos que tenían una relación y de dejar libre cualquier asiento que estuviera junto a un hombre disponible. Si había un ejercicio que requiriera una pareja, era raro, o más bien imposible, ver a Anne con una mujer o con un chico soltero; siempre se emparejaba con un hombre que estuviera casado o comprometido. En la mayoría de las ocasiones, ellos no se daban cuenta de que eran meros peones de su continua guerra contra su madre. Simplemente disfrutaban de la atención en apariencia espontánea que les prestaba una chica tan encantadora.

Anne nos acompañó en uno de nuestros cursos invernales de transformación instantánea celebrados en Costa Rica. Durante la semana que estuvo en este entorno tropical, donde era normal vestir ropa ligera, su manera de moverse, actuar y relacionarse con los demás parecía resaltar.

Un día, en la sala donde impartíamos el curso, su naturaleza competitiva salió a la luz. Con delicadeza, los participantes le hablaron a Anne de su manera de relacionarse para que pudiera ser consciente de ello. Le costó mucho no juzgarse a sí misma por esto, pero lo consiguió. Al mirar la forma en que se comportaba sin resistirse a lo que observaba, y sin criticarse, dejó de actuar de aquel modo, y así tanto los hombres solteros como las mujeres pudieron disfrutar de su compañía. Fue una verdadera transformación instantánea.

Sin embargo, como sucede con muchas conductas bien enraizadas, con el tiempo esa forma de relacionarse que suscitaba la división volvió a emerger. Al verano siguiente, cuando asistió a uno de nuestros talleres de fin de semana, había vuelto a algunos de sus antiguos hábitos de conducta. Saberlo la entristeció. Quería que la transformación fuera una píldora mágica. Deseaba ser consciente de su comportamiento competitivo, que causaba división en las relaciones, y que eso bastara para que desapareciera de una vez por todas, pero las cosas no funcionan así. No había comprendido que la transformación sucede en un instante, pero a la vez tiene un efecto acumulativo. Es un modo de vida que consiste en tomar conciencia de cómo vives sin juzgar lo que ves. La transformación no es algo que se da una sola vez. Es suficiente con que veas algo sin juzgarlo para que en ese momento se acabe (este es el tercer principio de la transformación instantánea). Si el hábito vuelve a aparecer, si lo ves otra vez sin juzgarlo, también se acaba en ese momento.

Durante el seminario de esa semana, Anne se sentía desanimada tras comprobar que no había «superado» sus viejos hábitos. Necesitó una gran dosis de valor para mirar, ver y desprenderse. En las semanas siguientes, se preguntó cómo podía lidiar con esa tendencia a competir automáticamente con las mujeres que había a su alrededor y se puso en contacto con nosotros.

Anne es miembro del *The Premium Excellence Club*, nuestro programa online en el que los suscriptores se apuntan para recibir cada semana en su dirección de correo electrónico una minisesión de vídeo en la que trabajamos con algún participante. Los vídeos que constituyen la base de *Cómo crear la relación ideal* originariamente formaban parte de este programa. Otro elemento de *The Premium Excellence Club* es la sección de preguntas y respuestas. Cada mes, los miembros nos mandan sus preguntas y publicamos una o varias de ellas con nuestra respuesta. Le enviamos a Anne nuestra respuesta antes de publicarla y ella sintió el impulso de contestarnos. El intercambio de correos electrónicos fue tan impactante que le pedimos permiso para publicarlo en su totalidad.

A continuación veremos la pregunta que Anne nos mandó a *The Premium Excellence Club*, nuestra respuesta y los correos que siguieron. Si prestas atención, verás cómo pasó de ser víctima de su comportamiento automático a ser la creadora de su vida. Empieza comparando su naturaleza competitiva con una enfermedad incurable y termina entusiasmada al notar los matices de cómo se manifiestan sus mecanismos. En efecto, se siente inspirada al verse a sí misma con franqueza, en lugar de sentirse descorazonada y compadecerse a sí misma. Todos podemos aprender mucho de Anne, de su valor y de su trayectoria.

La pregunta de Anne en The Premium Excellence Club

¡Hola, Ariel y Shya!:

Con respecto a competir con las mujeres, recientemente me dijisteis en un entrenamiento: «Vas a tener que arreglar esto». Esta frase me da vueltas en la cabeza, ya que no estoy segura de lo que queréis decir con «arreglar». Creí que supuestamente la transformación era fácil y que mientras fuera consciente de cómo compito, sin juzgarlo, se arreglaría por sí mismo.

Me imagino que la manera en que interpreto la palabra «arreglar» es que mi comportamiento es como una enfermedad incurable. Tengo que vivir con ella y tener cuidado de no hacerle daño a nadie. Me veo trabajándome y trabajando sobre este asunto y sin creer en mí porque de repente pienso que no basta simplemente con verlo. ¿Podríais hacerme alguna aclaración sobre esto?

¡Muchas gracias! Anne.

Nuestra respuesta

Querida Anne:

Aquí hay una paradoja. La transformación es instantánea, pero, a la vez, el efecto de vivir de una manera transformacional se va acumulando con el tiempo. Puedes transformarte en un instante, pero todo se anula en el instante en el que dejas de ver cómo te estás comportando y vuelves a tus viejos hábitos automáticos.

La transformación se produce en un estado de sinceridad: una manera de ver algo como es, sin juzgarlo. Por tu pregunta, está claro que estás juzgando lo que ves y, en realidad, tienes el propósito de ver tu naturaleza competitiva con las mujeres para desprenderte de ella. Este, en realidad, es el primer principio de la transformación instantánea expuesto de otra manera: aquello a lo que te resistes (secretamente intentas cambiar o evitas ver porque crees que es malo) persistirá y se hará más fuerte.

Si de repente ganaras mucho dinero y no supieras qué hacer con él, y te dijéramos que deberías aprender a administrar tu riqueza, ¡no verías en esto el equivalente a tener una enfermedad incurable! Pensar en tu naturaleza inconsciente y competitiva con las otras mujeres como en una enfermedad es un juicio parcial, ¿no crees?

Durante el taller, sin darte cuenta, estuviste una vez más flirteando con hombres que tenían ya una relación, mientras ignorabas a las mujeres y a los hombres solteros y sin compromiso. Cuando, con mucha delicadeza, te lo indicamos, te lo tomaste como algo negativo. Te sentiste mal y dijiste algo como: «¡Creí que esto ya lo había superado!». Pero si tu estrategia en la vida ha sido competir con tu madre, y luego, por extensión, con las mujeres que tienen una relación, este hábito se encuentra muy enraizado en ti y necesitas manejarlo. Cuando te sientes centrada y eres consciente de tu entorno y del impacto que tienes sobre él, es menos probable que excluyas a las mujeres e intentes atraer la atención de los hombres que están comprometidos. Cuando estás descentrada o te sientes insegura, o si estás en estos momentos luchando con tu madre, por ejemplo, es más fácil que caigas en tu viejo hábito de competir.

Para arreglar esto, interésate activamente en cómo te relacionas con quienes te rodean y míralo como un indicador que te dice si estás centrada (actuando de manera creativa y proactiva) en lugar de ponerte anteojeras cuando estás molesta, desanimada o representando un viejo guion escrito por una versión adolescente de ti misma.

Tu pregunta lleva implícita la queja de que en realidad la transformación no funciona, porque viste una vez tu naturaleza competitiva y eso debía de ser suficiente para poder manejar este asunto de una vez por todas. Quieres que tu comportamiento competitivo desaparezca. Deseas tomar la «píldora mágica de la transformación» y no tener que volver a ser responsable nunca más de tu comportamiento. Eso no es transformación. Eso es cambio.

La transformación no es un logro. Es una forma de vida.

Cordialmente,

Ariel y Shya.

Contestación de Anne vía correo electrónico

Queridos Ariel y Shya:

¡Gracias por responder a mi pregunta! Los distintos aspectos de vuestra respuesta son muy útiles.

La primera vez que leí la parte en la que contabais que durante el taller me habíais visto coqueteando con los hombres que tenían una relación, volví a sentirme mal. Parecía como si estuvierais hablando de otra persona.

Luego, ese mismo día, un poco más tarde, fui a nadar al lago y a hacer algunos recados, y aproveché para estudiar mi comportamiento con los hombres y las mujeres. Lo que descubrí fue bastante sorprendente: por ejemplo, cuando fui a comprar, vi a un chico por el que me sentí atraída, y en seguida apareció una mujer por la esquina que resultó ser su novia o su esposa. O estaba esperando el tren y veía a un hombre que me interesaba, y al poco tiempo descubría que también él estaba con una mujer. ¡Esto ocurrió unas cuantas veces en el transcurso de la tarde!

Por otro lado, podía ver que a veces ignoraba intencionadamente a los hombres que estaban solos, no en todos los casos, pero sí en algunos.

Ahora todo este asunto me parece mucho más leve. Todavía albergo algunos juicios, porque solía tener una idea sobre mí misma, sobre cómo soy en ese aspecto, y ahora estoy descubriendo cosas nuevas que no me esperaba encontrar. Puedo ver lo mucho que quería tenerlo ya todo superado y hasta qué punto esto me impidió permanecer despierta y seguir mirando.

Con cariño, Anne.

Nuestra respuesta

Querida Anne:

¡Muy, muy interesante! ¡Es genial que te des cuenta de cómo te sientes automáticamente atraída hacia los hombres que tienen una relación sin pensarlo ni planearlo! Ni siquiera viste a la chica hasta que dobló la esquina ni, en el segundo caso, a la mujer que estaba allí. Esto es realmente muy interesante porque ahora no tienes que culparte a ti misma. Simplemente es algo a lo que prestar atención y atenuar. Verlo te coloca en una posición de control de tu vida en lugar de ser la víctima de circunstancias que se repiten continuamente. ¡De verdad, nos alegramos mucho por ti!

Te mandamos nuestros mejores deseos mientras disfrutamos de nuestras vacaciones en Oregón.

Ariel y Shya.

Y un nuevo correo de Anne

¡Queridos Ariel y Shya!:

Gracias por vuestra respuesta. Sí, es muy interesante (-: Y sigo viendo cosas nuevas; mientras tanto, incluso puedo tomarme las cosas con sentido del humor cuando soy consciente de lo que en realidad estoy haciendo.

¡Ariel, me encantó tu foto con tus hermanas en Facebook! Creo que la chica de en medio se parece mucho a ti.

Hoy estaba descansando en la hamaca mientras escuchaba el *podcast* «Amor verdadero» en tu programa de radio *Estar aquí*. La verdad es que me animó mucho. Estoy muy agradecida por tus programas de radio, muchas gracias por hacerlos cada semana. Es un verdadero placer.

¡Abrazos! Anne

13

LAS DECISIONES DE LA NIÑEZ TRAEN COMPLICACIONES EN LA EDAD ADULTA

En esta sección conoceremos a una encantadora alemana de unos cuarenta y cinco años llamada Christiane. La había educado un padre con creencias de una naturaleza que la mayoría consideraríamos repugnante. Durante la Segunda Guerra Mundial, fue simpatizante de los nazis y aún tenía prejuicios contra todo el que tuviera un origen judío. Desde el punto de vista actual, estaría más que justificado que Christiane le mostrara resistencia. Pero sus actos de desafío y «venganza» contra su carácter intolerante habían tenido resultados devastadores para esta mujer bella y generosa.

Acompáñanos mientras nos sentamos con ella y hablamos sobre el arte de ser compasivos. Fue una conversación sorprendentemente distendida, teniendo en cuenta el peso de la naturaleza de algunos asuntos sobre los que hablamos. Y sin embargo, con una perspectiva transformadora, incluso los temas con una profunda carga emotiva pueden tratarse de forma respetuosa y, a la vez, ligera.

LA COMPASIÓN EMPIEZA EN CASA

Christiane tiene un cabello de color rubio ceniza que le llega a los hombros, con la raya en el medio y que enmarca su cara con suaves rizos. Es elegante y elocuente, y cuando nos reunimos con ella su matrimonio estaba atravesando un momento muy delicado. Cuando nos sentamos al aire libre cerca de un hotel de Hamburgo, soplaba el viento, y las flores que había detrás de Christiane y el muro de enredaderas detrás de nosotros se mecían con la brisa.

Christiane puso en orden sus pensamientos, y cuando empezó a hablar fue directamente al grano. Dijo:

—Últimamente... No, no últimamente. Desde hace diecisiete años, intento hacer que mi marido me entienda, y ahora me ocurre lo mismo con mi hija.

Nosotros también decidimos ir directamente al fondo de la cuestión. Christiane pensaba equivocadamente que su discordia era con su marido y su hija. Lo que no entendía era que esa dinámica de la «lucha» la había puesto en marcha una versión anterior de sí misma.

Como si fuera un adulto que guardara una sorpresa para una niña, Shya, prácticamente cantando, anunció:

—Tengo algo para ti...

—¡Seguro que sí! –dijo ella con una risita nerviosa.

—Hace dos noches estábamos cenando después del taller y dijiste algo que fue realmente muy revelador.

—Sí –continuó Ariel–. La verdad es que nos llamó la atención.

Como una niña sorprendida en un juego, Christiane se rió, cubriéndose la boca con una mano. Tenía alguna idea sobre el asunto que íbamos a tratar. En realidad, estábamos bastante seguros de que, durante la cena, no mencionó ese asunto por casualidad.

Se había sentado a cenar con nosotros tras el taller de fin de semana que impartimos en Hamburgo. El restaurante estaba lleno de participantes del taller que se habían reunido para pasar un poco más de tiempo juntos. Sentada en una mesa con varios amigos y conocidos, Christiane llegó a contarnos algunos detalles muy íntimos sobre su vida en medio del ambiente informal de la cena.

—¿Sabes?, hablar contigo me hizo entender de verdad algunas cosas sobre tu vida, Christiane –dijo Shya–. Mira, tú crees que estás en guerra con tu marido. Pero creo que estás en guerra con tu padre.

—Sí –asintió ella con seriedad.

—Esta guerra con tu padre simplemente se ha transferido a tu marido.

—¡Sí, sí! –exclamó ella, viendo la verdad de lo que decía Shya.

—Nos contaste que tienes cuatro hijos y que todos tienen un primer y segundo nombre judíos.

Christiane asintió con una sonrisa cómplice.

—Nos dijiste que les pusiste nombres judíos porque a tu padre, que tenía dieciséis años cuando Hitler llegó al poder, eso le molestaba. Según tú, todavía cuenta chistes antisemitas crueles. Y siempre te peleas con él por eso. Pero realmente te vengaste al elegir los nombres de tus hijos.

Christiane no pudo evitarlo. Soltó una carcajada.

—Y cuando nos lo contaste, estabas contenta —continuó Ariel—. Estabas alegre. Muy entusiasmada. Y ahora te sientes realmente feliz porque tu hija, Leah, está saliendo con un chico judío, y eso te encanta.

—Sí, ¡es incluso mejor! –dijo.

Mientras escuchaba lo que le íbamos diciendo, Christiane pasó por mil estados emocionales: culpable, alegre, ligeramente avergonzada, un poco nerviosa, anticipadora, orgullosa de sí misma y algo confusa. Una vez más, resultaba obvio que había venido a la sesión de grabación para aclarar la dinámica que mantenía con su marido y su hija, así como para lidiar con la relación con su padre.

—Lo que revelaste tras la cena me proporciona el esquema –dijo Shya–, el marco, el paradigma, el sistema a través del que estás viendo la vida. El propósito de toda tu existencia es demostrarle a tu padre que está equivocado.

—Sí, esa es mi venganza contra él –dijo. En ese momento el semblante de Christiane repentinamente se volvió irritado, sombrío y rígido.

—Me parece interesante que esa emoción aparezca cuando dices la palabra «venganza» –señaló Shya, dirigiendo la atención de Christiane hacia sí misma y hacia lo que estaba sintiendo–. Poner nombres judíos a tus hijos es tu venganza contra él –prosiguió–. El único problema es que aunque quizá no te hayas dado cuenta, le estás transfiriendo a tu relación esa manera vengativa de relacionarte. Sé que eso no es lo que quieres, porque deseas tener un matrimonio apacible. Deseas que él quiera estar contigo. Pero si haces lo mismo que vienes haciendo desde que eras niña para demostrarle a tu padre que se ha equivocado en su forma de vivir, tomarás la misma postura con tu marido, Claudio. Te dedicarás a demostrarle que lo que está haciendo con su vida está «mal», lo mismo que tu padre. Y ninguno de vosotros tendrá paz.

»Christiane, tu padre no podía haber vivido de otra forma a como lo hizo. Si nos ponemos en su situación, con su entorno y su condicionamiento durante ese momento de la historia de este país, habríamos hecho lo mismo.

—Y oponer resistencia a su punto de vista solo lo refuerza —dijo Ariel.

Christiane seguía sin estar convencida. En su mente, su padre estaba equivocado, absolutamente equivocado. Era un hecho inmutable. Ella tenía pruebas, pruebas que había ido reuniendo durante toda una vida. Asumía que a nosotros nos resultaría tan repugnante como a ella. Al fin y al cabo era un *nazi*.

Shya probó con una táctica diferente para apaciguar la lucha de Christiane con su padre. Dijo:

—Ariel y yo estuvimos una vez en Baviera, y allí visitamos a una amiga nuestra llamada Dolma. La conocimos en un centro de meditación de Italia en el que vivimos durante un par de años. Cuando se fue, nos invitó a visitarla y a quedarnos un tiempo con ella. Vivía fuera de Múnich, en una granja, y el granjero y su esposa ocupaban la planta baja. En el piso de arriba había habitaciones que alquilaban a los turistas, y allí nos alojamos.

—Hummm —dijo Christiane, asintiendo con la cabeza sin saber a dónde queríamos llegar.

—Una noche, el granjero y su esposa nos invitó al acogedor salón de su casa. El hombre nos agasajó con un pequeño concierto, y bebimos vino y bailamos. Luego paró y me dijo: «Lo siento mucho». Yo me extrañé: «¿Por qué? No has hecho nada malo». Y él me respondió: «Sí, durante la guerra fui nazi».

»El granjero me miró expectante, anticipando que lo juzgaría tan duramente como lo hacía él. Aunque soy de origen judío y he oído hablar mucho sobre los horrores de la guerra, no sentí desprecio hacia él. Era viejo, estaba enfermo del corazón y, obviamente, ya se había castigado bastante a sí mismo. Le dije: «¿Y qué?».

»Inspirando profundamente, aliviado de poder descargarse, el granjero me dijo: «Déjame contártelo». Me explicó que un día los nazis llegaron a su aldea y les dijeron a los aldeanos: «Todos los hombres nos reuniremos mañana a las seis en punto de la mañana. Y si alguno no aparece, vamos a ir a su casa a matarlo a él y a toda su familia». El granjero no tenía alternativa.

La expresión de Christiane se suavizó cuando comprendió el dilema de ese hombre. Pero todavía no estaba preparada para dejar de ser severa con su padre.

—Hummm –murmuró.

—Se vio entre la espada y la pared: tenía que hacerse nazi o si no matarían a su familia. Nos contó que su hermano murió en el frente ruso. Cuando regresó a casa, descubrió que sus padres habían sido asesinados durante su ausencia y que de toda su familia era el único superviviente de la guerra. Su vida entera había sido destruida y me estaba pidiendo a *mí* que *le* perdonara. Sentimos mucha pena por él. No había tenido ninguna elección.

»De niños, Christiane, juzgamos a nuestros padres como si debieran ser distintos de como son. Pero tu padre no podía haber sido diferente. Las circunstancias de su vida, todo el orden social de aquella época, lo absorbieron como un tornado, y él no tuvo absolutamente el menor control sobre su vida. Tenía que hacer lo que hizo y probablemente sentía que estaba cumpliendo con su patria. La verdad, Christiane, es que al castigarlo por cómo fue cuando no tenía otra elección en su vida, en realidad te estás castigando a ti.

—Vamos a echarle un vistazo al impacto que tu lucha con tu padre tiene en la relación con tu marido, Claudio —dijo Ariel—. Impones el mismo tipo de juicios y de esquemas mentales sobre él. Hemos conocido a Claudio y es muy fácil empujarle a que sea testarudo en sus puntos de vista. La verdad es que le puedes empujar a oponerse a ti solo por llevar la contraria. Hay veces en que existe la armonía, pero otras estás realmente peleando. Creo además que esas peleas se producen porque es eso lo que buscas en una relación amorosa. Tu principal relación amorosa, la relación con tu padre, es una pelea.

—Sí, lo es —asintió ella firmemente.

—Sería inteligente perdonar a tu padre, Christiane, por lo que no podría haber hecho de forma distinta a como lo hizo, y perdonarte a ti misma por la manera en que te has portado con él —prosiguió Shya—. «Perdonar» significa renunciar al derecho de castigar, actuar como si la ofensa nunca se hubiera producido. También significa renunciar al *deseo* de castigar. Para eso primero debes sentir algo de compasión por ti misma.

Todo esto del perdón estaba muy bien, pero Christiane aún no estaba preparada para abandonar la lucha. Todavía tenía que ver cómo justificaba su rabia y resentimiento. No había comprendido completamente cuánto orgullo y satisfacción le causaba el hecho de tener razón y que su padre estuviera equivocado, y hasta qué punto creía que su misión era señalar sus errores.

Conocemos solo unas pocas palabras en alemán, pero una de ellas es *schadenfreude*. *Schadenfreude* es el placer que alguien obtiene con el malestar o las desgracias de otros. Es cuando te sientes feliz de ver a alguien sufriendo. Christiane estaba tan enfrentada a su padre que su *schadenfreude* saltaba a la vista. Pero lo que todavía no había visto era que ella no era lo opuesto a su padre. En realidad era exactamente igual que él. Mientras a él su entorno lo programó para odiar a los judíos, ella lo odiaba a él y a quienes eran como él con la misma vehemencia. El objeto de su odio era diferente pero el odio en sí era el mismo. Al oponerse a él, se había convertido en él.

—Si quieres crear armonía en tu relación, tienes que contar la verdad sobre cuánto disfrutas molestando a tu padre, porque es así –dijo Ariel–. Cuando hablamos contigo la otra noche, estabas encantada cuando nos contaste lo del nombre de tus hijos y el efecto que había tenido en tu padre.

—Sí. De alguna manera tengo la impresión de que tengo derecho a castigarle –admitió Christiane–, aunque sé que no es verdad.

—Tienes derecho a castigarlo. Puedes hacerlo –dijo Ariel–. Pero eso conlleva determinadas consecuencias.

La expresión de Christiane se volvió atormentada. Parecía joven y trastornada, irascible.

—Sí, bueno –dijo, poniéndose a la defensiva–, creo que mi padre me castigó cuando yo era pequeña. Siempre se ponía del lado de mi hermano. Mi hermano siempre estaba antes que yo, y yo siempre quedaba en un segundo plano. No era muy importante en mi familia.

—Pero todavía lo sigues culpando por eso –dijo Ariel.

Shya preguntó:

—¿Cuántos años tenías cuando te enojaste con él por eso?

—Creo que he estado enfadada con él desde que nació mi hermano.

—Oh, seguro que sí –afirmó Shya con certeza.

—Sí, de acuerdo. Tenía dos años.

—Eso es. De manera que aún te dura la rabieta, la rabieta de una niña de dos años. Y vas a hacerle pagar a tu padre por alegrarse de tener un hijo, cuando en aquella cultura le habían enseñado a querer tener un hijo. Tu padre estaba siguiendo los dictados de la cultura, que decían que un hijo es importante y las hijas no lo son tanto. Eso es cultural. Él se crió con esa idea. Fue todo lo que le enseñaron. Y tú crees que debería ser más sensible, más compasivo de lo que sabe ser.

»Querida, la compasión empieza en casa. Tienes que aprender a ser más compasiva y luego lo podrías aplicar también a él. Él nunca va a cambiar, pero tú tienes la posibilidad de transformarte. Si le permites ser de la manera que es, sin castigarle por sus actitudes, es posible que tu relación se transforme. Hay algo seguro, y es que si dejas de castigarle, tú serás mucho más feliz.

—Me siento tan insegura –dijo Christiane–, tan relegada, tan poco reconocida y apreciada...

—Pero si haces cosas para molestarle y hacerle daño, por supuesto que va a seguir relegándote –dijo Ariel.

—Has estado constantemente haciendo cosas para que te rechazara y de esta manera poder tener razón –añadió Shya–. ¿Lo ves?

—Sí, me doy cuenta –admitió Christiane.

El deseo de tener razón está profundamente enraizado en la mayoría de nosotros, a veces tanto que lo preferimos a disfrutar de una vida plena y satisfactoria. Pero no puedes tener ambos al mismo tiempo. O tienes razón o sientes bienestar. Por ejemplo, si estás en un embotellamiento y se te cuela un coche, puedes encogerte de hombros o ponerte a echar chispas. Si eliges lo primero, eliges tu propio bienestar. Si optas por lo segundo, optas por sufrir. Cuando subes el listón desde sufrir en un atasco de tráfico hasta rechazar a un padre para así poder sentirte rechazado, incrementas el nivel de tu sufrimiento.

Mucha gente se aferra a tener razón y justifica su derecho a sentirse enojada. Dan un pisotón y dicen: «Pero hicieron algo malo, se merecen un castigo».

Por más justificado que te sientas en llevar la razón y en guardar rencor, estás eligiendo sufrir. Si lo dejas ir, estarás eligiendo estar vivo.

Antes de esta conversación, Christiane no había visto cómo en realidad su resistencia al punto de vista de su padre perpetuaba la lucha. ¿Has escuchado alguna vez el dicho: «La manzana no cae lejos del árbol»? Es muy posible que su padre también se sintiera relegado, poco reconocido y poco apreciado. Quizá sus comentarios antisemíticos eran su manera de llamar la atención de Christiane. El padre y la hija se habían quedado atrapados en esa dinámica de conflicto durante mucho tiempo, y la compasión de Christiane era la clave para resolverlo. Dejar ir su rencor no significaba que estuviera de acuerdo con las opiniones de su padre. Significaba que por su parte estaba dispuesta a renunciar a la pelea.

Una relación sana nunca es un trato al cincuenta por ciento. Si quieres tener una relación ideal, debes asumir el cien por cien de la responsabilidad. Por eso es por lo que siempre decimos: «hacen falta dos para pelear y uno para terminar la pelea, y ese uno siempre tienes que ser tú».

Cuando Shya le señaló a Christiane lo que había estado haciendo, de repente vio la verdad. En ese momento algo quedó zanjado en su interior. En un instante la lucha con su padre se acabó, y Christiane pareció cansada y aliviada, como si un largo tira y afloja hubiera finalmente acabado.

—Me doy cuenta –dijo otra vez.

—De acuerdo, Christiane. Ahora no te juzgues a ti misma por haberlo hecho. No es más que una lucha de una niña de dos años de la que antes no eras consciente. Ahora que te das cuenta, no tienes por qué seguir luchando, si no quieres.

—Cuando pienso en mis padres, ahora comprendo que ya no se trata de necesitar algo de ellos, Christiane –dijo Ariel–. Mi actitud como la mujer adulta que soy es ver lo que puedo darles. Nunca serás capaz de darle a esa niña de dos años toda la atención que requiere para ser feliz, pero ya no tienes dos años.

—Enhorabuena –dijo Shya riendo–, ahora sí es posible que empieces a vivir, a vivir *tu* vida. Hasta ahora tu vida consistía en estar en contra de tu padre. Ya no tienes por qué seguir haciendo eso.

—Aquí tienes una pista –señaló Ariel–. Si yo fuera tú, actuaría como si esos momentos en los que te sientes insegura fueran momentos en los que simplemente has dejado de expresarte a ti misma.

Christiane parecía pensativa.

—Sí –dijo, inclinando la cabeza.

—Cuando de verdad estás expresándote, te entusiasmas. Por ejemplo, sé que vendes unos productos de limpieza estupendos. Cuando te apasionas con la venta, ya no te sientes insegura. Sentirte insegura es solo la señal de que has dejado de vivir tu vida y estás esperando que te den algo, como si te lo «debieran».

—Sí, eso es verdad. Cada vez que me siento insegura, realmente estoy... –Se detuvo, buscando un momento la palabra–. Molesto a la gente porque soy muy pesada. Mi actitud es: «Vamos, dame algo». Y la gente...

Se detuvo una vez más. Quizá estaba viendo una serie de imágenes, de películas cortas que representaban las veces en que se había mostrado insegura y exigente. Verdaderamente acababa de describir el mecanismo que ponía en marcha una y otra vez, no solo con su padre sino también con su marido. Christiane se irritaba, volvía a representar la rabieta de esa niña de dos años y luego, de una manera muy poco atractiva o sugerente, exigía que le prestaran atención. Ese comportamiento generaba lo contrario de lo que en realidad quería, pero era congruente con su propósito de demostrar que su padre fue malo y la rechazó, y por eso se veía obligada a crear y recrear circunstancias que le daban la razón a esa perspectiva.

—Cuando eres así, la gente le da de lado a esa versión insegura y exigente de ti —dijo Shya como si hablara por ella—. A ti no te gusta la gente insegura, ¿verdad?

Christiane se quedó mirándolo en silencio.

—¿Te gusta?

Seguía sin haber respuesta.

—¿Te gusta estar con gente insegura, Christiane? —volvió a preguntar.

Ella seguía mirándolo. Era como si se hubiera producido un cortocircuito en su interior. Si respondía: «No, no me gusta la gente insegura», tendría que hacerse responsable de todas las veces que los hombres parecían haberla rechazado en su vida.

—¿Todavía sigues entendiendo el inglés? —bromeó Shya, provocando una risa.

—Estoy pensando —dijo ella, intentando ganar tiempo mientras pensaba una respuesta.

—Simplemente no quiere responder —señaló Ariel.

—Es verdad. No quiere responder a esa pregunta —contestó Shya.

—¿Qué debería decir? —expresó finalmente Christiane—. No. Tengo la impresión de que no me junto mucho con gente insegura.

—Pero la verdad es que tampoco te gusta juntarte con ella. Si quieres que la gente disfrute de estar contigo, sé quien eres, no ese cuento acerca de por qué eres una persona insegura. No eres insegura en absoluto. Eres muy fuerte —dijo Shya.

—Y autosuficiente —añadió Ariel.

—Y autosuficiente —repitió Shya—. Solo estás fingiendo ser insegura.

Christiane empezó a reír, a reír con ganas. Vio la verdad. La verdad es que era fuerte y autosuficiente. «Insegura» era solo el síntoma de una rabieta que se había convertido en su forma de vida. Ver la verdad sin culpar a nadie aligeró la carga que ese cuento que inventó en su infancia había puesto sobre su corazón.

—¿Sabes qué, Christiane? —dijo Ariel—. Si no eres insegura sino que piensas que lo eres, no importa lo que los demás te den o hagan por ti, no importa cuánta atención te presten, nunca van a saciar esa necesidad porque realmente tú no eres insegura. Eso es solo un pensamiento, no la realidad.

—Gracias —dijo Christiane.

Su agradecimiento era profundo y significativo. Su verdadera elegancia salió a la superficie en cuanto fue capaz de ver a esa niña irascible sin juzgarla y esta desapareció en un instante.

—De nada —contestó Shya—. Y gracias a *ti*.

La compasión empieza en casa
LaRelacionIdeal.com

14

COMPORTAMIENTOS Y CREENCIAS

A medida que crecemos, aprendemos formas de pensar y actuar que se convierten en los comportamientos y creencias predeterminados con los que llegamos a la edad adulta. Por ejemplo, quizá aprendiste a expresar tu ira de forma pasiva, abriendo mucho los ojos o empleando determinado tono de voz. O tal vez aprendiste que pelear era una especie de juego preliminar, fundamental para tener una relación excitante. Si te criaste en Japón, lo más probable es que te acostumbraras a cenar pescado y arroz. Si te criaste en Italia, es posible que prefieras la pasta. Estos son solo unos pocos ejemplos de los millones de comportamientos y creencias que absorbiste de niño, que rápidamente quedaron tan arraigados que los aceptaste sin cuestionártelos ni calificarlos.

Durante la niñez, desde el momento de nuestro nacimiento hasta la edad de seis años, vivimos en un estado mental que puede compararse con estar hipnotizados. Nuestros jóvenes cerebros funcionan produciendo ondas theta, lo cual quiere decir que aceptamos todo lo que vemos y escuchamos a nuestro alrededor como si fuera la verdad inequívoca. Todo lo que aprendemos de nuestros padres, nuestras familias y nuestra sociedad en conjunto lo asimilamos y lo asumimos automáticamente como verdadero o acertado.

Sobre esto no tenemos control. Simplemente absorbemos toda la información y nos basamos en ella día a día durante el resto de nuestras vidas.

Uno podría pensar que Christiane rechazó la mentalidad de su padre a los dos años, pero en realidad no fue así. En realidad se rebeló contra la atención que su padre le daba a su hermano y no a ella. No rechazaba su mentalidad, simplemente quería atención, y la estrategia infantil que usó fue luchar contra él.

Nuestra primera forma de socialización se convierte en el plano que nos enseña cómo vivir y cómo relacionarnos; por eso, si nunca observamos objetivamente nuestros comportamientos y creencias, jamás pensaremos ni actuaremos de forma distinta. Seguiremos abriendo mucho los ojos, tendremos relaciones apasionadas y dolorosas o, como veremos en la siguiente conversación con Joe, disfrutaremos comiendo pasta cocinada de una cierta forma. Nos preguntaremos por qué tenemos problemas y por qué parece que no podemos controlar nuestros impulsos, aunque sean claramente destructivos. Hasta que empecemos a reconocer estos comportamientos y creencias por lo que son, sin juzgarlos, tendrán un control absoluto sobre nuestras vidas.

Con el paso de los años hemos trabajado con miles de individuos, todos ellos educados con creencias y comportamientos que luego llevaron consigo a la edad adulta. Como en principio no tienen control sobre sus reacciones, nos referimos a estas formas de relacionarse como «comportamientos mecánicos». Conforme van asimilando nuestro enfoque antropológico y transformador, empiezan a darse cuenta de la manera en que responden o reaccionan a la vida, sin juzgarse a sí mismos por lo que descubren. Esto permite que comportamientos habituales y mecánicos se disipen a la luz de la conciencia.

Observarse a uno mismo sin hacerse reproches es una experiencia profundamente liberadora que te permite, a menudo por primera vez en tu vida, descubrir lo que realmente es verdad para ti, no lo que siempre has creído que era la verdad.

DESCUBRIENDO TU VERDAD

En esta sección vamos a conocer a Joe, un atractivo joven de unos treinta y pocos años, de origen italoamericano, con el pelo negro corto y grandes gafas de montura oscura. Nos explicó que desde que, recientemente, su relación de dieciocho meses de duración había terminado, se sentía preparado para empezar a volver a salir.

—Ahora estoy soltero –dijo Joe–. Me entusiasma salir y descubrir nuevas posibilidades. Pero al mismo tiempo también tengo la sensación de que sería muy pronto y puede que esté intentando ignorar ciertas emociones.

—¿Crees que necesitas un periodo de duelo porque tu relación terminó? –preguntó suavemente Ariel con una sonrisa.

—Sí –admitió Joe, riendo un poco.

—Porque te da miedo de que piensen que eres un mujeriego –añadió Shya.

—Sí.

Joe volvió a reír, ligeramente sorprendido y avergonzado de tener esa creencia. Pero estaba claro que su sentimiento no había salido de él. Era el resultado de actitudes que aprendió cuando era niño. Joe no comprendía que se trataba de algo que había absorbido, lo mismo que la comida que ingería y el aire que respiraba. Ahora, de adulto, no era así como realmente se sentía. Era como pensaba que *debía* sentirse. Y ese juicio, del que no tenía conocimiento, le estaba impidiendo tener una vida amorosa satisfactoria.

—De acuerdo, o sea, que es esto –dijo Shya–. Ya estás casado.

Joe levantó las cejas con una expresión de desconcierto.

—¿Cómo es eso? –preguntó lentamente.

—Bueno, ¿con quién podrías estar casado?

Joe empezó a pensar, buscando una respuesta. Seguía estando muy inseguro cuando sugirió una idea:

—¿Mi exnovia?

—No –dijimos los dos.

Entonces la respuesta apareció y Joe sonrió avergonzado.

—Mi madre –dijo.

—Exactamente –señaló Shya–. ¿Y qué opinión tiene tu madre de los hombres que salen con muchas mujeres?

En ese momento Joe empezó a dar la impresión de sentirse un poco incómodo e inseguro. Echó la cabeza hacia atrás y reflexionó.

—No muy buena —admitió.

—Si empezaras a salir ahora con muchas chicas en una semana, solo para probar, y tu mamá se enterara, ¿qué pensaría? —preguntó Ariel.

—Pensaría que me voy a la cama con cualquiera.

—¿Eso es algo bueno o malo? —quiso saber Shya.

Joe se llevó un dedo a la barbilla, pensativo.

—Algo malo —dijo finalmente.

—Porque no te ha criado para que seas así —aclaró Shya—. Ella te educó para que fueras un hombre de una sola mujer.

—Sí —se le quebró ligeramente la voz al responder.

—¿Te das cuenta —observó Shya— de cómo dudas y evalúas en tu mente lo que te estoy diciendo? Simplemente no estás aquí. Defiendes a tu madre en tus pensamientos porque crees que de alguna manera estoy desacreditando su carácter. Pero soy un antropólogo que estudia cómo te relacionas con tu vida. Tienes una conexión muy fuerte con tu madre y quieres su aprobación.

—Sí —admitió Joe, aunque obviamente se sentía ligeramente incómodo con el tema de la conversación y la dirección que pensaba que estaba tomando—. Sí —repitió.

—No estamos sugiriendo que cortes tu relación con ella —añadió Ariel—. Estamos hablando de compensar las corrientes de tu vida.

Cuando la gente tiene una relación muy estrecha con uno o ambos de sus padres, en la que están muy apegados a las creencias y comportamientos con los que se criaron y en la que se identifican fuertemente con su cultura de origen, puede que se nieguen a reconocer que algunas de esas maneras de pensar y de actuar no son siempre provechosas. Sin embargo, cuando son capaces de mirar a sus padres, su familia y su cultura objetivamente, pueden empezar a ver lo que funciona para ellos y lo que no.

COMPENSAR LAS CORRIENTES DE TU ENTORNO

Observar cómo tu cultura ha moldeado tus pensamientos y conductas no significa que tengas que rechazarla para aprender tu propia verdad y tomar tus propias decisiones. Hacerlo no te acercaría lo más mínimo a conocer tu ser verdadero. Reaccionar oponiéndote a la educación que has recibido, hacer lo contrario de todo lo que aprendiste conforme ibas creciendo, tiene el mismo resultado que aceptarlo todo sin cuestionarte nada. En ambos casos estás definiéndote sobre la base de cómo te educaron. Sigues sin conocerte a ti mismo.

Le sugerimos a Joe que fuera más consciente de las creencias y comportamientos que se habían enraizado en él. En lugar de juzgarlos como adecuados o inadecuados, le animamos a que los viera como si se tratara de corrientes. Su educación cultural no fue buena ni mala sino que estaba simplemente ahí, como la corriente de un río. Una vez que tomó conciencia de ello, tenía la posibilidad de elegir entre seguir o no sus dictados.

—Shya y yo tenemos una lancha que usamos en el río —explicó Ariel—. Cuando terminamos ese día y Shya lleva la lancha al tráiler, tiene que compensar la corriente. Si intenta llevarla directamente hacia el tráiler y la corriente le está empujando de izquierda a derecha, para cuando llegue al tráiler, la lancha se habrá ido río abajo. Tiene que compensar la corriente. O eso, o esperar a que el río deje de fluir.

Joe dejó escapar una risita, ante la imposibilidad de esperar a que el agua dejara de correr para poder sacar la lancha del río.

—Es como tú y tu madre –continuó Ariel–. Hay una corriente entre vosotros. Es una corriente preciosa. No estamos sugiriéndote que cortes la relación con ella. Solo tienes que descubrir cómo compensar la presión que sientes por cumplir con lo que crees que ella quiere. En tu pasada relación con tu exnovia, tu madre se metió entre vosotros. Incluso en la privacidad de tu propio hogar, cuando tu madre no estaba ahí, pensaste en si aprobaría o no tu conducta.

Este es un ejemplo perfecto de cómo, sin ser consciente de ello, Joe se dejaba influenciar por su educación. Incluso en su propia casa con su novia de entonces, acarreaba el pasado en su vida presente. Imaginaba (quizá de forma completamente errónea) cómo se sentiría su madre en determinadas situaciones, y adaptaba su comportamiento y sus opiniones en consecuencia. Lo veía todo a través de las lentes de lo que suponía que eran las actitudes y opiniones de su madre. Como consecuencia de ello, era incapaz, en ese momento, de tener una relación verdaderamente satisfactoria.

—Mucha gente define sus vidas sobre la base de si sus padres aprobarían o desaprobarían sus decisiones –dijo Shya–. Algunos buscan la aprobación, otros la desaprobación. Pero no le prestan atención a lo que es realmente verdad para ellos. Sus vidas vienen definidas por el hecho de ser o no ser como sus padres. Si quieres tener pareja, Joe, debes separarte tú mismo para poder descubrir lo que para ti es verdad en una relación con una mujer. Esto es mejor que hacer cosas furtivamente para que tu madre no lo sepa.

Mientras hablábamos, una nueva perspectiva estaba empezando a abrirse para Joe.

—Sí, lo entiendo.

—Cuando te dije que ya estabas casado –explicó Shya–, me refería a que para ti iba a ser muy difícil mantener una nueva relación cuando tu principal relación sigue siendo con tu madre. Esto de ninguna manera lo digo con mala intención hacia ella. Creo que es una mujer excelente. Pero vive su vida de forma mecánica haciendo lo que cree que es verdad y lo que cree que es correcto. No se detiene a investigar cuál es su verdad. Solo se comporta de la manera que le dicta la educación que recibió de su entorno.

—Sí –asintió Joe–, conozco a mi familia y tengo una sólida educación que dicta mi comportamiento.

—Si es o no es apropiado –añadió Shya.

—Exactamente –confirmó Joe. Poco a poco estaba empezando a ver cuántas de sus creencias y comportamientos no eran en realidad suyos sino que habían pasado a él a través de su entorno, heredados de los innumerables antepasados que le habían precedido.

Sin embargo, aún no veía a su familia, especialmente a su madre, a través de una perspectiva adulta, sino como cuando era un niño pequeño. Durante esos primeros años, cuando su realidad era limitada y extremadamente subjetiva, desarrolló una impresión de su madre y sus creencias, entre ellas que no aprobaría que su hijo saliera con muchas chicas. Pero era probable que no hubiera prestado mucha atención a los valores actuales de su madre. No le había preguntado directamente su opinión para asegurarse de lo que realmente pensaba.

Es verdad que, lo mismo que nosotros, nuestros padres sostienen creencias limitadoras que absorbieron de la mentalidad que los rodeaba sin cuestionárselas ni calificarlas. Además, también puede ser que demos por hecho que creen algo que en realidad no creen. Es muy probable que, al habernos formado una imagen de ellos cuando éramos niños, no nos hayamos detenido a fijarnos en cómo piensan y sienten realmente hoy en día. Cuando este sea el caso, seguirás buscando la aprobación (o desaprobación) no ya de tus padres, sino de la *idea* que tienes de quiénes son tus padres.

A veces conocemos a gente cuyos progenitores murieron hace muchos años. Con frecuencia siguen conduciendo su vida de acuerdo con el fantasma de su padre o de su madre. Pero cuando toman conciencia de ese hábito, pueden vivir su vida sin las trabas de esa represión.

EL PODER DEL PASADO SOBRE EL PRESENTE

Las influencias de tipo social, cultural o familiar pueden seguir teniendo un poderoso efecto sobre tu vida actual. Cuando es así, reaccionas sin pensar y te encuentras a ti mismo hablando y actuando de maneras que son inapropiadas para tu entorno actual. Para subrayar esto, Ariel le recordó a Joe un episodio gracioso de su propia vida para que le resultara fácil ver sin juzgar.

—Tu exnovia me contó –comenzó Ariel– que una vez cometió el «craso error» de ponerle salsa de tomate al brócoli y que en realidad le gustó. Pero tú estabas horrorizado porque no es así como lo preparan los italianos.

Joe soltó una carcajada.

—Fue automático –admitió–. Solo vi la salsa de tomate que había puesto en el brócoli y reaccioné.

—No es solo tu madre quien ha sido condicionada. Tú también –explicó Ariel–. Ahora ha llegado el momento de que empieces a investigar lo que crees que es verdad. Si no lo haces, puede que te cause náuseas la idea de ponerle salsa de tomate al brócoli.

Todos nos reímos con ese ejemplo tan divertido. En la levedad del momento Joe fue capaz de ver su condicionamiento cultural y de qué manera tan profunda estaban arraigadas en él sus conductas y sus creencias. Con ese insignificante y aparentemente ridículo ejemplo, fue consciente de cómo había estado viendo el mundo a través de unas lentes culturales. Ahora que lo sabía podía empezar a compensar esos prejuicios y observar el mundo con una mirada nueva. Ahora Joe tenía libertad para descubrir su propia perspectiva original, una que no venía dictada por la cultura en la que nació ni tampoco en contra de ella, una perspectiva que tampoco se basaba en su deseo de lograr la aprobación de su madre.

—La gente tiene sensaciones físicas y las confunde con la verdad –dijo Shya refiriéndose al asco que Joe automáticamente había sentido cuando vio la salsa de tomate en el brócoli–. Bueno, quizá no sea la verdad. Puede que esa sensación visceral no sea acertada. Tal vez simplemente estés programado para sentir eso. ¿No te parece emocionante?

—Sí, sí lo es –asintió Joe con un brillo en los ojos.

—Cuando salimos al mar con nuestra lancha y cae la niebla –dijo Shya–, no tengo una referencia visual para saber a dónde me dirijo. Aunque quiera avanzar en línea recta, parece que siempre escoro la lancha hacia la izquierda. Es sorprendente. Juro que voy a ir recto pero la lancha siempre vira a la izquierda. Lo sé por el GPS y los sistemas de radar.

Joe escuchaba entusiasmado la analogía de Shya.

—Tienes que confiar en tus instrumentos –continuó Shya–, no en tus impulsos. En tu caso debes prestarle atención a cómo reacciona la gente a aquello que dices y haces, porque hay veces en que tu punto de vista falla.

—Esto se logra a base de mirar, de estar aquí –explicó Ariel–. Por ejemplo, si gritas: «¿Salsa de tomate en el brócoli? ¡Eso no es italiano!» y estás presente para ver la reacción de tu novia, te darás cuenta en ese instante de que has dicho algo mecánico y que puede llegar a ser hiriente. Decir «lo siento» tiene un gran valor al llegar a ese punto. Cuando te comportas de una manera automática que es desagradable, y eres capaz de verla sin juzgarla y sin justificarte a ti mismo por ello, suele bastar con pedir perdón para volver a poner las cosas en su sitio.

—En la cultura en la que te criaste te enseñaron en qué consistía ser un hombre –señaló Shya–. La manera en que te relacionas con las mujeres viene determinada por esa cultura. No por ti, Joe, el ser humano, sino por Joe el italiano, que ha absorbido el machismo o un papel determinado por su cultura. ¿Te das cuenta?

—Sí –asintió. Había dejado de hacer pausas para pensar sobre lo que le decíamos. Podía ver claramente cómo su cultura había influido en su conducta–. Sí, totalmente.

TRANSFORMANDO TU CAPACIDAD DE RELACIONARTE

La clave para tener una relación ideal es reconocer de qué manera tu comportamiento y tus creencias vienen predeterminados por tu cultura. Hasta que empieces a fijarte en las creencias y comportamientos familiares y culturales que has adoptado, seguirás viviendo a través de ellos y verás el mundo de una manera que será una mera reacción, una recreación del pasado. Por ejemplo, Joe creía que su madre desaprobaría que saliera con muchas chicas; por ese motivo se enfrentaba a un problema cada vez que quería tener una cita. En realidad, salir con más de una chica no era solo sano sino también necesario.

Hoy en día mucha gente usa Internet como medio de buscar citas. Hay muchos sitios para establecer contactos, como Badoo y Meetic, en los que se espera y se considera razonable que un hombre (o una mujer, para el caso) empiece un diálogo con varias posibles candidatas con el objetivo de llegar a conocer a aquellas que parecen prometedoras. A menudo hablan por teléfono y, después, puede que se vean para tomar un café y probar si hay química entre ellos. Imagínate lo extraño que sería si Joe entrara en uno de estos sitios de Internet, eligiera una chica después de leer su perfil e intentara convertirse en su novio antes de esperar a ver cómo era en persona.

En esta época, cuando usamos un sitio de contactos como herramienta, la teoría de «un solo hombre para una sola mujer» no funciona, sobre todo al principio del proceso. En el mundo actual, Joe no vive en una pequeña aldea en la que salir con las únicas tres chicas disponibles de su misma edad, que además se conocen entre ellas, podría causar un disgusto en esa minúscula comunidad. Las viejas ideas que pueden haberse originado en una época en la que era obligatorio que las parejas salieran siempre con una acompañante que se asegurara de que ambos se comportaban no tienen sentido ahora. Hay reglas que son vestigios de un sistema anticuado y que quizá sigan formando parte de la manera en que te educaron, pero puede que no sean apropiadas para las complejidades de hoy día.

—Para tener una relación que funcione –explicó Shya– has de liberarte de la educación que recibiste y empezar a descubrir cuál es la sensación que tienes al estar con esta o aquella mujer, en lugar de asumir que ya sabes cómo es. Tienes una idea, predeterminada por tu cultura, de cómo se supone que debes comportarte en una relación. Ahora bien, si quieres mantener una relación verdaderamente satisfactoria, tendrás que entregarte al momento en lugar de seguir ciegamente una idea de a dónde va esa relación. Tienes que tomarte las cosas con mucha calma y llegar hasta aquí.

—De acuerdo. –Joe inclinó la cabeza.

—Me alegra que digas eso –contestó Shya–. Porque al principio de esta conversación, estabas analizando lo que decía, en lugar de escucharlo. Ahora tus respuestas son más precisas, más directas, están más aquí, en este momento. La transformación se ha producido, ahora que estás aquí. La transformación sucede cuando llegas aquí, a este momento de tu vida, no cuando estás pensando en lo que se está diciendo. Y la sensación es muy distinta.

—Sí –asintió Joe con los ojos muy brillantes–, ¡muy distinta!

—Este momento está muy vivo –dijo Shya–. Pero en tu cabeza todo está protegido y medido; es como si hubiera un laberinto en tu mente que las palabras tienen que atravesar para llegar hasta ti. Y eso no es estar vivo, es tener cuidado. Es sobrevivir. Así te sientes seguro, pero muy insatisfecho.

Podíamos ver la transformación en el semblante de Joe, cómo de pronto parecía más brillante y más sólido. Durante el curso de nuestra conversación, había sido consciente de sus comportamientos mecánicos y, poco a poco, se había permitido a sí mismo escuchar sin filtrar nuestras palabras, sin resistirse ni estar de acuerdo con ellas. Simplemente escuchó lo que se decía desde nuestro punto de vista. Había entrado en el momento presente y se estaba sintiendo verdaderamente vivo. Desde esa perspectiva, la posibilidad de una relación ideal era posible.

Cuando Joe empezó a ver de qué manera su cultura le había programado y cómo había estado aferrándose a las opiniones de su madre, reales o imaginarias, fue capaz de estar realmente con nosotros. Ahora podía estar de verdad con las mujeres con las que salía, en lugar de (metafóricamente) tener a su madre en medio.

—Estamos muy contentos por ti –dijo Ariel.

—Sí –Joe rió abiertamente–. Yo también.

Descubriendo tu verdad
LaRelacionIdeal.com

15

APROBACIÓN Y DESAPROBACIÓN: DOS CARAS DE LA MISMA MONEDA

Anteriormente vimos cómo la lucha de Christiane con su padre había distorsionado su manera de relacionarse. Sus acciones no eran independientes y no estaba viviendo su propia vida. Como solo se sentía cómoda haciendo todo lo que se opusiera a su padre y a sus valores, una gran parte de su energía y de sus «elecciones» vitales quedaban reducidas a lo que tuviera relación con resistirse a él, o a las creencias y cultura que representaba. Al pensar en un nombre para sus hijos, por ejemplo, no se detuvo a pensar en los que le gustaban. Su base de posibles nombres estaba predeterminada y limitada a los que claramente eran «judíos» y, por tanto, molestaban a su padre. La vida y la estrategia vital de Christiane giraban en torno a su desaprobación. Le brindaba una gran cantidad de atención negativa, y esto se había convertido en parte integral de su identidad.

Ese es uno de los tipos más frecuentes de carencia con respecto a los padres, en la que no vives *tu* vida. En lugar de eso, «*no* vives *su* vida». En otras palabras, tus acciones están predeterminadas por la resistencia y la oposición a alguien, como tu padre o tu madre, y a su religión, creencias, valores o ideología. En efecto, tratas de ver lo que ellos harían o preferirían y haces lo contrario.

Otro tipo común de carencia con los padres es quizá ligeramente más sutil en la forma en que ejerce control sobre tu vida, pero puede predeterminar tus acciones con la misma eficacia. Se trata de cuando estructuras tu vida de acuerdo con las creencias y reglas culturales con las que te educaron y vives procurando obtener la aprobación de tus padres. Esto se extiende también a la comunidad en la que creciste. Cuando se da este caso, no estás viendo lo que para ti es verdad. En lugar de eso, tus acciones se distorsionan por la necesidad de lograr la aprobación de otros.

Tomemos el ejemplo de Joe. Cuando absorbió los valores de su cultura y de su madre, su mente era infantil, aún sin formar por completo, y realmente no podía entender las complejidades de un adulto que sale y se relaciona con los demás. La fuerte familia de Joe, con la madre y el padre en casa, estableció para él el concepto de que un «buen» hombre tenía una sola mujer: su esposa. Pero Joe no conoció a su madre y a su padre cuando estaban saliendo, por eso no fue testigo de los avatares que atravesaron en el camino que los llevó a conocerse y finalmente casarse. Además, se hizo mayor de edad en un momento en el que el cortejo amoroso era más complejo que cuando sus padres eran jóvenes.

Sus padres nacieron y se criaron en un barrio lleno de norteamericanos de origen italiano. Hoy Joe, aunque sigue viviendo en Brooklyn, se mueve en un entorno que es una especie de puchero multiétnico y multicultural. Tiene amigos de diferentes religiones, razas, géneros, orientaciones sexuales, nacionalidades y edades. Uno de sus mejores amigos tiene unos setenta años, mientras que otros no llegan a los veinticinco. Cuando las ideas de bueno y malo, correcto y equivocado que pasaron a Joe se establecieron, no podía haberse concebido un grupo de amigos tan extenso y heterogéneo, y mucho menos conocer a chicas por Internet, chatear y mandar correos electrónicos.

Su madre ha evolucionado desde los años de formación de Joe. Cuando este creció y se marchó de casa, ella empezó un exitoso negocio por su cuenta: un pequeño café *gourmet* en el distrito financiero de Manhattan. Esperamos que su grupo de amigos y de conocidos, así como sus ideas acerca de la vida, hayan crecido también, pero cuando eres joven y absorbes ideas, estas se vuelven un filtro a través del cual ves la vida. La verdad es que Joe no estaba realmente obligado por un mecanismo inconsciente a intentar conseguir la aprobación materna. Lo que estaba haciendo involuntariamente era intentar conseguir la aprobación de una versión ficticia de su madre. En otras palabras, sus impresiones infantiles de quién era su madre y de lo que le gustaba y le disgustaba, se habían sobrepuesto a su vida, un conjunto de ideas que podían o no estar basadas en la realidad.

La verdad es que a la madre de Joe quizá no le hubiera importado que saliera con varias chicas para descubrir a la mujer con la que compartiría una verdadera conexión y con la que podría construir una vida. Puede ser que Joe percibiera el deseo de su madre de verle feliz, encontrar una compañera y crear una familia. Luego lo pasó a través del filtro de sus ideas interiorizadas de un «buen» hombre. Su concepto de lo que es un buen hombre o de lo que es un mal hombre pudo haberse basado en algo que oyó a los tres o cuatro años. Los incidentes olvidados sin darnos cuenta pueden predeterminar los comportamientos y decisiones de un adulto. Aquello que has oído, las actitudes silenciosas de las que fuiste testigo y el lenguaje corporal de aquellos que te rodeaban pueden haber creado prejuicios como el que Joe mantenía contra los hombres que salen con muchas chicas.

La relación de Joe con su exnovia había sufrido la tensión del apego inconsciente a su madre y a la cultura italoamericana en la que se crió, que actuaba como una barrera entre ambos miembros de la pareja. En muchas ocasiones la gente desarrolla apegos a alguien o algo como una especie de protección entre ellos y el mundo.

Cuando Shya era joven, vivió una experiencia en primera persona de cómo funciona esta dinámica y cómo anhelar a un «alguien» fabricado por tu fantasía puede impedirte ver a la gente que está ahí, justo delante de ti. En el próximo capítulo, escrito desde su punto de vista, verás cómo su breve encuentro con una joven de Detroit tuvo un profundo efecto en su capacidad de estar presente y accesible.

16

SHARON DE DETROIT

Al mirar atrás —hace ya cerca de cincuenta años—, me resulta extraordinaria la frescura que este incidente conserva en mi memoria. Tenía veintiún años e iba a marcharme de casa dentro de tres semanas para empezar un semestre de cursos en la Universidad de Hawai. En aquel tiempo estaba finalizando mis clases en la Universidad de Nueva York cuando mi vecina, Wendy, recibió la visita de una amiga de su ciudad, Detroit. Se llamaba Sharon y era muy, muy bonita, de pelo corto y oscuro, ojos grandes y un cuerpo menudo y sensual. Nos sentimos inmediatamente atraídos el uno por el otro.

Al poco tiempo de que Sharon y yo empezáramos a flirtear, supe que me marcharía a Hawai en un plazo de tres semanas y que ella volvería muy pronto a Detroit. Eso le añadió una sensación de urgencia a la situación. No había posibilidad de una relación duradera. Solo una aventura tórrida y apasionada. Duró cerca de una semana y luego ella regresó a casa. Unos días después me marché a Hawai. En teoría, estaba asistiendo a clases, pero en realidad por encima de todo estaba surfeando en los famosos rompimientos de la orilla sur y la orilla norte de la isla. En realidad no puedo recordar nada sobre los cursos a los que asistí en la universidad, pero sí recuerdo cómo di rienda suelta a mi pasión por el surf. Estuve ocho meses en Oahu.

Al principio vivía en Waikiki, pero durante la mayor parte de mi estancia estaba en Kainui Road con un grupo de jóvenes surfistas. Por la mañana, mediodía o tarde, en cualquier momento en el que las olas estaban altas, agarrábamos nuestras tablas y nos dirigíamos a la playa, al Bonsai Pipeline.

Llegó diciembre y el tiempo se volvió tormentoso en el mar a miles de millas de distancia, lo que produjo grandes marejadas y un oleaje prodigioso. El día de Navidad nos metimos todos en una furgoneta Volkswagen y fuimos a Waimea Bay. Nos pasamos horas contemplando cómo las olas gigantescas se alzaban y rompían en la orilla. Finalmente los tres surfistas, dos expertos y un ingenuo, se adentraron en el mar para intentar montar aquellos muros de agua de nueve metros. Los expertos eran una pareja de chicos que durante años habían desafiado los elementos surfeando grandes olas. El ingenuo era un larguirucho de veintiún años, yo.

Logré mantenerme sobre la tabla y no me ahogué, me alegro de poder decirlo. Al final del día había mucha gente dándome golpecitos en la espalda y montones de chicas en bikini convenientemente impresionadas. ¿Te das cuenta?, uno de los beneficios secundarios del surf, aparte del ejercicio, eran las chicas. Era increíble cuántas chicas bonitas había en Hawai. Solo había un problema. Estaba «enamorado» de Sharon de Detroit y le escribía casi a diario. La verdad es que era tímido y algo torpe, y me daba miedo salir con chicas. Tener una relación a larga distancia era una manera muy práctica de evitar mi timidez al relacionarme con las chicas. Lo que tenía con Sharon era una relación, al menos en mi mente. Y pensé que salir con otras mujeres sería una traición.

Por supuesto, tuve unas cuantas citas mientras estaba en la orilla norte. No rechacé absolutamente todas las oportunidades que se me presentaron, que fueron muchas. Pero recuerdo que si salía a tomarme una cerveza con una chica, en realidad nos sentábamos a la mesa los tres: ella, yo y el fantasma de Sharon. No estaba del todo con la persona con la que había salido. En algún sitio, en el fondo de mi mente, comparaba a la chica con la que estaba hablando con la creciente lista de cualidades que le había asignado a Sharon en mi fantasía, siempre en continua expansión, sobre quién era y lo que significaba para mí.

Esta relación a larga distancia cumplía varios propósitos. Podía considerar que tenía una relación, de manera que en realidad nunca tuve que enfrentarme a mi miedo de pedirle a alguien una cita y a la posibilidad de que me rechazase. La fantasía de Sharon me mantenía en mi soledad. Diluía la intensidad del instante con sueños de nuestros momentos juntos en el pasado, que ahora se habían reescrito con proporciones épicas, al tiempo que construía para el futuro un escenario de «fueron felices y comieron perdices». Podría dar la impresión de que, como surfista, estaba interesado en experimentar la intensidad de la vida. Quizá sí, pero en las relaciones personales era un inepto y me sentía inseguro. Durante esos ocho meses, a pesar de que era joven y estaba solo y relativamente disponible, tuve muy pocas citas. En realidad nunca tuvieron mucha importancia porque mi corazón estaba aferrado a la fantasía de mi relación con Sharon.

Conforme se iba acercando el momento de dejar Hawai, organicé el vuelo de regreso para que pasara por Detroit. Pero la reunión, largamente anticipada, fue en realidad un despertar brusco. La cruda verdad es que necesité un día entero para comprender el error que había cometido. Sharon seguía siendo bonita, pero no teníamos nada en común. No tardé mucho en ver que realmente ni siquiera me gustaba. De repente vi que esa persona con la que había fantaseado era solo eso, una fantasía. Alguien que solo se parecía físicamente a la Sharon de mis sueños. Ambos nos arrastramos penosamente durante el resto de mi visita y respiramos aliviados cuando me marché. Sharon, con el tiempo, llegó a hacerse abogada y juez, y yo volví a Nueva York y seguí con mi vida.

Hoy en día cuando la gente nos habla de sus relaciones a larga distancia, me acuerdo de esos ocho meses que pasé en Hawai rechazando a muchas chicas preciosas por la fantasía de mi «relación». Cuando estaba en Hawai pensé que algo en el futuro, concretamente Sharon, iba a salvarme. Una vez que regresé a Nueva York, me reproché el error que había cometido al rechazar a todas esas chicas en bikini. Mi vida en aquel momento era un péndulo que oscilaba entre el pasado y el futuro, y Sharon de Detroit fue el escudo que oportunamente coloqué entre vivir mi vida y yo.

Es fácil dejarse seducir por el sueño de ese «algún día» mejor o por la fantasía de lo bueno que fue el pasado. Esas huidas de la mente son excursiones muy cómodas, cuando nos enfrentamos con algo nuevo o con un reto que todavía no hemos dominado. De vez en cuando me río para mis adentros cuando pienso en Sharon de Detroit y en la lección que aprendí gracias a ella: no arrojes por la borda este momento en aras de un día imaginario que, de hecho, nunca llegará.

17

LLEVAR RAZÓN O SENTIRSE VIVO

Bajo la superficie de la mayoría de las relaciones late un conflicto continuo. A veces tiene una apariencia sutil, pero en ocasiones es una guerra absoluta. Hemos crecido en un mar de discordia y nos han educado para esperar que esto sea así y aceptarlo. En otras palabras, luchar es «normal». En las siguientes páginas vamos a conocer a tres individuos:

- ➤ Nisha, que tiene una relación bastante reciente.
- ➤ Charlotte, que lleva más de cincuenta años casada.
- ➤ Caitlin, cuyo matrimonio se encuentra aún en sus inicios.

En mayor o menor medida, estas mujeres han descubierto que su necesidad de llevar razón ha llevado el dolor y la discordia a sus respectivas relaciones.

La transformación es a la vez instantánea y acumulativa. Basta un instante para que te des cuenta de tu vieja manera mecánica de relacionarte con tu pareja. Si no juzgas este comportamiento, verlo puede tener un impacto profundo en tu capacidad de vivir en armonía. Con la práctica cada vez te será más fácil desprenderte de esa necesidad de que tu punto de vista sea el correcto.

¡TE EQUIVOCAS! ¡YO TENGO RAZÓN!

Cuando se trata de crear una relación ideal, uno de los ingredientes esenciales es ser capaz de renunciar a llevar la razón.

Vamos a emplear unos momentos en definir lo que queremos decir con «llevar razón». Es cuando estableces una relación de confrontación con alguien, haciéndole ver que está equivocado y que tú estás en lo correcto. Cuando tomas esta postura, nada de lo que diga o haga el otro te convencerá para dejar a un lado tu punto de vista. Después de todo aferrarte a tu punto de vista es la principal directriz. Ensayarás una y otra vez esa postura en tus pensamientos porque demostrar que el otro está equivocado se ha convertido en la misión de tu vida. Cuando te encuentras inmerso en una batalla entre lo que está bien y lo que está mal, no te puedes entregar ni bajar la guardia. Se trata de una batalla que tú tienes que ganar y el otro tiene que perder.

Muy pocos contamos en nuestras vidas con el modelo de alguien que tuviera la capacidad de dejar a un lado su punto de vista y escuchar de verdad a su pareja. Nos han educado para pensar que si abandonas la lucha, habrás perdido. Vivir en una dinámica de ganar/perder es una de las señales de la modalidad del cambio. Recuerda que la mayoría de la gente intenta cambiar su relación y siempre está criticándose a sí misma y a su pareja. Cuando les das un enfoque transformativo a las citas, la relación y el matrimonio, descubres que la dinámica se convierte en un ganar/ganar.

La mayoría hemos aprendido a esperar que en una relación uno tenga razón y el otro esté equivocado. Cuando es así, se vive en una lucha constante. Los miembros de la pareja libran batallas diarias y están constantemente tratando de ser quien se apunta más tantos, quien llega a la cima. En estos casos reclutamos aliados (nuestros amigos o familiares) para que se pongan de nuestro lado en el conflicto.

Cuando te encuentras atrapado en este tipo de batallas, no puede haber una verdadera colaboración en la pareja. Si tú te mantienes aferrado a tu punto de vista, negándote a ver el de tu pareja, siempre habrá tensión entre vosotros dos, y esto limitará el nivel de intimidad y amor que sois capaces de experimentar juntos. Es como si estuvieras en un juego continuo, y no muy amistoso, de tira y afloja: tú tiras de un extremo de la cuerda de la relación mientras que tu pareja tira del otro. Cuando estás habituado a tener razón, no hay armonía entre tú y tu pareja. Un conflicto de voluntades está siempre ardiendo bajo la superficie, a punto de estallar en llamas, lo mismo que las ascuas candentes que están cubiertas por una engañosa capa de suave ceniza gris.

SENTIRSE VIVO

Nuestra definición de sentirse vivo es ser capaz de expresarse totalmente, de tener amor, salud, felicidad y una relación de colaboración con el otro. Para sentirte cercano a tu pareja, para sentirte lleno de amor y parte de una relación, debes dejar a un lado tu aplastante necesidad de llevar razón, porque no se puede tener razón e intimidad al mismo tiempo. Si renuncias a ganar siempre, podrás lograr una relación ideal.

Sin embargo, cuando te aferras tenazmente a la perspectiva de que tu punto de vista es el correcto y el de tu pareja está equivocado, destruyes la naturaleza ideal de tu unión. Puedes imaginarte esto como un interruptor de la luz, que solo puede estar en *on* o en *off*. Hoy día hay reóstatos en muchas lámparas para que las puedas encender solo un poco. Pero con el hecho de tener razón no sucede esto. No puedes tener solo un poco de razón.

Entendemos que, al principio, renunciar a la idea de que tú haces o piensas lo correcto y el otro está equivocado puede ser muy complicado. Es difícil dejar a un lado un condicionamiento que ha ido pasando de generación en generación. Mucha gente teme que si deja de luchar, perderá y el otro hará con ella lo que quiera. Aquí tenemos un ejemplo típico de esa clase de lucha.

EL FACTOR POPEYE

Cuando nos sentamos con Nisha, solo llevábamos unas pocas semanas conociéndonos. Le había bastado con ese tiempo para hacerse una idea de que había otra forma de hacer las cosas, pero en su interior la lucha y la necesidad de llevar razón seguía manteniendo firmemente el control. Nos recordaba al Popeye de los viejos dibujos animados cuando peleaba contra Bruto. En los dibujos, cuando había una pelea, aparecía una gran nube de polvo rodeando el altercado y, cada cierto tiempo, Popeye asomaba la cabeza de la nube de polvo para comentar algo y reírse de la pelea antes de volver al combate. Eso es lo que ocurrió durante nuestra conversación con Nisha.

Nisha es una atractiva joven de origen indio con el pelo negro y reluciente, a la altura de los hombros. Aquel día vestía un suéter de color magenta y un pañuelo blanco. Se sentó con nosotros y expuso su problema:

—Hay algo que quiero preguntarte sobre lo que me pasó esta mañana con mi novio. Era algo que he hecho siempre, pero esta vez lo noté. Sentí como si me saliera de mí por un instante, me vi a mí misma haciendo algo y luego volví a meterme en la acción, seguí haciéndolo. Estaba luchando contra mí misma, pensando: «Detente», pero luego volvía a enfurecerme. Estaba enfadada por una tontería: ¡no había lavado los platos!

Nisha se rió de sí misma y parecía casi avergonzada por la naturaleza insignificante del conflicto. Pero era fácil ver que sentía que tenía razón y él estaba equivocado.

—Cuando me levanté esta mañana, los platos seguían en el fregadero –dijo–. Llevaban allí desde la noche y se supone que mi novio tiene que lavarlos. Como yo hice la cena, le dije: «¡Tienes que lavar los platos porque yo no voy a hacerlo!».

Podíamos ver la lucha a la que se enfrentaba. Durante un momento salió de la nube de polvo de su pelea y se rió, pero en seguida su realidad (que llevaba razón y que él estaba equivocado y debía haber fregado los platos) volvió a encajarse en su sitio.

Estaba claro por la tensión de su cuerpo y la rigidez que había en su expresión que Nisha seguía aún en medio de la pelea, tanto consigo misma como con su novio. Pese a apenas conocer el enfoque transformador, podía sentir su magia y se daba cuenta de que tenía dos posibilidades: enojarse y sentirse justificada en su enojo, o desprenderse de la ira y sentirse bien consigo misma y en la compañía de su novio. Luchó contra esas dos realidades, yendo de la una a la otra, pero finalmente, cuando se sentó con nosotros esa mañana, la ira había ganado la lucha, al menos por el momento.

SER RESPONSABLE DE LA SALUD DE TUS RELACIONES

La lucha de Nisha es normal en muchas personas que no han aprendido cuál es la naturaleza del verdadero compañerismo. De hecho, estamos seguros de que muchos de los que estáis leyendo este libro os habréis puesto del lado de uno de los dos. Puede que estés pensando: «Sí, él debe colaborar». O, por el contrario: «Es exactamente como mi novia, siempre fastidiándome».

Para que viera que existían otras posibilidades, Shya le contó a Nisha algunos ejemplos de nuestro compañerismo.

—Ariel y yo somos expertos en el campo de las relaciones. Llevamos veintiocho años juntos, de los cuales hemos estado casados veintiséis, y seguimos sintiendo pasión. En nuestra realidad cada uno de nosotros hace lo que tiene que hacer. No es que esté haciendo el trabajo de Ariel si lavo los platos o si preparo la cena. A Ariel le gusta lavar la ropa y a mí no se me da muy bien. Pero me gusta planchar y soy muy bueno haciéndolo. El trabajo no importa. Si llevas una lista de «hice mi cincuenta por ciento, él debería hacer su cincuenta por ciento», lo vuestro nunca funcionará, porque la relación es el cien por cien. Eres cien por cien responsable de la salud de tu relación, desde tu punto de vista.

AFERRÁNDOSE A SU HISTORIA

Al reconocer la verdad de lo que Shya había dicho, una sonrisa afloró de repente en los labios de Nisha. Pero con la misma rapidez, se desvaneció y la dominó de nuevo el deseo de llevar la razón. Inmediatamente Nisha volvió a la historia de los platos sin lavar, y era evidente que seguía aferrada a ella.

—Lo que pasó –dijo– fue que me levanté a preparar el desayuno y noté que los platos seguían en el fregadero. Algunos de los platos que me hacían falta para el desayuno estaban sucios. Así que empecé a resoplar y a refunfuñar, pero él seguía acostado. Vivimos en un estudio, o sea, que tenía que oírme.

»Yo estaba pensando: «Voy a lavar solo la cafetera, la sartén y la espátula, porque eso es lo que necesito ahora». Y luego me dije a mí misma: «Podía ponerme y fregarlo todo». Pero luego pensé: «No, ¡él tiene que fregarlo! ¿Por qué no lo hizo anoche?».

»Todo se me caía de las manos porque estaba agitada, irritada, frustrada e intentando hacerlo todo rápido para llegar aquí a tiempo.

En ese momento Nisha estaba enojada. Puso sobre la mesa el conflicto con tanta viveza que casi podíamos verla resoplando, refunfuñando y haciendo ruido con los cazos y las sartenes. Lo contaba con una gran naturalidad.

Cuando le explicamos que eso era muy frecuente, se rió y prosiguió:

—Aún seguía acostado y me dijo: «Esta mañana no tengo ganas de ir al gimnasio». Y pensé: «Bueno, por lo menos levántate y friega los platos». No se lo dije pero lo pensé.

Los platos habían estado toda la noche en remojo en el fregadero, y Nisha se había pasado la mañana entera en remojo en su resentimiento, furiosa y empapada en su propia rigidez moral. Mientras defendía su punto de vista, estaba claro que pensaba que su novio era un vago, tumbado en la cama mientras ella resoplaba y refunfuñaba en la cocina traqueteando con los platos sucios. Tenía que haber fregado los platos pero no lo hizo. En ese momento eso era lo único que le importaba a Nisha.

Más de una vez, durante la conversación, le preguntamos si le hubiera costado mucho lavar los platos ella misma. En ocasiones una sonrisa fugaz afloraba en su rostro mientras reconocía el carácter insignificante de su discusión y su apego a llevar la razón. Pero luego se encogía de hombros, seguía defendiendo su punto de vista y su hábito de tener razón volvía a imponerse. La verdad es que no quería ver cómo ponerle punto final a esa pelea, especialmente si eso significaba tener que hacerse responsable de que su novio no hubiera fregado los platos la noche anterior. No quería considerar la posibilidad de que su manera de hablarle fuera lo que en realidad le impidiera fregar esos platos. Nos devolvía todas nuestras sugerencias como si fueran pelotas de tenis, rechazando la opción de la transformación, negándose a sí misma la oportunidad de crear su propia relación ideal.

Nisha tenía una naturaleza agresiva. Cuando su novio no hacía lo que ella quería, le hablaba con una actitud hostil, en voz alta y en sus pensamientos, castigándole por no hacer lo que ella creía que debía hacer. A pesar de que una parte de ella quería su amor, que los dos fueran felices, se sintieran vivos y disfrutaran del bienestar, había una parte todavía más grande que quería llevar la razón. Daba igual lo mal que le hiciera sentir, no importaba que pudiera destruir su relación, simplemente no podía ignorarla.

Seguimos ofreciéndole a Nisha la posibilidad de transformar su actitud y su relación. Le dijimos que en cualquier momento podía abandonar la lucha y redescubrir su vivacidad. Le contamos en qué consistía la relación que habíamos creado y esa forma de comunicarnos que funciona tan bien para nosotros.

Ariel le explicó:

—Puedo contar con Shya para cualquier cosa. Y él también puede contar conmigo. Hacemos lo que sea el uno por el otro. Sin embargo, eso no se consigue golpeando a tu pareja para que haga lo que tú quieres. Tú has aprendido que ser desagradable o cruel es un estilo de comunicación admisible. Pero en nuestra casa es absolutamente inaceptable. Ninguno de los dos le habla al otro con hostilidad, ni siquiera en nuestras mentes. No nos ponemos a patalear pensando: «¿Por qué no haces...?».

Nisha la escuchó sin interrumpir, ya que claramente sentía curiosidad. No obstante, la expresión de su rostro permanecía rígida. Obviamente aún seguía aferrada a su derecho a tratar a su novio con hostilidad si sentía que se lo merecía. Insistió:

—Le *dije* a mi novio que fregara los platos, así que *debía* haberlo hecho.

Existe una enorme diferencia entre pedir algo de una forma respetuosa y exigirlo con hostilidad. Una exigencia de esa clase prácticamente te asegura que tu pareja no va a hacer lo que le dices. A nadie le gusta que le digan lo que tiene que hacer de esa manera. Incluso a la pareja con la mejor disposición le va a resultar difícil dar un paso y ayudar si te estás comunicando con ella de una manera tan poco respetuosa. Tampoco sirve de nada comunicarse con ese traqueteo de cazos y sartenes para llamar la atención y expresar tu desagrado. El ruido que hizo Nisha esa mañana expresaba su resistencia y, como bien sabes, lo que resistes persiste y se vuelve más fuerte.

No nos malinterpretes. No estamos diciendo que Nisha tenía que alegrar la cara y hacerlo todo ella misma porque la relación era al cien por cien responsabilidad suya. Lo que decimos es que sus acciones y actitudes estaban propiciando que su relación fuera una lucha continua. «Yo he hecho mi parte, ahora haz tú la tuya» no es una actitud muy atractiva, ni una forma convincente de pedir algo. Le explicamos a Nisha que sería mucho más efectivo compartir sus deseos en lugar de plantear exigencias.

CÓMO PEDIR LAS COSAS ADECUADAMENTE

Lo primero, es una buena idea asegurarte de llamar la atención de tu pareja. No es conveniente pedirle algo cuando está ocupado. Incluso en el caso de que esté contigo en la misma habitación, aparentemente sin hacer nada, es posible que esté perdido en sus pensamientos. Puedes decirle algo como: «¿Puedo hacerte una pregunta?» o «¿Tienes un momento?».

Una vez que te dice que sí, se establece una conexión, estamos pendientes el uno del otro y es fácil hacer una petición. Este primer paso es muy importante. Si uno de los dos está al teléfono, ocupado en una conversación, o haciendo cualquier otra cosa y el otro se lanza directamente a preguntarle, puede que no le escuche.

A veces la respuesta será: «Ahora estoy haciendo algo. ¿Podrías darme cinco minutos?». En ese caso hablamos cinco minutos más tarde o renegociamos. Renegociar la petición puede ser algo como: «¿Puedes responder a una pregunta rápida?» o «Mira, la verdad es que son solo unos segundos. ¿Estaría bien ahora?». Y luego entre los dos veis lo que podéis hacer.

Con respecto a nosotros, últimamente nuestras peticiones son siempre respetuosas. No ha sido siempre así, pero con los años se ha ido estableciendo un clima relajado entre los dos. Un clima en el que hay amor, compasión y un interés en cuidarnos el uno al otro. Una cosa es decir: «Mi amor, estoy realmente cansada. ¿Te importaría fregar los platos?», y otra muy diferente: «*Muy bien*, yo he hecho la cena, ahora *tú* friegas los platos».

Una sonrisa brilló en el rostro de Nisha cuando le enseñamos la manera en que nos comunicábamos. Ahora ya no podía negar lo bien que funcionaba y cómo creaba incluso un mayor nivel de cercanía e intimidad entre nosotros. También le sugerimos otra posibilidad. Simplemente podía renunciar a la pelea y fregar los platos. Desde luego, en la vida podía hacer las cosas conforme iban surgiendo y no malgastar un tiempo precioso quejándose por tener que hacerlo.

Cuando le sugerimos eso, la sonrisa de Nisha se disipó rápidamente y su carácter revanchista volvió a aflorar a la superficie.

—¡No! –protestó.

Se *suponía* que su novio era el que tenía que fregar los platos, y *debía* haberlo hecho. Pero igual que a su novio, a Nisha le molestaba que le dijeran lo que tenía que hacer. No solo en su relación, sino en cualquier situación. No le gustaba que la dominaran las circunstancias de su vida. Si pensaba que *tenía que* hacer algo, lo hacía refunfuñando y quejándose. Por supuesto, eso se daba también en sus relaciones. El estado de su relación era un simple reflejo de cómo se relacionaba con la vida.

GANAR/GANAR

Cuando nos aferramos a nuestra naturaleza mezquina, no son solo los demás quienes sufren. También nos causamos dolor y estrés a nosotros. Cuando eres capaz de ver tu mezquindad sin juzgarte por ella, pierde el poder que tiene sobre tu vida y eso se refleja en tus acciones. Cuando te olvidas de llevar la razón, regresas instantáneamente a la relación. Estaba claro que aferrarse a la lucha no había creado más que sufrimiento en Nisha. Cuando hacía ruido con los platos en la cocina, maldiciendo en silencio a su novio, ella tampoco se gustaba. No sentía respeto por sí misma ni por su comportamiento. Incluso aquella mañana, mientras nos relataba su experiencia hablándonos de lo equivocado que estaba su novio, había desconectado de su amor por él. En ese momento no había intimidad.

Seguimos mostrándole cómo podía amarse y respetarse a sí misma y crear intimidad con su novio. Lo único que se necesitaba es que renunciara a llevar la razón y tomara conciencia de la naturaleza mecánica de sus reacciones. Si notaba su comportamiento sin juzgarlo, este desaparecería y volvería a sentir amor. De ese modo su novio saldría ganando, ella saldría ganando y tendrían la oportunidad de lograr una relación ideal.

Le explicamos a Nisha que la suya era una relación normal, pero que si quería, podía convertirla en extraordinaria. Dependía de ella. Podía tener razón o podía tener una relación maravillosa. Pero no ambas cosas. Si Nisha insistía en llevar la razón, castigaría a su novio, dejaría de tener intimidad y crearía distancia entre ellos. Esto no los llevaría a una verdadera colaboración entre ellos.

En este punto tener una relación ideal estaba fuera del alcance inmediato de Nisha, porque ella no quería asumir el cien por cien de la responsabilidad. Todavía estaba empeñada en culparlo y en creer que él estaba equivocado.

PONIENDO PUNTO FINAL A LA LUCHA

Le dijimos a Nisha que para luchar hacen falta dos, pero solo uno para acabar la lucha. Y ese siempre tienes que ser tú. Le recordamos nuestra experiencia de comunicarnos sin acusarnos, en la que nadie tenía razón ni estaba equivocado sino que uno simplemente expresaba lo que necesitaba en ese momento. Finalmente, conforme la conversación terminaba, le ofrecimos a Nisha algo que podía llevarse consigo, una imagen de dos realidades contrapuestas: tener razón o sentirse vivo.

Lo mismo que Popeye, Nisha había estado asomando la cabeza entre las nubes de polvo y se había reído, para luego volver de nuevo a la pelea. Seguía estando decidida a llevar razón, pero sabía que era posible algo más. Por el momento ya estaba saliéndose de las nubes que ella misma había creado y viendo nuevas posibilidades. Sin embargo, la corriente de su vieja realidad seguía arrastrándola. No obstante, como era capaz de salirse de la lucha, aunque fuera muy brevemente, sabíamos que *podía* abandonarla, si así lo decidía. Dependía por completo de ella y ella tenía todo el control. Lo único que necesitaba era desearlo, además de valor y práctica.

No sabemos si Nisha llegará a elegir un enfoque transformador para su relación, si triunfará sobre su naturaleza mezquina y antepondrá la colaboración y la sensación de estar viva a la necesidad de tener razón. Pero ahora puede elegir. Y esa es la magia de la transformación.

El factor Popeye

LaRelacionIdeal.com

18

CIEN POR CIEN RESPONSABLE

En este capítulo conoceremos a Charlotte, una mujer bella y elegante de unos sesenta años con el pelo corto canoso, adornada con delicadas joyas y una camiseta azul brillante. Charlotte y Bill, su marido, son dos de nuestros más viejos y queridos amigos. Ha sido un privilegio compartir nuestra senda transformativa con ellos desde que en 1963 hicieron amistad con Shya y mantuvimos una relación muy estrecha cuando salíamos juntos y durante todo nuestro matrimonio.

Ya de por sí son dos individuos brillantes y llenos de talento, pero además tienen la valentía de estar dispuestos a descubrir nuevas posibilidades en su relación. Sin embargo, tal y como lo demuestra la siguiente conversación, aunque Charlotte quería claramente que la relación avanzara, también se negaba a dejar de llevar la razón. No estaba en absoluto dispuesta a aceptar que terminase la lucha, porque quería que fuera un trato al cincuenta por ciento.

A Charlotte no le importaba aceptar el cincuenta por ciento de la «culpa», con tal de que Bill se hiciera responsable del otro cincuenta por ciento. Como veremos, esto limitaba su alegría de vivir y su intimidad, y los mantenía estancados en mezquinas batallas. A través de su conversación, era obvio que Charlotte quería realmente a Bill y no deseaba herirlo ni dañar su relación conscientemente, pero le costaba mucho desprenderse de la idea de que era tan «culpable» como ella.

Charlotte vino a vernos con preguntas sobre una situación repetitiva y mecánica, aunque estaba poco dispuesta a hablar de ello porque le parecía una «tontería». La animamos a que nos lo contara, porque los pequeños detalles pueden tener un impacto profundo en tu vida y en la salud de tus relaciones.

Lo comparamos con una bolsa grande de comida para perros, que contiene una gran cantidad de pienso. En la parte superior hay dos cintas; si quieres abrir la bolsa y tiras de la equivocada, queda más cerrada, pero si tiras de la cinta correcta, se abre y puedes acceder a su contenido. En otras palabras, tirar de la cinta correcta abre toda la bolsa o, en este caso, toda la dinámica.

—Cuando mi marido y yo vamos a ir a algún sitio –dijo Charlotte– y nos estamos preparando para salir, llega un momento en que uno de nosotros está haciendo algo cuando el otro ya está listo. Por ejemplo, Bill dice: «Estoy terminando». Mientras está terminando, yo me pongo a hacer otra cosa. Entonces él está listo pero ahora me tiene que esperar a mí. Luego pasa al revés y ahora soy yo quien lo espera, porque ahora ha empezado a hacer algo. Tardamos mucho tiempo en ponernos de acuerdo y salir a la calle.

DESATAR LA DINÁMICA

Nuestra primera observación sorprendió a Charlotte. Tras escuchar su narración de la situación que se producía al salir de casa, pudimos ver que ella y Bill, fueran conscientes de ello o no, estaban enredados en una lucha continua. Las luchas pueden tener muchas formas distintas y no hace falta que haya gritos ni que se arrojen objetos. Pueden producirse incluso en silencio. En una ocasión, en uno de nuestros talleres hubo una mujer llamada Valerie que insistía en que ella y su marido nunca habían tenido una pelea. Al día siguiente, durante el curso, vio un ejemplo de una pareja enzarzada en una batalla sutil y silenciosa. «Oh, Dios —exclamó, sorprendida al darse cuenta—, ¡sí que peleamos!».

A algunos la situación de Charlotte les parecerá solo un ejemplo de una pequeña «riña» doméstica. Pero riña es un eufemismo de las escaramuzas que se producen antes de que estalle la guerra. Si eres capaz de ver las formas en que tú y tu pareja os enfrentáis, sin juzgarte por ello, no llegará a mayores. Si eres consciente de las primeras llamas, podrás apagarlas antes de que se transformen en un terrible infierno.

Resultaba obvio que a Charlotte no le gustaba la insinuación de que ella y Bill estaban peleando. Desconcertada, respondió con un vacilante «de acuerdo» y luego se rió con nosotros cuando comprendió que eso no era lo que había querido escuchar. Su negativa a reconocer esa lucha venía del hecho de que la juzgaba como algo negativo. En lugar de verla como otro comportamiento mecánico que podía disolverse siendo consciente de él, Charlotte se criticaba a sí misma por pelear. Sin embargo, pese a ser tan dura consigo misma no estaba dispuesta a asumir toda la responsabilidad por empezar y terminar la pelea. Le señalamos que si no se juzgara a sí misma ni a Bill, podría darse cuenta de esa dinámica y solucionarla antes de que ganara intensidad. Pero solo si observaba simplemente su comportamiento sin juzgarlo.

Es difícil comprender que una relación no es un trato al cincuenta por ciento. La salud de tu relación es cien por cien responsabilidad de tu punto de vista y cien por cien responsabilidad del punto de vista de tu pareja. Para muchos esto es todo un reto porque preferirían encontrar el fallo en el otro, conseguir pruebas claras de que él es el «malo», el que está equivocado (como hacía Nisha en el capítulo anterior), en lugar de verse a sí mismos como la causa y también la clave para acabar con la pelea. Asumir el cien por cien de la responsabilidad por el estado de tu relación puede constituir una cura de humildad pero también puede ser muy reconfortante. Si la lucha empieza y termina contigo, el bienestar de tu relación está bajo tu control. No lo deciden los hados, ni Cupido, ni el hecho de encontrar la pareja «perfecta» o tu «alma gemela». Si estás dispuesto a ser plenamente responsable de tu relación, serás capaz de tener una relación ideal.

Charlotte y Bill llevaban cincuenta años casados y ella lo amaba profundamente. Antes de trabajar con nosotros solían discutir todo el tiempo. En sus primeros años juntos su relación era una lucha constante. Cuando aprendieron a dejar de llevar razón y a entregarse el uno al otro, sus conflictos se redujeron enormemente tanto en importancia como en frecuencia. Pero no desaparecieron por completo. Todavía querían reservarse el derecho, guardado en una manga, de echarse la culpa el uno al otro.

Esto se vio claramente cuando le dimos otro tirón a la cuerda que sostenía Charlotte. Le señalamos cómo perpetuaba su lucha haciéndole esperar a su vez después de que ella hubiese estado esperándole. Estaba vengándose, ojo por ojo. Charlotte se inclinó en su silla y asintió con la cabeza. Pero también repitió, no por primera vez, que no era solo ella la que caía en esa dinámica, demostrando que seguía aferrada a aceptar solo el cincuenta por ciento de la responsabilidad. Por mucho que quisiera terminar con la lucha, también deseaba que Bill aceptara su responsabilidad. Quería que él reconociera que estaba tan equivocado como ella. Mientras Charlotte no se desprendiera de esa perspectiva, mientras no asumiera el cien por cien de la responsabilidad por empezar y terminar la lucha, seguirían riñendo.

LA VIDA SIN LUCHAS

Sabemos que Charlotte quería realmente tener una relación ideal, y estaba a punto de lograrlo. Ariel le mostró un ejemplo de lo que puede ser una vida sin discordias.

—Cuando nos preparamos para salir de casa, algunas veces estoy lista pero Shya está terminando algo. Puedo quejarme de ello o encontrar una actividad útil en la que ocuparme. Normalmente guardo ropa en el armario, hago algo en el despacho o escribo un correo. Pero lo dejo en cuanto él está listo para salir, en lugar de seguir haciéndolo como forma de venganza por haberme «hecho esperar». Pero para hacer esto tienes que trabajar en armonía en lugar de luchar de forma sutil o no tan sutil.

Otro tirón a la cuerda reveló que en el fondo de la lucha había una dinámica. Charlotte estaba temporalmente apresada en una trampa. Sin darse cuenta, la mayoría de la gente cae presa de una viejísima manera mecánica de reaccionar ante la vida que se inició en sus primeros años. Nos gusta llamar a esto «no me digas lo que tengo que hacer».

Los niños de dos años tienen la perspectiva infantil de que para ser independientes deben hacer lo contrario de lo que se les pide. Si llevamos esta idea a la edad adulta, «no me digas lo que tengo que hacer» puede convertirse en una estrategia vital del equipo de supervivencia del individuo. Oponer resistencia a las peticiones de tu pareja o hacer habitualmente lo contrario de lo que se te pide saboteará tu bienestar en lugar de protegerlo. Es una manera muy antigua, arraigada y mecánica de relacionarse, y no es raro que una persona sienta el impulso de defender su independencia cuando no es necesario.

Cuando le recordamos a Charlotte que solo hace falta uno para acabar con la lucha, y que «siempre tienes que ser tú», asintió rápidamente, diciendo: «Cierto, cierto». Sin embargo, su rostro estaba serio y su respuesta fue muy rápida, antes de que termináramos de hablar. Estaba claro que aunque en la teoría estaba de acuerdo con la idea, en realidad no estaba dispuesta a aplicarla en la práctica. Cuando le señalamos que obviamente era cierto que aceptaba la idea de ser responsable pero que no le gustaba ser la parte responsable, Charlotte sonrió y dijo riéndose:

—No, no me gusta eso. No.

Cuando dejó de reír, Ariel señaló que Charlotte había enmascarado la idea de independencia que tenía a los dos años —«no me digas lo que tengo que hacer»—, dándole la forma de una filosofía más «adulta»: el feminismo.

—No tienes por qué esperar a Bill –dijo Ariel con una sonrisa–. Después de todo, qué tipo de persona serías si lo hicieras... ¡Su criada sumisa!

—Quizá –sugirió Charlotte– podría simplemente quedarme junto a la puerta y esperarle.

Aparentemente esa sugerencia daba a entender que Charlotte había abandonado la lucha, que no iba a volver a castigar a Bill por hacerle esperar. Pero la verdad es que esa idea era solo la otra cara de la misma moneda. Hacerle ver a tu pareja que la estás esperando, probablemente mientras taconeas con nerviosismo y miras el reloj, es solo otra forma de presionarlo para que termine pronto. Es una manera de parecer comprensivo, pero no lo es, ya que le permites que termine, pero al mismo tiempo haciéndole pagar por ello. Si las acciones de tu pareja te hacen sufrir, esta es solo otra forma de pelear.

Shya le dio a Charlotte otro ejemplo de lo que puede ser esperarse el uno al otro cuando no hay un conflicto por medio:

—Vivimos aquí, en Nueva Jersey –dijo– y tenemos que conducir alrededor de una hora para llegar a la ciudad de Nueva York, en donde celebramos nuestros seminarios de los lunes. Muchas veces Ariel se está maquillando y yo estoy listo para salir. Cuando es así, lo que normalmente hago es meter en el coche lo que tenemos que llevar. Lo preparo todo. Me aseguro de que las puertas estén cerradas, las luces apagadas y todo en orden. Entonces podemos salir en cuanto ella termina en lugar de quejarme de que se esté maquillando. Además, como Ariel tarda un poco más que yo, suele empezar antes. De esta manera podemos ajustarlo todo para estar listos más o menos al mismo tiempo.

—¿Sabes? –le dijo Shya a Charlotte–, entregarse es genial. De verdad. Permite que los dos ganéis.

Charlotte lo miró, asintiendo, con los ojos brillantes, como si acabara de oír esta verdad sencilla por primera vez.

—Así los dos ganamos –dijo ella–. Eso es magnífico.

Cien por cien responsable
LaRelacionIdeal.com

ENTREGARSE O RENDIRSE

Nuestra definición de entrega es hacer lo que te piden como si pensaras que la idea se te hubiera ocurrido a ti. Quieres que funcione y lo haces como si se tratase de una gran idea. Y el motivo es que estás a cargo de la situación, en lugar de hacerlo a regañadientes porque tu pareja te lo sugirió. Si actúas con la intención de disfrutar con cualquier cosa que tu pareja quiera y disfrutas realmente haciéndolo, los dos seréis felices.

¿Cuántas veces has dicho «sí» a lo que te pedían y luego has estado resentido porque tenías que hacerlo? Nuestra definición de rendirse es hacer lo que te han pedido que hagas y al mismo tiempo, mostrarle al otro que ha cometido un error al pedírtelo. Esta es otra versión de la lucha: no disfrutar, ser una víctima y, mientras tanto, mostrarle que está equivocado. Es una manera sutil (o no tan sutil) de intentar demostrar la validez de tu punto de vista de ser superior o tratar de hacer sufrir a tu compañero.

La verdadera entrega os permite a ambos ganar. Sentirás bienestar porque ya le has dicho «sí» a tu vida y la aceptas al cien por cien sin poner ningún freno. Tu pareja se sentirá bien consigo misma porque te tiene a su lado. Decirle «sí» a tu vida prepara el escenario para la felicidad. Cuando ambos seáis felices, vuestra relación florecerá.

REVISANDO TENER RAZÓN Y SENTIRSE VIVO

Ya hemos mencionado cómo el deseo de llevar la razón es uno de los mayores agentes destructores de las relaciones. Por este motivo vale la pena repetirlo muchas veces. La dinámica puede funcionar de forma sutil, engañosa, como si fuese una especie de pariente no muy lejano de rendirse a tu pareja. En otras palabras, cuando piensas en silencio que tú tienes razón y ellos están equivocados. En realidad estás fingiendo que te has entregado, aunque en el fondo sigues con el propósito de mantener tu punto de vista.

He aquí un ejemplo de cómo funciona y cómo puede transformar.

ARIEL EN LA ENCRUCIJADA

Era un viernes por la tarde, y Shya y yo estábamos conduciendo a Nueva York para empezar uno de nuestros fines de semana transformativos. Como solemos hacer, nos fuimos con bastante tiempo por delante por si hubiese mucho tráfico. Ese día en particular hubo un accidente en la carretera que hizo que el viaje fuera significativamente más largo de lo normal.

En un principio habíamos planeado conducir hasta el hotel, reservar la habitación y luego seguir hacia el lugar del taller, aparcar el coche cerca de ese sitio y tomar una cena ligera antes del curso. Pero mientras conducíamos por el túnel

Lincoln, que corre bajo el río Hudson, entre Nueva Jersey y Nueva York, se nos hizo mucho más tarde de lo que habíamos previsto. Era el momento de revaluar nuestros planes.

La opinión de Shya era que nos daba tiempo a hacerlo todo. Yo pensé que sería más seguro dejar para después de la sesión de la tarde lo del hotel. El único problema de mi idea era que otras veces cuando habíamos reservado tarde, a menudo solo quedaban disponibles las habitaciones ruidosas, junto a la máquina del hielo o el ascensor. Incluso hubo una ocasión en la que cuando llegamos el hotel estaba totalmente lleno y no tenían ninguna habitación. Nos mandaron a otro hotel y esa noche nos acostamos muy tarde.

Aun así, me preocupaba el tráfico. A veces cruzar la ciudad de Manhattan un viernes por la tarde puede requerir bastante tiempo. Lo sabemos por experiencia. Pensé que lo más seguro era dirigirnos directamente al centro de la ciudad, al aparcamiento cercano al local donde celebrábamos el seminario. De hecho, estaba casi totalmente segura de que eso era lo mejor que podíamos hacer.

Conforme nos acercábamos al final del túnel, llegamos a una encrucijada, en el sentido literal y metafórico. Si seguíamos en dirección al local del seminario, teníamos que torcer a la derecha. Si íbamos primero al hotel, teníamos que torcer a la izquierda. Me preocupaba no llegar a tiempo y por eso voté por ir al directamente al local, pero Shya volvió a decirme:

—Ariel, nos da tiempo a hacerlo todo. Vamos al hotel.

—De acuerdo –cedí.

En ese momento comprendí que también yo estaba en mi propia encrucijada personal. Hubiera sido muy fácil seguir el plan de Shya y, sin decir una palabra, tranquilamente, por dentro, continuar secretamente aferrada a mi propia idea. Me di cuenta cuando torcimos a la izquierda para ir al hotel de que sería casi natural quedarse a esperar que el plan de Shya fallara. En secreto podía fácilmente procurar tener razón. Si bajábamos por alguna manzana que tuviera un tráfico imprevisto o si teníamos que parar en un par de semáforos, se demostraría que mi idea era mejor. Si no me rendía de verdad al punto de vista de Shya, podría apoyar mentalmente que hubiera un retraso para demostrar que, al final, mi perspectiva era la correcta. Shya tendría que perder para que yo ganara. Pero yo perdería también porque era necesario que llegase tarde al seminario para poder tener razón. Tomé la actitud «viva» de ir en la dirección que llevaba nuestro coche en lugar de ir mentalmente en contra de ella. Quiero decir que si, por alguna razón imprevista, no teníamos tiempo para cenar antes del trabajo, habría sido mi plan, mi elección, y no me sentiría víctima de las circunstancias.

Cuando me rendí a la idea de ir primero al hotel como si la hubiera pensado yo, decidí que era una elección excelente y noté cómo se adueñaba de mí una sensación de calma. Podía disfrutar el paseo. Apoyé la mano en la pierna de Shya y sentí su calor a través de la tela de sus pantalones. Miraba a la gente que se apresuraba a llegar a su destino. Podía ver el carril que se abría delante de mí, que no podía verse desde el lado del conductor, y hacía de copiloto, colaborando con Shya para llegar a nuestro destino. Sentía cómo se me relajaban los hombros y la cara. Instantáneamente me había puesto en sintonía con Shya, el tráfico, mi entorno y, por supuesto, mi vida.

Fue algo muy sencillo, y sin embargo profundo. Me di cuenta de cómo en los primeros años de nuestra educación nos habían inculcado que debíamos luchar o ceder, pero raramente se nos enseñaba a colaborar. Tanto luchar como ceder tienen que ver con llevar razón. Si no elegía sinceramente lo que estaba haciendo (por ejemplo, ir primero al hotel), sería una víctima de mi vida en general y de Shya en particular.

Shya y yo tenemos bastante práctica en entregarnos el uno al otro. Cuando uno de nosotros tiene una fuerte opinión a favor (o en contra) de algo, por lo general el otro la suscribe como si fuera suya, en lugar de simplemente secundarla. Y sin embargo, aunque esta ha sido nuestra manera de actuar durante años, nunca antes había visto de una forma tan clara la elección, la encrucijada, en la que un camino lleva a la tensión y la separación y el otro a la intimidad.

Por cierto, Shya acertó. O quizá sería más exacto decir que acertamos. Tuvimos bastante tiempo para ir primero al hotel y hacer todo lo que teníamos que hacer. Nos registramos, conseguimos una habitación preciosa, condujimos hasta el centro, disfrutamos de una cena ligera y llegamos al seminario relajados y frescos. Lo único que hizo falta fue ir por la carretera *viva* en lugar de por la *correcta*. Y, ¿sabes?, si nuestro cálculo no hubiera sido acertado y no hubiéramos tenido tiempo para cenar, habríamos disfrutado de tener hambre y de cenar más tarde.

Cuando vives tu vida (y tu relación) como si fuera idea tuya, como si hicieras exactamente lo que quieres, tu vida y tu relación son ciertamente ideales.

19

EL DÍA DE SAN VALENTÍN

En la sección final de «Llevar razón o sentirse vivo», conocimos a Caitlin, una preciosa joven de ojos brillantes, que había asistido a nuestros talleres durante varios años. Cuando la conocimos era soltera y, como la mayoría de la gente, no sabía cómo crear una relación satisfactoria y plena. En el momento en que vio por primera vez a su marido, Rod, se enamoró, pero no tuvieron automáticamente una relación ideal. Sin embargo, ahora, gracias a su compromiso de crear una relación mágica y al valor de seguir viendo y diciendo la verdad, el matrimonio de Caitlin y Rod es ideal.

Como mencionamos en los dos capítulos anteriores, aprender a entregarse y abandonar la necesidad y el deseo de tener razón, asumiendo la responsabilidad del estado de tu relación, son las bases fundamentales para establecer una relación ideal. Pero con frecuencia son los principios que más les cuesta a la gente poner en práctica. Por eso hemos dedicado tres capítulos a explicarlos.

Vamos a ver a continuación el brillante ejemplo de entrega al punto de vista de su marido de Caitlin y cómo, aunque de mala gana en un principio, dejó a un lado la necesidad de tener razón. Con esto, se hizo plenamente responsable del bienestar de su relación. El resultado es que podía llegar a expresarse plenamente, y sentir vitalidad, salud, felicidad e intimidad con su marido.

AFERRÁNDOSE A UN PUNTO DE VISTA

Nuestro seminario «Monday Night Alive!» en Nueva York cayó en el día de san Valentín; por eso pensamos que sería una oportunidad perfecta para celebrar un evento dedicado a las relaciones. Los temas que tratamos durante esa tarde fueron de las citas al divorcio, de la intimidad sexual al reparto de tareas domésticas. De entre todas las animadas interacciones que mantuvimos con los participantes, hay una en particular que sobresale por estar llena de humor, compasión y franqueza. Fue un momento brillante en el que se abrieron múltiples posibilidades para todos los asistentes.

Shya le estaba hablando a una mujer acerca de estar dispuesta a abandonar su apego para poder escuchar el punto de vista de otro. Lo cierto es que resulta imposible escuchar realmente lo que te está diciendo tu pareja si sigues aferrándote a tu punto de vista (ya sabes, dos cosas no pueden ocupar el mismo espacio al mismo tiempo: segundo principio de la transformación instantánea). Caitlin se lanzó a contarnos «una de sus historias». Pasó al centro de la sala y se ofreció voluntaria para revelarnos la devoción con la que se había dedicado a demostrar que tenía razón. Tenía la certeza de que su perspectiva era la mejor, la única, y estaba segura de que su marido, Rod, se equivocaba. Habían estado luchando, una vez más, sobre ese trascendental e importantísimo asunto: fregar los platos. Acompáñanos en esta animada discusión.

TENER RAZÓN CON LOS PLATOS

Caitlin llevaba una chaqueta de cuero negro sobre una camisa de gasa, pantalones negros y botas. Su cabellera lisa de color rubio oscuro brillaba mientras caminaba decidida hacia el centro de la habitación. Sonriendo de una forma que sugería que estaba disfrutando de una broma silenciosa consigo misma, anunció:

—Me llamo Caitlin y he tenido una desavenencia con mi marido por los platos. Fue gracioso porque yo creo que cuando estás fregando los platos tienes que usar mucho lavavajillas para que queden bien limpios. Él piensa que el lavavajillas ya viene concentrado y solo tienes que usar un poco, que pones no en el plato sino en el estropajo. Luego le añades el agua al estropajo y así puedes fregar muchos más platos, ¿verdad?

Se detuvo un momento como para asegurarse de que el público la estaba entendiendo. Su exposición era perfecta. Había visto su férreo deseo de llevar razón y lo había superado. Esa experiencia seguía estando lo suficientemente cercana para que pudiera transmitir la seriedad con la que la enfocó al tiempo que aprovechaba para reírse de su antigua actitud.

—Lo que yo quería dejar claro es que él estaba haciendo las cosas mal. No solo mal, sino que además iba a hacer que enfermáramos si lavaba los platos de esa forma, porque no iban a quedar verdaderamente limpios. Hoy nos quedamos casi sin lavavajillas; solo teníamos un poco. Me dije a mí misma: «Ajá, puedo dejar los platos sin lavar, salir y comprar lavavajillas o puedo intentar hacerlo a su manera... pero no voy a decírselo».

Todos reímos. Estaba dispuesta a examinar la posibilidad de que su marido tuviera razón, pero en principio quería mantenerlo en secreto. Así él no tendría que enterarse de que había cedido en su terca postura de que hay que echar lavavajillas en todos y cada uno de los platos para dejarlos verdaderamente limpios.

—Así que puse el lavavajillas en el estropajo y luego le añadí agua... –Nos miró a todos como un mago que acabara de hacer un truco maravilloso y dijo–: ¡Tachán!

Nos reímos mientras ella seguía.

—¡Estaba completamente segura de que estaba equivocado del todo! Sin embargo, solo con un poco del resto del lavavajillas, terminé todos los platos. La otra noche no estaba dispuesta a ver que, bueno, puede que él esté en lo cierto. No podía permitírmelo.

La inteligencia de Caitlin brillaba en esa actitud de seriedad fingida que ponía de relieve cómo había tratado el asunto del lavavajillas y los platos otorgándole una tremenda importancia. Era un momento perfecto para hablar sobre «Llevar razón o sentirse vivo», así que Shya tomó la iniciativa.

—En la vida –dijo– hay dos posibilidades. Puedes tener razón sobre tu punto de vista o puedes sentir amor, salud, felicidad, plenitud en tu expresión, espíritu de colaboración y otras cosas por el estilo. Cuando tenías razón y él estaba equivocado en lo del lavavajillas, ¿cuánto amor sentías por tu marido?

—No mucho —dijo ella.

—De acuerdo, no mucho —continuó Shya—. ¿Cómo de sana era tu relación en ese momento?

—Estábamos luchando.

—Felicidad. ¿Cuánta felicidad existía entre vosotros en ese momento?

—Ninguna —admitió ella.

—¿Y podías expresarte?

—Bueno, yo llevaba razón.

—Llevabas razón —dijo Shya agachando la cabeza como si fuera algo realmente triste. Todos se rieron y sintieron empatía con Caitlin. Cada uno de nosotros ha sido alguna vez preso de la necesidad de tener razón en algún asunto insignificante, que en el momento en que se producía la discusión parecía importantísimo.

Habían tomado el ritmo los dos. Como si estuvieran en una exhibición amistosa de *ping-pong*, Shya lanzando la pelota por encima de la red y Caitlin devolviéndola.

—Pero ¿te estabas expresando plenamente?

—Solo sobre tener razón —dijo ella.

—Solo sobre tener razón, muy bien —repitió Shya—. ¿Cómo iba vuestra colaboración en ese momento?

—No existía.

—No existía, perfecto. —Shya se giró, mirando a todos los que estaban en la sala—. Ahora tenéis la posibilidad de llevar razón o sentiros vivos. Nuestra definición de vivacidad es experimentar salud, felicidad, amor, plena expresión, relación y colaboración. ¿De acuerdo?

Las cabezas asintieron y él prosiguió:

—En la vida tenéis dos posibilidades: llevar razón o sentirte vivo. Pero no pueden coexistir las dos al mismo tiempo. En la vida tienes que pagar un alquiler. Mira, puedes vivir en la casa de «tener razón» y pagar el alquiler o puedes vivir en la casa de «sentirte vivo» y también pagar el alquiler. El precio de vivir en la casa de «sentirte vivo» es que has de dejar a un lado el hecho de tener razón. El precio de vivir en la casa de «tener razón» es que has de dejar de sentirte vivo. Es así de sencillo. Cada uno tiene el derecho de estar automáticamente en desacuerdo con su pareja. Pero esto te robará la sensación de sentirte vivo. No te hará sentir más calidez en absoluto.

Las cabezas asintieron. Se oyeron risas ahogadas.

—De hecho, te llevará al otro lado de la cama, dándole la espalda a tu pareja, cara a la pared.

—¡Sí! —Caitlin sonrió abiertamente, con el rostro brillante de alegría. Era obvio que ella y su marido, Rod, se habían tomado tan en serio esas pequeñas discusiones en el pasado que habían terminado durmiendo precisamente así.

—Sí, y eso fue también lo que ocurrió con el asunto del lavavajillas —dijo Shya.

El público se rió de lo absurdo de la situación y al comprender que muchos habían compartido ese tipo de peleas.

—Es tan estúpido... —se lamentó Caitlin.

—Sé que es muy estúpido —contestó Shya—. Pero cuando estás metido en esta dinámica de «tú tienes razón», él está equivocado, elige cualquier asunto y será lo mismo.

PRIMERO SÉ UN «SÍ» PARA TI

Con Charlotte vimos la importancia de entregarse y cómo no puedes crear una relación ideal sin hacerlo. Pero ser un «sí» a las peticiones de tu pareja, a sus ideas o forma de ser empieza con ser un «sí» para ti mismo y tu entorno.

Muchos tienen dificultades con esto, les resulta muy difícil no quejarse a sí mismos sobre tener que hacer algo y resistirse a hacerlo. Como vimos con Nisha, que no quería fregar los platos aunque eso significara un mayor bienestar en su vida y en su relación, el dictado de «no me digas lo que tengo que hacer», puede llegar a dominarnos y también a nuestras parejas y nuestras vidas. Por supuesto, no tiene por qué ser así. Siempre tenemos una elección. Si dejamos atrás este comportamiento automático, seremos libres. De lo contrario, seguiremos estancados en decir «no» a todo y en no hacer lo que tenemos que hacer, ¡incluso aunque nos digamos a nosotros mismos que hay que hacerlo!

Caitlin nos dio un ejemplo excelente de ver su «no» automático a su marido y luego soltarlo y ponerse a colaborar con él. Sin embargo, todavía no había visto la conexión entre eso y decirse «sí» a sí misma. Ariel le ofreció un ejemplo de cómo ser un «sí» a sí misma y a las exigencias que recibes del entorno se traduce directamente en ser un «sí» a Shya.

—Hemos llegado a un punto en el que puedo decir «sí» a una petición que surja de mí misma; por eso me resulta fácil decir «sí» a las de Shya. Te pongo un ejemplo. Una de las cosas que Shya y yo hacemos como actividad recreativa es pesca en alta mar. Cuando estábamos en Costa Rica, fuimos mar adentro en busca del pez espada gigante, el pez aguja, el atún y otros peces que hubiera por allí. Pescamos con cañas de pescar, para que el pez tenga de verdad una oportunidad de luchar, y es algo que disfrutamos muchísimo. Pero durante muchos años no lo habíamos hecho.

»Uno de los problemas con los que te encuentras, particularmente hoy en día, es que no hay tantos peces. Puedes navegar durante horas y, cuando de verdad llegas a altamar, no puedes ver dónde está la tierra. Solo estás rodeada por una gran extensión de agua y nada más que sol. Soy bastante sensible al sol. El problema de estar en un barco en medio del mar bajo un cielo soleado es que hay mucho sol y muy poca sombra. Lo que sucede con este tipo de pesca es que el barco no va en línea recta. Se mueve en zigzag y en círculos. Por eso cuando empiezas a estar cómoda en una posición con sombra en la que no te llegan gases del barco, este se gira. Tienes que levantarte y cambiar de sitio.

»Antes me ponía cómoda y luego venía el sol y suspiraba, me parecía algo tremendo tener que moverme. Pero lo que noté este año fue: viene el sol, me muevo, viene el sol, me muevo... No era para tanto tener que atravesar el barco. Si sentía el impulso de moverme, lo seguía sin tener que hablarme a mí misma acerca de si quería hacerlo o no. No tenía que negociar conmigo misma: «¿Quiero levantarme ya? Bueno, puedo aguantar cinco minutos más bajo el sol antes de quemarme».

»Había un «sí» para mí, a las peticiones de mi mundo, y se traslada directamente a Shya. Si me pide algo, tampoco es una imposición. Incluso si es en mitad de la noche. Me habla y me pide que le dé un masaje en un punto de la espalda que le está doliendo. Siempre es un «sí» si estoy despierta para escucharlo. Realmente empieza por mí, por ser un «sí» para mí.

SER UN «SÍ» PARA TU «NO»: AUTÉNTICO EN LUGAR DE AUTOMÁTICO

Cuando hablamos de entregarte a tu pareja y, en general, a las circunstancias de tu vida, no estamos sugiriendo que con objeto de estar bien tengas que decirle «sí» absolutamente a todo sin distinción. Hay veces en las que serás un «no» genuino. No porque estés actuando para luchar, rindiéndote a tu naturaleza automática de «no me digas lo que tengo que hacer», o porque seas perezoso o estés quejándote de que «no estás de humor», sino simplemente porque sabes, con autenticidad, que no es correcto para ti decir «sí» a la petición en ese momento.

Esto no es lo mismo que un «no» automático, como cuando tu pareja te pregunta si quieres ir al cine y, sin ni siquiera pensarlo, dices: «No, ¿qué están poniendo?». Si tu «no» automático está profundamente arraigado en ti, al principio podría ser un poco complicado encontrar tu «no» auténtico. Tienes que adquirir práctica entregándote y diciendo «sí» antes de saber que tu «no» es auténtico, no automático. Para probar esta dinámica, Ariel contó un ejemplo de cómo actuamos en casa:

—Si le pido a Shya que me prepare una taza de café —dijo— normalmente no importa lo que esté haciendo. Lo dejará a un lado y me hará el café. Si adquieres práctica en decir «sí» a tu vida, llegarás a ver claramente cuándo tu «no» es auténtico. Si le pido a Shya que me haga un café y me dice: «No, estoy haciendo algo», sé que no es simplemente una respuesta automática. Sé que está haciendo algo. Entonces soy un «sí» a su «no».

CONDICIONADOS PARA LUCHAR

Como empleamos un enfoque antropológico de la vida, podemos ver que Caitlin, igual que todos los demás seres del planeta, fue criada por personas que pasaron su forma de comportarse a la siguiente generación. Absorbió la manera de relacionarse de sus padres, junto con el lenguaje que le enseñaron. A su vez, sus padres fueron criados por los suyos, que les enseñaron su manera de comportarse. Y estos a su vez por los suyos, de generación en generación. Todos tenían las mejores intenciones pero vivieron en tiempos difíciles y de acuerdo con reglas de comportamiento que con frecuencia eran brutales. Aprendieron a luchar para sobrevivir.

Caitlin no luchaba realmente por el lavavajillas y los platos. Había aprendido a luchar. Había aprendido que si escuchaba de verdad el punto de vista que tenía su marido (sobre la cantidad apropiada de lavavajillas que había que usar) e intentaba comprobar si era acertado, perdería su independencia. La habían condicionado para actuar así, y Caitlin asumía que si su marido sugería algo que fuera distinto del punto de vista que ella tenía, estaba equivocado.

Como la mayoría de nosotros hemos tenido una educación similar, esta es la manera normal de comportarse en las relaciones. Si cualquier cosa que diga nuestra pareja no coincide automáticamente con lo que sabemos o asumimos que es verdad, lo vemos con escepticismo, como materia de desacuerdo. Aprendemos a discrepar como una forma de vida. Y llevamos esa forma de ser a nuestras relaciones, empleándola incluso cuando se trata de algo tan insignificante como lavar los platos.

Caitlin no podía dejar de reírse mientras hablábamos con ella. Reconocía la verdad y se veía a sí misma en todo lo que decíamos. Incluso admitió que Rod se había ofrecido a fregar los platos pero ella dijo no.

—No sé por qué discutí con él —exclamó, viendo cómo el ansia de luchar interfería incluso en lo que realmente quería.

—Porque te han inculcado la lucha —le recordó Shya—. ¿Quién va a controlar tu vida: ese condicionamiento que recibiste en los primeros años o la mujer adulta en la que te has convertido? —Y luego le dijo que dependía de ella. Pero que con objeto de tener completamente el control de su vida (en lugar de dejar que se impusiera el comportamiento automático familiar), tenía que estar dispuesta a abandonar sistemáticamente su punto de vista. Solo entonces dispondría de una elección a la hora de cómo actuar, porque la libre elección no existe cuando tienes que tener razón.

LUCHAR PARA EVADIRSE

Una última pieza del rompecabezas que le mostramos a Caitlin fue que tendía a empezar una pelea cuando sentía incertidumbre. Por ejemplo, cuando estaba esperando a que le dijeran si había conseguido un trabajo. Caitlin es una diseñadora de moda de éxito a nivel internacional, y la naturaleza de su profesión implica que no siempre tiene trabajo. En esos casos, solía pelear con Rod para evitar ese estado de no saber, en un intento de no sentir el malestar de la incertidumbre. Para Caitlin, en esos momentos, el estrés de luchar era menor que el estrés de no saber de dónde iba a venir su próximo trabajo. Luchar la mantenía ocupada y su mente se distraía de ese malestar.

Quizá tus circunstancias vitales no sean parecidas a las de Caitlin, pero es posible que estés usando la lucha como una manera de evadirte de otros sentimientos o sensaciones con los que te encuentras más incómodo. La intimidad, por ejemplo.

Muchos crecimos en familias en las que discutir era mucho más aceptable que desplegar muestras de afecto, en donde se toleraba mejor la lucha que la intimidad. Cuando este es el caso, no es nada sorprendente que tu zona de confort sea la lucha. Pero una vez que empiezas a reconocer los hábitos y comportamientos que te han inculcado, puedes tomar otras decisiones.

Llevar la razón con los platos
LaRelacionIdeal.com

TRANSFORMANDO TUS RELACIONES

En estos tres últimos capítulos hemos visto cómo tres mujeres diferentes abordaban sus relaciones. Nisha, que acababa de aprender los conceptos «llevar razón o sentirse vivo» y «entregarse o rendirse», tenía curiosidad por sus posibilidades con respecto a su bienestar personal y a una mayor intimidad con su novio. Pero aún seguía muy atada a su propio punto de vista y al deseo de tener razón para superar sus comportamientos automáticos y entregarse a su pareja y a sí misma. Mantenía la posibilidad como una opción pero no era la que estaba escogiendo en ese preciso momento.

Charlotte estaba bastante comprometida con el enfoque transformador en su relación con su marido. El resultado es que mantenían una colaboración bastante satisfactoria, con mucha más intimidad y bienestar de lo que habían tenido nunca. Pero todavía había potencial para experimentar niveles de intimidad y de colaboración incluso mayores. Esos niveles no se habían alcanzado porque Charlotte estaba aferrada a su punto de vista y a su negativa a ser completamente responsable de su relación. Todavía quería compartir la responsabilidad al cincuenta por ciento con Bill, y eso saboteaba el bienestar de su relación.

Caitlin podía ver su resistencia automática, inculcada desde su niñez, a escuchar el punto de vista de su marido. Descubrió su deseo de tener razón y su reticencia a entregarse. Podía sentir lo enraizados que estaban esos comportamientos mecánicos. Pero con voluntad, humor y conciencia, era capaz de superar su naturaleza automática y elegir un camino diferente. Podía aparcar su punto de vista, aunque de mala gana al principio, y comprobar la forma en que veía las cosas su marido. Cuando comprendió lo acertada que era, se rió de sí misma, y sintió una verdadera intimidad y vivacidad.

Si las conversaciones que tuvimos con estas tres mujeres hubieran tenido lugar con sus parejas, también habríamos animado a cada uno de los hombres a asumir el cien por cien de su responsabilidad por la salud y bienestar de su relación. Tanto si eres hombre como si eres mujer, en último término la calidad de tu relación es un reflejo de tu voluntad de hacerte responsable de ella.

20

EL DÍA DE LA NO INDEPENDENCIA

En nuestros seminarios tenemos el privilegio de conocer a muchos individuos extraordinarios. Una de esas personas es Frannie, una mujer brillante, inteligente y animada, de unos sesenta y cinco años. Su pelo canoso, que le llega a los hombros, de algún modo parece, más que una señal de edad, el color elegido por alguien con buen gusto.

Cuando Frannie llamó a nuestro programa de Internet, *Estar aquí*, solo la conocíamos desde hacía unos cuantos meses. Nuestras ideas eran relativamente nuevas para ella, pero ya había empezado a abrirse a las posibilidades que su vida podía ofrecerle. Acompáñanos mientras mantenemos una conversación sencilla con ella, que revela la manera en que se relacionó durante toda su vida y que tuvo un impacto profundo en su capacidad de estar con la gente.

—Hola Frannie —comenzó Ariel—. ¿En qué podemos ayudarte?

—Bueno, brevemente, nunca he tenido una relación que funcione de verdad, pero creo que todavía podría ser posible —dijo con una voz que traslucía su frustración.

—Bien, tienes que tomártelo con un poco de calma, Frannie —dijo Shya—. ¿De dónde has sacado la idea de que necesitas tener una relación?

—No puedo recordar un momento en que no haya pensado eso.

—¿Podrías decirnos aproximadamente tu edad? —dijo Ariel.

—Tengo sesenta y cinco años.

—Te conocemos, por eso sabemos que tienes las cualidades que te permitirían tener una relación, si quisieras tenerla —dijo Shya—. Pero me da la impresión de que, más que realmente querer una relación, *crees* que la quieres. A lo que me refiero es a que en todos estos años has tenido la oportunidad de empezar varias relaciones, pero siempre había algo que parecía más importante que eso.

—Podría ser mi independencia —dijo Frannie.

—Eso es. Exactamente. Sobre todo en los años en los que estabas creciendo y transformándote en una persona completa, no querías ser... —Shya hizo una pausa mientras buscaba la palabra que mejor pudiera describir lo que Frannie había evitado afanosamente en su juventud.

—Subyugada —dijo Ariel.

—Subyugada. Eso —repitió Shya—. No querías entregar tu independencia a un hombre.

—Sí —admitió Frannie.

—Y no querías ceder tu derecho de ser tú misma —añadió Shya.

—Y de algún modo creo que tengo que hacer eso.

—Bueno, en cierto nivel, si tienes una relación, lo haces. Es lo que llamamos «entregarse» —dijo Shya.

—¡Ahh! —exclamó Frannie.

Ese monosílabo tenía una enorme riqueza de significado. La interjección «ahh» era corta y sucinta, como si se hubieran confirmado sus peores miedos, como si acabáramos de darle una mala noticia. En la mente de Frannie habíamos validado su idea de que para mantener una relación tendría que perderse a sí misma, ser menos y abandonar su adorada independencia. Temía que si se rendía, sería prisionera de los deseos de su compañero, subyugada a sus caprichos. Todo eso estaba ya en su mente, una sentencia de cárcel que no quería cumplir.

—Entregarse no es como agitar una bandera blanca diciendo «me rindo» —le señaló Ariel—. No es «tú ganas, yo pierdo».

—Sí —añadió Shya—. Nuestra definición de entregarse es elegir lo que tienes en tu vida como si fuera idea tuya. Lo eliges como si, para empezar, fuera tu idea, no algo que alguien te está imponiendo, no algo a lo que te has rendido y de lo que te quejas y quisieras que fuera de otra manera.

—Oh —dijo Frannie, y sonó como si se sintiera un poco mareada.

—La mayoría de la gente que he conocido se rinde, en lugar de entregar sus vidas —dijo Shya—. Aquí estamos hablando de entregarse en lugar de rendirse, Frannie. No en cuanto a la relación en sí, sino de cómo vivimos cada momento de nuestras vidas. Siempre tienes dos opciones: puedes entregarte y ser un «sí» a cómo se va desarrollando tu vida, tanto si es lo que esperabas como si no, o bien rendirte y ser la víctima de tus circunstancias. Me atrevo a decir que la mayoría hemos sido educados por personas que se han sentido víctima de sus vidas. No veían sus propios éxitos.

»Por ejemplo, la semana pasada, en nuestro grupo de Nueva York, «Monday Night Alive!», había una joven preciosa llamada Christina. Nos contó que se estaba entrenando para correr el maratón de Nueva York y que acababa de correr treinta y dos kilómetros preparándose para la competición. Después de correr unos veintisiete kilómetros, empezó a sentir dolor en el cuerpo pero lo aguantó y completó todo el recorrido del entrenamiento. Sin embargo, Christina se sentía una fracasada porque «solo había corrido treinta y dos kilómetros». ¡Solo treinta y dos kilómetros! Es un logro impresionante.

»Pero no se había dado cuenta de lo extraordinario que era lo que había conseguido porque se dirigía a un objetivo, estaba centrada en su meta. Esa carrera no fue de la manera en que le hubiera gustado. Tenía de antemano la idea de que, si estaba preparada, no debería tener ninguna dificultad. Como se encontró con dificultades a los veintisiete kilómetros, no era lo suficientemente buena.

—Muchos tenemos preferencias sobre cómo deberían ser nuestras vidas y las circunstancias en que vivimos. Comparamos lo que pensamos que debería ser con la vida que tenemos. Pero esta no encaja en esos ideales porque a la vida le trae sin cuidado lo que tú quieras. Simplemente va surgiendo como lo hace. El juego consiste en ser un «sí» a como es tu vida —dijo Shya.

—¿Hasta ahora lo entiendes? –preguntó Ariel.

—Sí –respondió Frannie–. La verdad es que me está gustando. Veo que si simplemente estoy de acuerdo, si solo digo: «Sí, eso lo elegí yo», es mucho menos probable que llegue a ser una víctima de mis circunstancias.

—Es verdad –dijo Shya–. Si buscas, verás que en cada momento de tu vida has hecho exactamente lo que has hecho y no te has equivocado.

—¿Sabes? –dijo Ariel–, Shya y yo no hace mucho que te conocemos, Frannie, pero en un tiempo relativamente corto hemos empezado a ser tus amigos de los lunes y los fines de semana. Ahora te veo con bastante más capacidad para tener una relación si ese fuese tu deseo, porque últimamente eres mucho más accesible. Antes solías ponerte en contra de cualquier cosa que sucediera. En realidad daban igual las circunstancias que fueran. Te habías creado el personaje de «la diablilla», como si fuera algo divertido. La verdad es que esa manera automática de relacionarse era bastante divertida en ocasiones, pero no creo que una relación pueda aguantar esa actitud mucho tiempo si lo que quieres es crear intimidad con alguien.

—Creo que es una buena observación –dijo Frannie–. Ahora que lo mencionas, pienso en cómo se decidía en mi familia el voto en las elecciones cuando era niña. Si mi madre votaba por un partido, mi padre votaba por el otro.

Shya se rió mientras exclamaba:

—¡Me encanta!

—O sea, que me he criado eligiendo el punto de vista contrario –dijo Frannie.

—Sí –señaló Shya–. Has aprendido a tomar la otra postura.

—Es estupendo, ¿no crees? –dijo Ariel.

Ambos estábamos encantados de que Frannie hubiera descubierto el mecanismo que iniciaba una lucha, tanto si quería como si no. Estar en posturas opuestas en prácticamente todo formaba parte del modelo de «amor» que conoció en su infancia. De forma inconsciente, Frannie había llevado consigo ese esquema a todas sus relaciones, tanto casuales como íntimas. Lo más probable era que cuanto más le gustaba alguien, más apremiada se sintiera a hacer de abogado del diablo.

—Ahora que ves cómo se relacionaban tus padres –dijo Shya–, esto te da una tremenda comprensión de tu propio comportamiento, porque has sido programada por el comportamiento de tus padres en los seis primeros años de tu vida.

—Hummm –murmuró Frannie afectuosamente.

—Tú viste cómo actuaban entre sí y a partir de esa interacción hiciste elecciones y tomaste decisiones que has acarreado contigo hasta ahora –dijo Shya–. Si tu padre estaba en desacuerdo con tu madre, ese no era el único punto de fricción

—¡No señor! –exclamó Frannie.

—Eso es. Y tú aprendiste a disentir como una forma de vida, una manera de sobrevivir –dijo Shya.

—También viste probablemente quién ganaba y quién perdía según tu mente, infantil e inmadura –indicó Ariel–. No comprendiste que esa era una dinámica de ambos, una forma de relacionarse que crearon juntos. Y lo más probable es que te pusieras del lado de alguno de los dos. No querías ser el que te parecía más...

—Sumiso —dijo Frannie.

—Sumiso, muy buena palabra —aceptó Ariel.

Obviamente Frannie creció en un ambiente de ganar/ perder y no deseaba estar en el lado perdedor de ninguna situación. Aprendió que ceder a la perspectiva de otro era perder, capitular, ser sumiso, ser menos. De niña no conoció jamás un enfoque transformador de las citas, las relaciones y el matrimonio.

Está claro que los padres de Frannie no tenían la menor idea de lo que era escuchar realmente. No comprendían que escuchar la perspectiva de tu marido o de tu mujer era en realidad un regalo para ti mismo y para tu pareja. No sabían que *ambas* partes podían salir ganando. Cuando escuchas de verdad al otro, tienes que soltar del todo tu punto de vista. Esto no significa que seas débil, ni que te dejes avasallar. Tampoco te hace servil. Es necesario ser fuerte y estar seguro de sí mismo para dejar a un lado lo que uno quiere decir y así poder escuchar totalmente al otro.

Frannie se había educado en un clima en el que siempre había alguien encima y otro subyugado, en el que sus padres vivían enfrascados en una lucha continua por el dominio.

—Perfecto —dijo Shya—. Ya has resuelto el rompecabezas de cómo actúas en tus relaciones.

—Tan sencillo como eso —dijo Frannie.

—Tan sencillo como eso —repitió Shya.

—Ahora bien, aquí está el reto —dijo Ariel—. Ambos aspectos de esa lucha están *contigo* en tu interior.

—Hummm –murmuró Frannie, intrigada por lo que Ariel acababa de decirle.

—Cuando vas a trabajar y tienes el impulso de hacer algo, puedes considerar además el lado opuesto de ese impulso y ver que lo dejas para más tarde.

—Oh, muy interesante –dijo Frannie.

—Pero no es un problema si lo ves –prosiguió Shya–. Si lo ves, puedes estar por encima de ese mecanismo. En tu vida tú tienes todo el poder. Eres el Dios de tu propio universo.

—¿Sabes, Frannie? –dijo Ariel–, siempre me ha admirado de ti, desde la primera noche que te pusiste en pie y hablaste en uno de nuestros seminarios, tu tenacidad. Admiro tu capacidad de adoptar una decisión y esforzarte por ella. Creo que esta tenacidad va a situarte en una posición realmente buena cuando empieces a eliminar los comportamientos automáticos de tu vida, si estás dispuesta a ello. Todo lo que tienes que hacer es no juzgar lo que ves.

—Sé que asististe a nuestros seminarios «Monday Night Alive!» en Nueva York y que has visto a gente como Holly y John –dijo Shya–. Durante muchos años ninguno de los dos tuvieron ninguna relación. Ahora son muy felices el uno con el otro y forman una pareja estupenda. Pero les hizo falta algún tiempo para suavizar sus asperezas. Ya sabes, una relación se parece bastante a una máquina pulidora de piedras.

—Te metes dentro, gira, y vas suavizando las aristas hasta que sales pulido –aclaró Ariel.

Frannie se rió de la imagen.

—Me gustaría preguntarte algo –dijo Ariel.

—¿Sí?

—En este momento, ¿cómo te sientes contigo misma?

—La verdad es que estoy encantada. Se me ha puesto una sonrisa de oreja a oreja.

—¿Sabes? –le indicó Ariel–. Acabas de crear una relación fabulosa contigo misma.

—Oh –dijo Frannie.

—Y si puedes tener una relación así contigo...

—Puedes tener una relación con alguien –terminó Shya–. ¿Te das cuenta, Frannie? Cuando la gente no es consciente de sus propios impedimentos en su relación consigo misma, cuando es dura y no se trata bien, lleva ese tipo de comportamiento a cualquier relación que mantenga. Podrías encontrar a la persona perfecta, pero si aún sigues empeñada en tener razón y en demostrar tu punto de vista por encima de todas las cosas, ese compromiso con la rectitud moral destruirá cualquier relación.

—Te creo –admitió Frannie. Podía fácilmente comprobar lo acertado de esa declaración echando un vistazo a su propia vida.

—En la relación lo que cuenta es escuchar –señaló Shya–. Hablamos sobre escuchar al principio de este programa de radio. Hablamos sobre escuchar al final de cada programa. Escuchar es realmente la clave para tener una vida mágica, y eso implica también una relación mágica.

—Tengo otra pregunta para ti –dijo Ariel–. ¿Vas a venir a nuestro curso de noviembre en Nueva York, «El arte de escuchar»?

—Por supuesto.

—Perfecto –dijo Ariel–. Hay algo a lo que me encantaría que prestaras atención hasta entonces, porque creo que va a ser maravilloso para ti. Te han enseñado a buscar el lado contrario de cada situación. Es automático. Y lo has interiorizado.

—Ajá —dijo Frannie.

—Tu escucha está sesgada —le explicó Ariel—. Cuando escuchas a alguien, buscas los resquicios, la excepción, la palabra desacertada. Sería realmente magnífico si empezaras a escuchar desde una perspectiva ganar/ganar en la que *tú* ganas y haces que *ellos* ganen con lo que dicen, en lugar de ponerles faltas.

—Sí —dijo Frannie—. Buena idea.

—Me alegro muchísimo por ti —continuó Ariel—, porque te criaste con la mentalidad de ganar/perder. La transformación consiste en ganar/ganar. Tú ganas, yo gano, Shya gana, los oyentes ganan y todo el mundo gana en lugar de que alguien tenga que quedar en el lado del perdedor. Es una perspectiva totalmente nueva.

—Te agradezco que me hayas hecho ver lo enraizada que está esa mentalidad en mí y cómo funciona de manera automática —dijo Frannie.

—Si lo ves, ya es suficiente —intervino Shya—. Con nuestro enfoque tu realidad cambia de forma instantánea, no progresivamente. No es necesario que te esfuerces. Con que lo veas es suficiente, se acaba. En ese momento se acaba. Y si vuelve a aparecer, si lo vuelves a ver sin juzgarlo, ocurre igual, se acaba ahí mismo.

—No es por llevarte la contraria, Frannie —dijo Ariel—, pero eres tú quien ha visto lo enraizada que está esa mentalidad y desde cuándo forma parte de ti. Eres tú quien ha sido lo bastante inteligente para verla y estar dispuesta a mostrarla.

Eso es extraordinario. Es como si Christina corriera los treinta y dos kilómetros pero sin dolor.

—¡Guau! –exclamó Frannie.

—Excelente –contestó Ariel–. Muchas gracias por intervenir, Frannie.

—Sí, gracias –dijo Shya–. Ha sido todo un placer tenerte en el programa.

—¡Me encantó! –exclamó Frannie–. Gracias. ¡Nos vemos el lunes que viene!

Estos son los buenos días pasados:
el día de la no independencia
LaRelacionIdeal.com

21

EL JUEGO DE ECHAR LA CULPA

La manera en que Frannie reacciona ante la vida no es nada fuera de lo corriente. Mucha gente se ha criado en familias que tienen una mentalidad de confrontación. De hecho, esto es tan normal para la mayoría que la pertenencia a «equipos» contrarios es simplemente el telón de fondo bajo el que tienen lugar sus relaciones. A continuación te presentamos un ejemplo de ello.

LA MENTALIDAD DE CONFRONTACIÓN

En una ocasión estábamos comprando en una tienda del barrio y la dueña, Carol, nos preguntó:

—¿Dejáis el coche bien cerrado cuando venís aquí?

—Sí, siempre –le contestamos.

Carol siguió con lo que claramente estaba rondándole:

—Yo no lo cierro, y me robaron el GPS –dijo–. Al principio no me di cuenta, por eso le dije a mi marido: «Jerry, ¿por qué te llevaste el GPS del coche?». Él me respondió: «¡Yo no he tocado el GPS!». Entonces me acordé de algo: la semana anterior oí un portazo en el aparcamiento. Cuando levanté la cabeza para mirar, vi a alguien que estaba junto a mi coche. Al principio no le di importancia. Como ese día no me hacía falta el GPS, no pensé en ello, pero más tarde me acordé de ese momento. Reconocí que entonces tuve la sensación de que había algo raro en esa persona que estaba en el aparcamiento. Entonces comprendí que debía de ser el que lo robó.

En ese momento repetimos que por norma siempre cerramos el coche, incluso aunque se encuentre al lado de la tienda en la que estamos comprando. Esto le ayuda a la gente honrada a seguir siendo honrada.

—Eso es lo que dice siempre mi marido –respondió Carol.

Lo que nos pareció interesante no es el hecho de que Carol hubiera sufrido un robo sino que, en sus pensamientos y en sus acciones, automáticamente le echara la culpa a su marido por el objeto desaparecido. No le dijo: «Jerry, por algún motivo no puedo encontrar mi GPS. ¿Lo has visto?», sino que directamente le preguntó por qué se lo había llevado. En caso de duda, échale la culpa a tu esposo.

Estamos seguros de que Carol no desarrolló esa mentalidad por sí misma. En sus primeros años la condicionaron para que aprendiera el juego de buscar un culpable. Lo más probable es que viera a su madre reaccionar de esa manera. En muchas unidades familiares el género opuesto es un adversario y los frentes están claramente delineados: «Si él dice que haga algo, yo hago lo contrario porque es mi vida y no tienen que decirme lo que tengo que hacer».

Viendo la manera de ser de Carol, estaba claro que no se había cuestionado la actitud que tenía hacia su marido. Era como si admitir, ante ella misma y ante él, que tenía «razón» en algo supusiera un gran sacrificio. La pregunta que nos había hecho sobre si cerrábamos o no el coche tenía una doble intención. En realidad no quería escuchar lo que pensábamos sino más bien demostrar que su punto de vista era el correcto. Deseaba encontrar a otros que pensaran como ella para volver a hablar con su marido, Jerry, y decirle que «todo el mundo» deja el coche sin cerrar y que en realidad no era una irresponsable. Su pregunta era una parte de la pelea y esperaba que nosotros fuéramos los aliados involuntarios que la apoyáramos en su causa.

Carol había interiorizado hasta tal punto la guerra de género que absorbió mientras crecía que no se daba cuenta de que tenía una mentalidad de confrontación y su marido se había convertido en su adversario. Como la conocíamos desde hacía tiempo, sabemos que ama sinceramente a su marido. Pero también sabemos que su relación se manifiesta mediante una lucha interminable que nunca ha examinado y que ni siquiera creó ella. Su manera de relacionarse es, desde su punto de vista, parte de una «relación normal».

Si quieres tener una relación ideal, es imprescindible que te intereses por las actitudes que mantienes en ella. Con frecuencia es todo un reto observar cómo piensas y actúas, porque puede ser vergonzoso ver la auténtica verdad. Pero ¿y si, en lugar de con una actitud crítica y subjetiva, abordaras la manera en que te relacionas con un enfoque antropológico? Si fueras un científico tratando de descubrir cómo se forman los mecanismos internos de una cultura, te fijarías en lo que ves, no lo juzgarías. Si te interesas vivamente, si enfocas el modo en que has sido programado de una manera observacional, podrás «limpiar de virus» tu propio ordenador personal.

Piensa que eres un ordenador altamente sofisticado
con una programación obsoleta. El simple hecho
de ser consciente de ella hace que se actualice.

Si te tomas de forma personal lo que descubras, como si tú o alguien más tuviera la culpa de ello, entrarás de lleno en un paradigma de problema/solución/cambio en lugar de en uno transformativo. Si opones resistencia a lo que ves sobre ti, solo reforzarás la conducta y quizá incluso escondas de ti mismo lo que consideras un mal «hábito».

A nadie le gusta ver algo negativo de sí mismo. Este es el primer principio de la transformación instantánea: lo que resistes, persiste, se hace más fuerte y controla tu vida. La anécdota de Carol es un ejemplo perfecto de esto. Ella se resistía a muchas cosas, a las sugerencias de su marido de que cerrara el coche y al hecho de que le hubieran robado el GPS. Habían pasado varias semanas y el incidente seguía dominando su vida.

El siguiente aspecto del enfoque antropológico es que en un momento determinado solo puedes ser como eres (el segundo principio de la transformación instantánea). Todos tenemos muchas actitudes y maneras de relacionarnos obsoletas. Estas reliquias del pasado (comportamientos no analizados que quedaron congelados en el tiempo) han pasado de generación en generación y fueron absorbidas en los años de la infancia. Versiones más jóvenes e inmaduras de nosotros mismos las adoptaron. Tomar conciencia de ellas es realmente como exponer el hielo al radiante calor del sol. Maneras de ser que han quedado congeladas a través de los años pueden transformarse en un instante. Este, por supuesto, es el tercer principio de la transformación instantánea: cualquier cosa a la que le permitas ser exactamente como es, se acabará y disolverá por sí misma.

En otras palabras, cualquier cosa que veas sin juzgar se acaba por sí misma y deja de controlar tu vida.

Si no sabes mirar, no verás.

> Si quieres mantener tu relación viva, fresca y extraordinaria, sigue prestando atención a tus actitudes hacia ti mismo y hacia tu pareja sin trabajar en lo que descubras ni juzgar lo que veas.

La mayoría de las relaciones, si no todas, empiezan con una mentalidad de confrontación. Pero con conciencia, no solo puedes ver dónde se han dibujado los frentes de la batalla, sino también cómo esos frentes se desvanecen hasta desaparecer por completo.

22

DATE CUENTA DE
LO QUE ESTÁS HACIENDO

En este capítulo conocerás a Val, una hermosa y chispeante joven de origen coreano-norteamericano con cabellos negros lisos que le llegan más abajo de los hombros. Val trabaja con nosotros, por eso la conocemos tanto a nivel profesional como personal. En un precioso día soleado nos sentamos juntos en nuestro jardín y Val empezó a contarnos cómo se enojaba con la gente, sobre todo con quienes le gustaban.

—¿Con alguien en particular? –preguntó Shya.

—Bueno –admitió Val, ligeramente avergonzada–, con mi novio.

—Sí –dijo Shya–, eso es lo que me esperaba.

—En parte –explicó Ariel– es porque hay cosas que deseas que haga, te da igual que él quiera o no. Y cuando decide hacer otra cosa, discrepas con él. La verdad es que estás intentando obligarlo a hacer lo que tú quieres, en lugar de lo que quiere él.

—Sí —asintió Val—, es verdad.

—Por ejemplo —prosiguió Ariel—, sé que te encantaría que hubiera venido hoy. Te hubiera encantado que te acompañara y causar una buena impresión. Tienes una imagen de lo que significa ser un novio/novia, y de la cantidad de tiempo que deberíais pasar juntos, pero él no colabora. Hoy está jugando al fútbol. No está haciendo lo que tú quieres.

—Cierto —admitió Val, reconociendo sus propósitos—. Eso es.

—Pero si sigues exigiéndole que haga aquello que no quiere hacer, terminarás forzándote a ti misma a salir de la relación —explicó Ariel—. Que a lo mejor es lo que quieres...

—No creo que... —Val estaba un poco sonrojada y confundida. Se resistía momentáneamente a la idea—. No es lo que yo quiero.

—Solo puedes saber lo que quieres dándote cuenta de lo que estás haciendo —dijo Ariel—. Shya y yo llevamos juntos alrededor de tres décadas. Es bastante tiempo y nunca es lo mismo de un momento a otro. Si me fijo en cómo me comporto, puedo ver si lo estoy atrayendo o lo estoy alejando. Cuando dices: «Oh, eso no es lo que quiero», es porque tienes miedo de observar tu comportamiento. Que lo estés alejando no significa nada «malo». Solo date cuenta de lo que estás haciendo.

Las relaciones no son estáticas. Están siempre evolucionando. La gente suele creer que una vez que te casas, la relación se estabiliza, se hace sólida y completa. Pero obviamente no es así. Si lo fuera, no habría una tasa de divorcios del cincuenta por ciento en los Estados Unidos. Es importante que prestes atención a cómo te estás comportando. Si ves tu comportamiento y te fijas en tus actos (sin juzgarte a ti mismo por lo que descubras), sabrás si estás alejando a tu pareja o invitándola a estar más cerca de ti.

—De acuerdo –dijo Val, claramente agradecida por la información–. En realidad mi novio y yo hablamos sobre muchos asuntos el otro día. Una de las cosas que comentamos es que a veces él me llama solo para decir «hola». A mí esa minucia me molesta. No me había dado cuenta antes.

—Por eso –apuntó Ariel con ironía– quieres que esté más tiempo contigo. Pero cuando lo hace, le dices: «Querido, no es el momento oportuno, largo de aquí».

Todos nos reímos.

—No es que esté haciendo algo que sea muy importante –dijo Val–. Solo estoy ocupada haciendo algo que creo que debería hacer.

APRENDIENDO UN NUEVO LENGUAJE

—Ninguno de vosotros creció en un ambiente en el que vuestros padres supieran cómo entregarse el uno al otro –explicó Ariel–. No estoy poniendo en entredicho a tu familia o a la suya. La gente, por lo general, no sabe entregarse. Estás aprendiendo un nuevo conjunto de habilidades. Es un lenguaje.

—A veces –dijo Shya– tengo que echarle gasolina al coche. Pero no quiero detenerme. Al final se la echo porque no tengo más remedio, aunque muchas veces no me detengo a hacer lo que tengo que hacer porque estoy yendo a algún sitio. Eso es lo que te ocurre a ti con tu relación. Vas a algún sitio y quieres que tu novio se ajuste a tus planes.

—Trabajas con nosotros a media jornada —dijo Ariel—. Conozco ese detonante de irritabilidad que hay en ti porque lo he visto algunas veces cuando me saludabas. Pero he aprendido a tratarte. Te digo: «¿Tienes un momento?». Entonces tienes que decidir si quieres hablar conmigo o no. Y contestas: «Sí» o «¿Puedo llamarte luego?». La verdad es que tú no eliges cuándo te llama tu novio. Quizá ha llegado el momento de que aprendas a tratarte a ti misma.

—Eso es —asintió Val, capaz de ver claramente ahora sin juzgarse—. Gracias, es estupendo.

Volvimos a sentarnos en nuestras sillas, disfrutando la belleza del jardín y la experiencia de transformación de Val. Al principio de nuestra charla, desconocedora aún de sus comportamientos automáticos y de su condicionamiento social, no podía ver cómo estaba saboteando su relación. Creía que quería ser feliz con su novio, pero su comportamiento la estaba llevando en otra dirección. Ahora, con la simple toma de conciencia al ver cómo estaba actuando y al fijarse en las consecuencias que sus acciones tenían en su relación, Val podía liberarse de la naturaleza automática de sus actos y prescindir de sus planes. Podía empezar a entregarse a la vida y tratar a su novio de una forma que los condujera a crear una relación ideal.

Date cuenta de lo que estás haciendo
LaRelacionIdeal.com

23

EL PROBLEMA NO SON ELLOS

En este capítulo conocerás a Menna y Artur, una pareja que ahora está muy feliz. Ella es inglesa con el pelo rubio suelto y tez blanca. Él es portugués, tiene una gran sonrisa y el pelo y los ojos de color negro.

Hace varios años, cuando los conocimos, estaban a punto de divorciarse. Por aquel entonces ya llevaban seis años casados y estaban agotados de discutir, su amor había ido desapareciendo lentamente como consecuencia de los pensamientos, las palabras y las acciones hirientes, fueran o no intencionadas. En un último intento de salvar su relación asistieron a uno de los talleres que celebramos en Hamburgo, Alemania. Ese fin de semana sus vidas y su relación se transformaron e inmediatamente se apuntaron para unirse a nuestra «Aventura de Costa Rica», nuestro seminario de inmersión en la transformación instantánea. Desde entonces han asistido con asiduidad a nuestros cursos y ha sido todo un placer llegar a convertirnos en amigos íntimos.

Actualmente Menna y Artur han creado su propia relación ideal. Por supuesto, todavía tropiezan de vez en cuando y sus viejos comportamientos automáticos toman momentáneamente el control. En este capítulo veremos cómo el viejo hábito de Menna de acusar a Artur vuelve a aparecer, interrumpiendo su intimidad y su colaboración.

—Habíamos pasado una semana increíble aquí, en Costa Rica –comenzó Menna–. Nos llevábamos estupendamente y nos sentíamos muy bien el uno con el otro. Y nos habíamos dado cuenta de que cuando las cosas se desequilibraban, como ocurrió una vez esa semana, automáticamente nos acusábamos el uno al otro.

—Bueno, eso significa –dijo Shya– que lo tienes controlado. Si puedes ver que automáticamente le echas la culpa al otro, en ese momento puedes dejar de hacerlo. No se necesita una gran estrategia. Solo darse cuenta de que os estáis acusando el uno al otro. O, desde tu punto de vista, de que le estás echando la culpa a Artur. Y puedes dejar de hacerlo. Es así de sencillo.

—En parte –continuó Ariel– estás estancada porque te juzgas a ti misma por echarle la culpa a Artur automáticamente, y a él le sucede lo mismo por echártela a ti también automáticamente. Pero fíjate en la palabra «automático». No es algo que controlas. Es un reflejo. Algo que está programado. No significa nada.

Cuando somos muy pequeños, aprendemos a andar, a hablar, a atarnos los zapatos, a ir al baño solos y a relacionarnos con otra gente. Aprendemos comportamientos, actitudes y juicios que se arraigan en nosotros hasta que se vuelven mecánicos y automáticos.

—En tu proceso de condicionamiento, cuando estabas creciendo —dijo Shya—, si alguna vez había un problema, te preguntaban siempre: «¿Qué sucede? ¿Qué es lo que te hizo sentirte así?». Aprendiste a mirar fuera y a encontrar algo o alguien a quien culpar de tus sentimientos.

—Mi hermano ha sido malo conmigo —dijo Ariel, imitando el tono quejoso de un niño como modo de ejemplo, y Menna y Artur se rieron.

—Siempre estás buscando algo fuera de ti para echarle la culpa de tu cólera —expuso Shya—. Eso es normal. La mayoría de las personas no se dan cuenta de que tienen un montón de ira en su interior y cuando le echan la culpa de ese malestar a algo, eso solo sirve para que la furia se mantenga en su sitio. Todo lo que resistes persiste y se hace más fuerte, ese es el primer principio de la transformación instantánea. El segundo principio es que solo puedes ser exactamente como eres en un momento determinado de tu vida, en un momento determinado del ahora. Si ahora mismo —continuó, chasqueando los dedos— estuvierais enfadados el uno con el otro, solo podríais estar de esa manera. Es algo automático.

Artur y Menna escucharon atentamente, asintiendo con la cabeza.

Shya prosiguió:

—Cuando puedas mirarte a ti misma sin reprocharte nada, y te fijes objetivamente en lo que haces: «Ah, mira, estoy culpando a Artur por sentirme así», bastará con eso para que tu comportamiento desaparezca por sí mismo. Ese es el tercer principio: cualquier cosa a la que le permitas ser exactamente como es, se acabará y se disolverá por sí misma. Es muy sencillo. Si ves que os culpáis el uno al otro, ese es un barómetro que muestra que estáis descentrados, y así podéis volver a corregir la posición.

—No es un problema, es un síntoma –explicó Ariel sonriendo–. Puedes verlo: «Ajá, estoy disgustada».

PENSAMIENTOS AUTOMÁTICOS

—Sí –reconoció Artur–. Creo que lo he estado viendo como algo negativo de mí mismo, cada vez que lo hago. Por eso, obviamente, lo he mantenido en su sitio.

—Pero cuando dices «cada vez que lo hago», estás pensando que tú haces eso –dijo Ariel–. De hecho, esta máquina que cada uno tiene en su interior es la que lo hace. Tú simplemente la acompañas.

Artur rió.

—Es verdad.

—Le llamas a ese diálogo «tú» –señaló Shya–. Pero es solo una conversación que se está llevando a cabo entre tus pensamientos. Tus pensamientos son automáticos y mecánicos. Voy a demostrártelo. Piensa en un perro, ahora mismo. ¿Lo ves?

—Sí –dijo Artur–. Es un dálmata.

—¿Qué te parece? ¿No es genial? –le preguntó Shya–. Realmente no tuviste que proponerte pensar en ello; simplemente surgió. Yo digo «perro» y tú piensas en un dálmata. Podrías haberte imaginado un pastor alemán o un chihuahua, o incluso un gato. Alguna gente, la gente que lleva siempre la contraria, piensa en lo opuesto, por eso ven un gato cuando le dices «perro». Todos tenemos un proceso automático de pensamiento que responde a los estímulos del entorno. Algo te estimula, te sientes mal, y luego tu razonamiento se pone inmediatamente a acusar y a averiguar quién te hizo sentir mal, ya que piensas que no pudiste ser tú.

—Sobre todo si el pensamiento en sí mismo provoca una emoción –añadió Ariel– o una reacción visceral, una reacción en tu cuerpo. En ese caso parece especialmente real porque estás sintiendo toda esa agitación que lo demuestra.

—Sí –dijo Artur, asintiendo mientras Menna sonreía. Claramente estaban familiarizados con esa situación.

SABES LO QUE QUIERES POR CÓMO ACTÚAS

—Cuando culpo a Artur, no es eso lo que quiero hacer –dijo Menna–. Es lo que hago de forma automática, pero no es lo que quiero.

—Bueno, ahora estamos llegando a un punto muy delicado –señaló Shya–. Porque si lo haces, lo quieres. Si no lo quieres hacer, deja de hacerlo. Es así de sencillo. Me acuerdo de una vez, hace muchos años, cuando estaba formándome para impartir seminarios en un curso en las montañas de Sierra Nevada. Un día, cuando me preparaba para subir al escenario y dirigir una presentación, mi representante apareció en el evento y se sentó a mi lado.

»Le dije: «Me pone nervioso que estés aquí», y él respondió: «Bueno, Shya, si te pone nervioso que esté aquí y lo sabes, entonces deja de estar nervioso». Le respondí: «De acuerdo, puedo hacerlo». Había estado culpándolo de mi nerviosismo, pero realmente no tenía nada que ver con él. Solo quería librarme de él porque no deseaba que me viera cometer algún fallo.

Ariel se volvió hacia Shya y le dijo:

—Hace unos momentos me vino a la mente una imagen muy graciosa. Dijiste que la gente tenía un montón de ira, y yo me imaginé una lavadora. No de las de apertura frontal, sino de las antiguas, de las que tienen un agitador que lava la ropa. Tienes agitación en tu interior, Menna. Cuando una de las prendas (tus enfados) sube a la superficie, puedes creer que ese disgusto eres tú o comprender que esa agitación es solo parte de la limpieza. Si no te dejas llevar por ello, si no te metes dentro de la lavadora, si te fijas simplemente, al final saldrás más limpia. Si crees que el disgusto eres tú, te meterás de lleno en la lavadora y terminarás bastante empapada.

—Sí –asintió Shya–, te ahogarás. Es lo que sucede. La gente se ahoga en su cólera. Pero es una elección. Disgustarse es una elección, aunque la mayoría de las personas no se dan cuenta. Están disgustadas y buscas a alguien a quien echarle la culpa de ese sentimiento. Es cuando consiguen un buen justificante (algo que parezca un motivo aceptable para irritarse) cuando empiezan a enfadarse.

PERMANECER CENTRADOS

—Hay una mujer aquí, en Costa Rica, esta semana –dijo Ariel–. Su novio, con quien ha vivido durante muchos años, tiene leucemia y un tumor que le presiona los nervios, de manera que una de las piernas no le responde. Una mañana, cuando fue a levantarse de la cama, la pierna le falló, pero él no se lo esperaba, así que se cayó.

»Su novia le ayudó a levantarse y luego él analizó la situación. Ella nos dijo que como no podía mover la pierna voluntariamente, se preguntaba cómo podría salir de la cama sin caerse. Los dos estaban abordando la situación como una exploración, como una aventura, en lugar de como una circunstancia perturbadora. Fue muy inspirador. Incluso en medio de situaciones en las que la vida está en juego, somos totalmente capaces de mantenernos centrados.

—Lo extraordinario de esta semana –dijo Menna– es que en el pasado les habríamos dado más importancia a nuestros enfados, pero ahora eso nos parecía complacencia, y no tardamos mucho en dejarlos a un lado, solo unos minutos. Habíamos tenido una semana tan magnífica de colaboración y nos habíamos sentido tan cerca el uno del otro que esto nos facilitó poder desprendernos del malestar. Una vez, cuando sentí que Artur me culpaba por algo, noté la agitación en mi cuerpo y quise defenderme. Tuve ganas de salir corriendo, ese era mi instinto. Pero no lo hice.

—Ah, sí. –Ariel sonrió–. Pero cuando has dicho: «Sentí que Artur me culpaba», he visto cómo se ponía tenso. En ese momento estabas volviendo a remover el malestar inicial. Al decir: «Tuve ganas de salir corriendo», seguías acusándolo.

—Es verdad –admitió Menna. Se inclinó hacia Artur y lo besó en la mejilla. A su vez, él se rió y le dio un pellizco.

—¡Ah! –exclamó Ariel, sonriendo–, sois magníficos.

—Esta semana he pasado unos momentos extraordinarios –dijo Artur–. Nunca me había sentido tan bien conmigo mismo. Podía simplemente estar con la gente. Podía estar con cualquier situación que se presentara. Ha sido estupendo.

—Espera –indicó Ariel–, esto es solo el comienzo. Va a ser todavía mejor. Es así, y hay mucho más por delante.

—Muchas gracias por proporcionarnos este entorno –dijo Artur.

—Un placer —Shya sonrió.

—Y estamos deseando ir a Inglaterra —dijo Ariel— y pasar un rato con tus amigos.

—Sí, esperamos veros por allí pronto —respondió Menna con una gran sonrisa—. Muchas gracias.

El problema no son ellos
LaRelacionIdeal.com

¿Y AHORA QUÉ?

Nos alegramos de ver a Menna y Artur tan bien asentados en su propio centro personal, porque la vida suele expandirse y presentarnos un nuevo reto cada vez que hemos dominado alguno de sus aspectos. Al poco tiempo de aquella conversación, Menna se quedó embarazada y experimentó los cambios naturales que se dan en el cuerpo, el malestar y las alteraciones hormonales que uno podría esperar, además de algunas dificultades inesperadas para las que necesitó inyecciones un par de veces al día hasta que dio a luz. A los nueve meses de concebirlo, tuvo un bebé sano, un niño al que llamaron Oscar. Y comenzó un nuevo capítulo, porque, como todos los padres saben, criar a los hijos puede ser una de las situaciones que más estrés produce en cualquier relación.

UN NUEVO NIVEL DE ENTREGA

En los meses posteriores al nacimiento de su hijo Oscar, Menna y Artur experimentaron muchas de las experiencias que comúnmente trae consigo el hecho de ser padres primerizos: noches sin dormir, un bebé con cólicos, despertarse cada hora para darle el pecho y mil exigencias más de un niño tan pequeño. En todo ese proceso, la capacidad de estar presente y de haber aprendido a entregarse a lo que la vida requiere en cada momento los mantuvo en buena disposición. Eran capaces de satisfacer con buen humor las exigencias de su hijo. Entregarse no es solo algo que se hace con la pareja. Para Menna y Artur también se extendió al cuidado de Oscar.

Ambos se encuentran en su propia infancia en lo que se refiere al proceso de criar a un hijo, pero están muy agradecidos de tener un enfoque transformador de las citas, las relaciones y el matrimonio... y también de la crianza de los hijos.

24

LIDIANDO CON NIÑOS PEQUEÑOS

En uno de nuestros talleres, nuestros amigos Amy y Andy Gideon trajeron consigo a Alex, su hijo de dos años. Estaban asistiendo a una edición de «Aventura en Costa Rica». El problema era que Alex se encontraba de pleno en esa fase que llamamos «los terribles dos años». Si los Gideon querían que caminara con ellos, por regla general corría hacia cualquier otro sitio. Se enojaba si le ofrecían una bolsa pequeña de patatas fritas en lugar de una extragrande. Arrojaba al suelo la comida. Tenía berrinches. En otras palabras, se estaba portando como un niño de dos años.

Vimos durante varios días cómo se desarrollaba esa dinámica en los descansos y las comidas, ya que Alex tenía una cuidadora que se encargaba de él cuando estábamos en la sesión. La observamos como lo haría un antropólogo, para comprobar cómo se formaban sus valores, sin juzgar lo que veíamos.

Un día, cuando todos los participantes del grupo se sentaban para el almuerzo, Amy, Andy y Alex nos acompañaron a nuestra mesa para disfrutar la comida. Pero la comida fue cualquier cosa menos agradable. Alex, en medio de una rabieta, gritaba, aporreaba la mesa y arrojaba al suelo cualquier objeto que cayese en sus manos, dejando a sus padres avergonzados y exasperados mientras intentaban por todos los medios recuperar el control de la situación. Encontramos a alguien para que se quedara cuidando de Alex y salimos con Amy y con Andy con la intención de tener una conversación franca con ellos.

Les dijimos que el problema no era Alex. El problema era la manera en que Amy y Andy se trataban. Como es normal en muchas relaciones, nuestros amigos competían entre sí intentando demostrar quién era el mejor padre. Cuando Alex refunfuñaba por comer los cereales en cuenco, Andrew decía: «¡Amy, dale la caja!». Cuando Andrew trataba de que Alex se sentara a la mesa con ellos en lugar de gatear por el suelo, Amy decía: «Venga, Andy, déjale que vaya a donde quiera».

En estos casos el pequeño tenía el control. A la edad de dos años había adquirido destreza en el juego de «divide y vencerás» al que juegan los niños para salirse con la suya. Por lo general esta manera de relacionarse permanece con el niño en su edad adulta. ¿Te acuerdas de Anne, de quien hablamos en un capítulo anterior sobre los «divisores» de relaciones? Casi con total seguridad, su intención de conseguir la atención de su padre excluyendo a su madre se formó en los primeros años de su infancia y se reforzó con la manera en que ambos se relacionaban.

FORMAR UN FRENTE COMÚN

Les pusimos a Amy y Andy algunos ejemplos de lo que habíamos observado sobre su carácter competitivo. De hecho, no empezó con Alex. Era algo que ya estaba tejido en la estructura de su relación desde el principio. Antes de que naciera su hijo, los habíamos visto actuar de una manera parecida con su gato, *Nicky*, compitiendo por su afecto. ¡Ambos querían ser el favorito del gato!

Aunque fue una conversación lo suficientemente profunda para cambiar una vida, no resultó pesada, porque los Gideon se rieron al ver la verdad. Era como si se hubiera abierto un archivo y pudieran descubrir un gran número de ejemplos de cómo su forma actual de relacionarse afectaba a todos los aspectos de su vida y se extendía también a cómo ejercían su labor de padres.

Les sugerimos a Amy y Andy que se pusieran de acuerdo en lo que respecta a Alex. En otras palabras, si uno de ellos tomaba un curso de acción, como decirle a Alex que era el momento de ir a la cama, el otro debía apoyarlo. Si ninguno de los dos tenía ni idea de cómo hacer las cosas de forma diferente, era importante que luego (no delante del niño) tuvieran una conversación. Si Alex chillaba y decía: «¡No! ¡Quiero que mami me acueste!», Amy debía hacerle saber que esa noche papi era el que se encargaba de hacerlo y que al día siguiente lo acostaría ella, en lugar de alegrarse secretamente de ser la favorita del pequeño. Formar un frente común, actuar como un equipo, le daría a Alex una estabilidad y una estructura que todos los niños necesitan.

SI TU HIJO SE PORTA MAL, ¡TÓMATE UN RESPIRO!

Otra parte de esta breve pero eficaz conversación tuvo un efecto espectacular en la relación de los Gideon y en el equilibrio de la vida de sus hijos (¡Ahora tienen dos niños!) Se trata de la idea de que los niños se portan mal cuando entre los padres no hay sintonía.

Los niños necesitan una alimentación nutritiva y sana, pero también tu amor y tu atención. Un niño se desarrolla cuando estás totalmente interesado en él. Si no estás presente, se portará mal para atraer tu atención. Desde la perspectiva de un niño, cualquier atención, incluso la «mala», es mejor que ninguna. Tu hijo te necesita. Si siempre estás ocupado, mirando los correos electrónicos, mandando mensajes, hablando por teléfono, viendo la televisión o haciendo otras cosas, a menudo encontrarán la manera de forzarte a estar con ellos. Una rabieta puede ser un indicador de que no estás del todo ahí o de que algo va mal entre tú y tu pareja.

Por supuesto, los niños se pondrán irritables cuando se sienten muy cansados, cuando algo de la escuela les molesta o cuando están enfermos. Pero a veces están reaccionando ante el entorno en el que viven. Hace tiempo, los mineros del carbón llevaban un canario con ellos cuando se adentraban en la mina, ya que estas pequeñas aves son mucho más sensibles que los humanos a los gases mortíferos. Si el canario dejaba de cantar, ¡era el momento de salir de allí! Del mismo modo, nuestros hijos son muy sensibles y reaccionan a las tensiones que surgen entre los padres o cuando uno de ellos está desanimado. Si dejan de «cantar», será mejor que te des cuenta de cómo estáis luchando o de las toxinas que estáis creando con la manera en que os tratáis el uno al otro.

Tenemos amigos con hijos en edad de ir a la universidad que emplearon esta estrategia, no solo cuando sus hijos eran pequeños sino también a través de los difíciles años de la adolescencia. Si su hijo daba portazos y los desafiaba poniendo la música a todo volumen, se retiraban a la cocina o al dormitorio y examinaban su relación, lo que no se habían estado diciendo últimamente y cómo podían estar luchando. Hay un viejo dicho muy curioso: «El pescado apesta desde la cabeza hasta la cola». Como resultado de nuestros consejos, nuestros amigos comprendieron que si no estaban en armonía como cabezas de la familia, eso repercutiría en sus hijos y crearía un maloliente caos. Normalmente cuando identificaban cómo *ambos* estaban luchando y veían sin juzgar lo que habían descubierto, sus hijos se transformaban espontáneamente al mismo tiempo que ellos.

LA TRANSFORMACIÓN DE ALEX

Tras nuestra conversación con Amy y Andy, volvimos a llenar los platos, regresamos a la mesa y fuimos testigos de algo extraordinario. Mientras estuvimos fuera, el «monstruito» que arrojaba su comida y se portaba como un niño malcriado desapareció, y en su lugar había ahora un jovencito muy bien educado. Alex estaba callado y tranquilo, y era como si, de repente, estuviéramos sentados con tres adultos en lugar de con una pareja de padres exasperados y su hijo salvaje. Cuando algo de comida se cayó de la cuchara de Alex, le preguntamos si quería una servilleta. «Sí, por favor», contestó. Cuando se la dimos, la abrió y la colocó cuidadosamente sobre su regazo. En un instante, Alex se había vuelto respetuoso, amable y bien educado: un niño completamente distinto.

En la actualidad Amy y Andy siguen siendo un equipo a la hora de criar a sus hijos. Es una delicia apreciar el maravilloso efecto que una relación ideal tiene sobre el conjunto de la familia.

25

APRENDIENDO COMPASIÓN Y DEJANDO A UN LADO EL COMPORTAMIENTO DE LOS NIÑOS

Colleen es una mujer brillante y extrovertida de unos cuarenta y pocos años, con el pelo castaño corto, gafas y una sonrisa bellísima. Llevaba un jersey morado de punto y unos pendientes de color malva a juego cuando vino a vernos a casa y nos sentamos frente a la chimenea de nuestro salón para escucharla.

—He estado viniendo a vuestros talleres desde hace seis años –explicó rápidamente Colleen–, y algo que siempre me ha sorprendido e inspirado es vuestra compasión y cómo tenéis espacio para la gente. Mi pregunta es: ¿la compasión es un conjunto de habilidades o algo con lo que se nace? Porque me doy cuenta de que a veces alguien me habla y yo lo juzgo.

—Es ambas cosas. Sí, es un conjunto de habilidades –respondió Shya–. Y, es verdad, es algo que ya tienes dentro de ti. Pero es un conjunto de habilidades que puedes desarrollar.

Si deseas tener compasión, descubrirás una manera de ser compasiva.

—Empieza por ti —dijo Ariel—, porque la persona con la que eres menos compasiva es contigo misma y después con tu marido, que es una extensión de ti. Si vas a irritarte con alguien, será primero contigo y en segundo lugar con él.

—O cuando no quieres asumir la responsabilidad de tu propio malestar y de tu ira —añadió Shya—, le acusarás primero a él y después a ti.

Colleen asintió.

—Es muy cierto, muy cierto.

—Lo principal es empezar a reconocer cómo te juzgas y cómo lo juzgas —explicó Ariel—. Y cómo puedes quedarte atrapada en ese círculo vicioso.

—Empieza por ser más comprensiva contigo misma por tus pequeñas debilidades —dijo Shya—, la idiosincrasia que has desarrollado criándote con los valores con los que te educaron. Has aprendido a ser de la manera que eres. Has aprendido a irritarte por tu marido. Era una manera aceptable de comportarse en la familia en la que creciste durante los primeros seis años de tu vida. Tus padres no se trataban bien y tampoco pensaban: «No deberíamos comportarnos así delante de los niños». Sencillamente era la forma en que se comportaban. Para ellos era normal. Y se convirtió en el esquema de tu relación amorosa. Las peleas y los desacuerdos forman parte de tu esquema, lo mismo que llevar la razón mientras que el otro está equivocado.

Cuando habló Shya, Colleen reconoció que eso era verdad.

—Es muy cierto –dijo–, y me he dado cuenta de ello esta semana.

—Eso es estupendo –señaló Shya–. El único problema es que pienses que has hecho mal por haber actuado como lo has hecho. No olvides el segundo principio de la transformación instantánea, Colleen. En un momento determinado solo puedes ser exactamente como eres. Esto también significa que solo podrías haberte comportado como lo hiciste.

—Sí –asintió Colleen.

—Veía esto venir desde hace una semana, cuando hablamos en nuestro seminario «Monday Night Alive!» –intervino Ariel–. Tuvimos una interacción muy breve, apenas diez segundos. Te pregunté dónde estaba tu marido, Jay. Me contestaste que esa noche estaba trabajando. Pero, al decirlo, pusiste los ojos en blanco y suspiraste. Porque de vez en cuando quieres que tu vida sea diferente de como es. Quieres que Jay pase tiempo contigo, que esté a tu lado, que haga las actividades que os encanta hacer juntos. Pero cuando está trabajando por las noches, no puede estar contigo porque su horario no se lo permite. Entonces te irritas y te sientes sola. La estrategia, desde el punto de vista de un niño, es llevarte un berrinche, que, por supuesto, hace que se sienta muy... interesado en estar contigo. ¿A quién le gusta estar con un niño lloriqueando? Crees que no pasas el tiempo suficiente con Jay y tu estrategia para resolver la situación es ponerle «caritas» – Ariel se rió imitando a un niño haciendo pucheros.

—¡Sí! –El rostro de Colleen se iluminó mientras se reconocía a sí misma en el espíritu travieso de Ariel.

—Si vienes a «Monday Night Alive!» y luego vuelves a él haciendo pucheros, eso no le animará a venir contigo la próxima vez –dijo Shya–. Ni a salir temprano del trabajo para pasar tiempo contigo.

—Ese es mi razonamiento –asintió Colleen–, que él podría sacar tiempo de su trabajo. –Al decir eso, la sonrisa se le borró, sus labios se apretaron y su cara se endureció como si de repente se hubiera transformado en la de un niño disgustado.

—¡Oh, me encanta tu cara! –exclamó Shya–. Estoy muy contento de que esto salga en el vídeo. Ha sido genial. Acabas de representar la cara que le muestras cuando no hace lo que tú crees que debería hacer.

Colleen de repente se detuvo. Parecía un niño a quien hubieran sorprendido haciendo una travesura. Intentó cambiar su expresión sin demasiado éxito. Era fácil ver a la niña que había sido sobreimpuesta a la mujer en la que se convirtió.

—¿Cuántos años tiene Jay?

—Sesenta y ocho.

—¿Es lo bastante mayor para saber lo que quiere hacer?

Colleen asintió con la cabeza.

—Quizá deberías dejar de tratarlo como a un niño y dejar de actuar como una niña, y empezar a comportarte como una persona mayor –sugirió Shya.

—Trabajas en un banco –añadió Ariel–. Imagina si yo me pusiera a hacer pucheros y te dijera que hoy no debes ir a trabajar y que tienes que tomarte el día libre para quedarte conmigo. Él simplemente no puede hacerlo porque tiene unos horarios que cumplir.

—Sí –dijo Colleen, mientras reconocía lo irracionales que habían sido sus exigencias. Su cara brilló una vez más–. Está bien. Gracias.

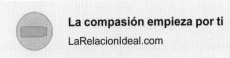

La compasión empieza por ti
LaRelacionIdeal.com

ESTRATEGIAS DE LA NIÑEZ

La manera que Colleen tenía de relacionarse con su marido, Jay, es muy común en las parejas. Si examinas tu propia manera de relacionarte, verás tu variación de ese mismo mecanismo para atraer la atención, infantil y desagradable. Por ejemplo, ¿alguna vez te has vuelto estirado e inasequible a tu pareja, mostrándote frío con ella cuando lo que de verdad querías era que te abrazara? ¿En alguna ocasión has reclamado que tienes razón en algo insignificante, aferrado a tu punto de vista, sabiendo perfectamente que eso no te iba a acercar a tu pareja? O como nuestra cliente, Nisha, de la que hablamos antes en este libro, ¿has hecho alguna vez ruido con los platos y las cacerolas para indicar tu desagrado, lo que de hecho no produce más que más distancia? Tus estrategias infantiles para llamar la atención no son «malas». Simplemente se trata de tácticas inmaduras empleadas por una versión más joven de ti para conseguir lo que pensabas que querías.

Una vez, visitamos una instalación en la parte norte de Nueva York en donde estábamos pensando alquilar un local para organizar seminarios. En ese momento lo estaban usando como campamento de verano para niños de seis a doce años. Los vehículos no estaban permitidos en la propiedad, por eso Tim, el administrador del campo, nos llevaba en un coche eléctrico de golf para que pudiéramos ver los diferentes edificios. Pasábamos junto a muchos niños y todos nos pedían que los lleváramos en el coche. Era curioso ver las estrategias inmaduras para el éxito que estábamos seguros acompañarían a esos niños en la edad adulta.

Uno de ellos jugaba a ser culturista y posaba como si estuviera mostrando los músculos en una competición, exigiendo en una voz falsamente grave y bronca: «¡Llévame a dar una vuelta en el coche!». Algunas chicas eran coquetas, y hacían todo tipo de poses mientras batían las pestañas y decían: «Oh, Tim, ¿puedo dar una vuelta en tu coche?». Los jóvenes atletas corrían junto a nosotros mientras nos pedían que los subiéramos. Otros ofrecían un aspecto herido y abatido, con los hombros caídos, y la cabeza gacha, cuando Tim los «rechazaba» y seguía conduciendo. Una niña pequeña incluso se alzó el vestido mientras hacía su petición.

Con el tiempo estos tipos de estrategias infantiles se vuelven más sofisticados y refinados. Los niños presionan para conseguir lo que quieren aunque no sea bueno o posible para ellos. Colleen no se había dado cuenta de que entristecerse no iba a hacer que Jay se acercara más a ella. No había visto que por muy desgraciada que se hiciera a sí misma, para su marido no era apropiado ser irresponsable y faltar al trabajo para quedarse en casa. Tampoco a ella le habría funcionado llamar al banco en el que trabajaba para decirle que no iba a ir ese día porque tenía ganas de estar con su marido.

Cuando vio que su cara «seria» era la de un niño queriendo salirse con la suya, tuvo todas las herramientas que necesitaba para no caer en un berrinche. Cuando no se juzgó a sí misma por lo que veía, fue capaz de relajarse con la situación en lugar de alejar aún más a Jay por su necesidad de tener razón. En un instante la expresión sombría se disipó de su cara y a través de ella brilló una vez más su belleza.

26

LEJOS PERO UNIDOS

En este capítulo conoceremos a Rod, un hombre atractivo de treinta y pocos años, alto y delgado, con el pelo corto y rubio y una amplia sonrisa. Es actor y se casó recientemente con una diseñadora de moda, Caitlin, a quien conocimos en un capítulo anterior. Sus trabajos a menudo requieren que pasen tiempo separados, en ocasiones durante meses, en diferentes partes del mundo. Rod se sentó a hablar con nosotros sobre los retos que podría plantearle su situación.

—Mi esposa ahora está trabajando en el extranjero —comenzó.

—¿Te hace gracia decir «esposa»? —le preguntó Ariel con una sonrisa—. ¿Cuánto tiempo lleváis casados?

—Sí —dijo Rod sonriendo—. Llevamos casados un año y medio. Ahora está trabajando en Lituania. Yo estuve hace poco en Roma haciendo un espectáculo y nos reunimos allí.

Fue estupendo. Pero me di cuenta de que tras unas semanas separados cuando nos encontramos hubo un periodo de ajuste, como si por un tiempo nos hubiéramos vuelto extraños.

—Bueno —Shya rió—, eso podría estar muy bien.

—Sí, en ese sentido está muy bien —asintió Rod—. Pero me pregunto cómo puedo cuidar mejor a mi esposa estando tan lejos.

—Tratándote bien —dijo Shya—. Si te tratas bien a ti mismo, podrá hacer lo que está haciendo. Y esto es así porque estáis unidos, incluso en la distancia. Así que si tiras energéticamente de ella, languideciendo en tu pensamiento por estar a su lado, lo sentirá, aunque estéis a ocho mil kilómetros de distancia.

—Te voy a poner un ejemplo —intervino Ariel—. Tenemos amigos que se mudaron a la Costa Oeste que no habíamos visto durante un tiempo. Pero hace unos días, Shya se despertó y dijo: «Tienen un problema. Lo noto. Se sienten angustiados». A las pocas horas de aquello nos llamaron. Llevábamos meses sin hablar con ellos y nos llamaron para comunicarnos la buena noticia que habían recibido ese día. Pero descubrimos que antes de eso, cuando Shya habló sobre ellos, estuvieron discutiendo. Pudimos sentir su angustia incluso en la distancia.

MECANISMOS PARA LLAMAR LA ATENCIÓN

—Si tu esposa siente tu angustia, se preocupará. Pero quizá eso sea lo que tú quieres —sugirió Ariel—, llamar su atención.

—Sí, me he dado cuenta de eso —dijo Rod francamente—. Hablamos por Skype en Internet y usamos la cámara del ordenador cuando estamos separados. Cuando me critico a mí mismo, cuando tengo toda mi atención puesta en mí y en cómo estoy incluso en los más mínimos detalles, ella empieza a prestarme atención y se preocupa por mí.

—Si tienes tu atención puesta en ti mismo, no estás realmente en la llamada telefónica –explicó Shya–. En realidad estás pendiente de ti y compadeciéndote, y por eso no estás de verdad *ahí* con ella.

—Ya que eres actor, podrías tratar esas llamadas de teléfono como si tu esposa fuera tu público –sugirió Ariel–, en el sentido de que, cuando hablas con ella, dejes de prestarte atención a ti mismo y la pongas en cuidar de ella. Cuanto más practiques desviar la atención de ti mismo, más llenará otros aspectos de tu vida. Serás mejor actor. Te sentirás más pleno. Serás capaz de ver las oportunidades conforme se presentan en lugar de andar perdido en tus pensamientos.

—Recientemente tu esposa me dijo algo –prosiguió Ariel–. Dijo: «No le gusta que me vaya». Quizá deberías dejar de fomentar eso, dejar de castigarla por marcharse. Como si fuera tu mamá.

Rod soltó una carcajada.

—Porque su trabajo requiere que salga de la ciudad –añadió Shya–, lo mismo que el tuyo. Si os castigáis el uno al otro por marcharos, tendrá un efecto negativo en vuestra relación. No necesitáis eso.

—Si lo hacemos –dijo Rod–, no conseguiremos tanto trabajo como podríamos.

—Por supuesto –asintió Shya–, porque tú estarás impidiéndole que se marche. Y viceversa.

—Estupendo –dijo Rod.

¿CÓMO LLAMAS LA ATENCIÓN?

Tanto si vives con tu pareja como si te encuentras lejos de ella, deberías tener en cuenta el consejo que le dimos a Rod. Si pones tu atención en ti mismo y no estás de verdad con tu pareja, se sentirá insegura. Le preocupará si aún la amas y si todo sigue estando bien entre vosotros. Eso le impedirá tener libertad para expresarse plenamente, porque su atención puede estar en ti y en cómo te sientes, o bien completamente inmersa en sus circunstancias del momento. No puede hacer dos cosas al mismo tiempo. Si está pendiente de cómo te sientes, no podrá estar presente para funcionar adecuadamente en su vida.

Cuando éramos niños conseguíamos atención cuando estábamos enfermos, heridos, tristes o teníamos problemas. En esos momentos era cuando la gente nos mostraba su amor. Ahora hemos aprendido a crear problemas para llamar la atención. Cuando nos sentimos inseguros, volvemos a recurrir a estos comportamientos infantiles en detrimento de la relación.

No estamos sugiriendo que no debas expresar nunca tus preocupaciones ni hablar de los problemas de tu vida con tu pareja. Lo que sugerimos es que te des cuenta de todas las formas en las que llamas la atención. Presta interés a cómo automáticamente te quejas y te compadeces a ti mismo como mecanismo para conseguir esa atención. Estos mecanismos se formaron cuando eras niño, pero no te ayudan a tener una relación ideal. Como le dijimos a Rod, cuando veas algo que no te gusta, trátate bien. Es fundamental ser comprensivo.

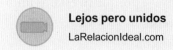

Lejos pero unidos

LaRelacionIdeal.com

27

ENCOGIDOS PARA CABER

Con frecuencia llega un punto en las relaciones en que la unión deja de ser expansiva. Se han dicho y hecho cosas que no han ayudado a que haya armonía en la relación. Cuando ocurre esto, ha llegado el momento de hablar. Se trata de una oportunidad de mirar y desconectar los mecanismos automáticos que ambos habéis aprendido. Es el momento de sacar a la luz aquello que está encadenando la relación, impidiéndole crecer.

Sin embargo, muchas veces ser franco parece conducir al enfrentamiento. Si sucede esto, intentarás controlar tus acciones y procurar no hacer ruido por miedo a perder a tu pareja. Este proceso de autocensura condena la relación a la mediocridad.

Si en una relación no puedes ser tú mismo,
eso significa que has dejado de tenerla.

De este modo, estás atrapado en una red que tú mismo te has fabricado. La forma de salir es mediante una comunicación totalmente abierta y franca, primero contigo mismo y luego con tu pareja.

Con frecuencia hemos visto, especialmente con las mujeres, que una vez que aseguran una relación, empiezan a dejar a un lado las actividades que les gustan hasta que todo lo que queda como único foco de su energía vital es su novio. Esto nunca es sano. A veces un hombre se enamora de una mujer interesante y llena de vitalidad, y al final termina sintiéndose amenazado por cualquier cosa que llame la atención de ella y le haga dejar de estar pendiente de él u ocupe su tiempo. En este caso la naturaleza apasionada de la mujer se va encogiendo hasta que solo queda de ella una sombra de la persona que conoció.

En nuestros seminarios y durante nuestros viajes, hemos conocido a veces a individuos que juegan con las inseguridades de sus parejas para atarlas con más fuerza a ellos. De esta forma se sienten importantes y más seguros de sí mismos. Piensan equivocadamente que mantener la atención de tu pareja de esta manera es un signo de «amor». A continuación te mostramos un ejemplo contado desde el punto de vista de Shya.

EL PERRO DE CUALQUIERA

Mientras Ariel y yo subíamos a un pequeño aeroplano en Ft. Lauderdale con destino a Eleuthera, en las Bahamas, me fijé en los otros pasajeros que viajarían con nosotros. Algunos parecían ser residentes en Bahamas que habían viajado para hacer compras y volvían a casa, mientras que otros eran jubilados. Había una familia con dos niños pequeños. Disfruté viendo al niño jugando con una figurita de Spiderman, haciéndola saltar desde el hombro de su hermanita, volando de silla en silla. También me fijé en un hombre de unos treinta y tantos años que hablaba en voz muy alta con su esposa. Iban vestidos de una manera informal; obviamente estaban de vacaciones. Como solo había un asiento a cada lado del pasillo, Ariel y yo nos sentamos cada uno a un lado, con esta pareja delante de nosotros.

El avión se preparó para despegar y vi cómo Ariel miraba por su ventanilla, fascinada por la visión del mundo exterior. Cuando me volví para mirar por mi ventanilla, vi que el hombre que antes hablaba tan alto estaba ahora removiéndose inquieto en el asiento mientras su esposa resolvía un crucigrama. Cuando esperábamos en la pista antes de despegar, le oí decir:

—Joan, este vuelo va a ser como en nuestra luna de miel. Fíjate en lo pequeño que es el avión.

Ese comentario llamó en seguida la atención de su esposa.

—¿De veras crees eso, Ted? –preguntó ansiosamente.

—Oh, sí, el viaje va a ser exactamente igual: lo mismo de agitado, quizá incluso más.

Ella soltó el lápiz y le agarró la mano. Solo podía imaginarme cómo habría sido el vuelo de su luna de miel, pero la verdad es que este fue tranquilo y llegamos a la isla sin ningún contratiempo. Más tarde, mientras esperábamos en el control de aduanas, charlamos con ellos y supimos que eran Joan y Ted Johnson, de Seattle, y que habían planeado hacer submarinismo en sus vacaciones. El submarinismo, dijo él, era su pasión, pero tuvimos la impresión de que él se sentía más cómodo que ella con ese deporte.

A los pocos días estábamos sentados en un restaurante al anochecer. Mientras contemplábamos cómo el sol se hundía en el Caribe, los Johnson entraron en el restaurante y se detuvieron en nuestra mesa a charlar un rato. Ted nos contó sus historias de submarinismo, entre ellas cómo en una ocasión se encontró con varias barracudas (unos peces con dientes notablemente desarrollados) de dos metros y cómo una de ellas «se plantó delante de mí amenazándome». Nos habló apasionadamente de los peligros a los que se había enfrentado y de cómo se había abierto camino entre las aguas traicioneras. Era muy interesante mirar a Joan, en un segundo plano, durante su narración. Todo el tiempo parecía ir empequeñeciéndose y encogiéndose dentro de sí misma.

Cuando abandonaron nuestra mesa, recordé de pronto a *Laddy*, un perrito callejero negro que tuve a los catorce años. Cuando mi vecino, Willie White, me dio el perro, inmediatamente empecé a fantasear con que *Laddy* sería como *Rin Tin Tin* o como *Lassie*, que sería mi fiel compañero y me seguiría, me amaría, solo a mí. El problema es que *Laddy* era muy curioso, tenía un espíritu aventurero y le encantaba la gente. *Laddy* no era solo mi perro, era el de todo el mundo. Lamía alegremente la cara de cualquiera, no solo la mía. Eso me hería en mi inseguridad adolescente hasta que descubrí un truco: cerca de casa, mi perro estaba seguro en su entorno y era sociable, pero cuando lo llevaba a sitios nuevos donde se sentía menos seguro, permanecía cerca de mí y me miraba para que le confortara. Cuando *Laddy* me prestaba atención solo a mí, me sentía necesitado, importante y amado. Pero cuando su atención iba de un lado a otro, me sentía desalentado y, de alguna manera, más pequeño.

Para mí estaba claro que Ted minaba la confianza de Joan en sí misma. Deseaba que toda su atención se fijara en él y de forma habitual jugaba con sus inseguridades como un medio para alcanzar ese fin.

Esa tarde en las Bahamas, mientras el último resplandor rojizo desaparecía tras el horizonte, miré a Ariel y me sentí feliz de poder disfrutar del verdadero amor. Nuestra relación no se basa en que ella me ame a mí... solo a mí. Ella ama y vive la vida maravillándose y expandiéndose, y me siento agradecido de que me elija para compartir la aventura de su vida conmigo. Socavar su sensación de bienestar para que me «necesite» es un juego de niños. El amor no es algo que se fomenta a base de jugar con las inseguridades de tu pareja o tirando de ella para que te preste atención. Ese tipo de «amor» es tan real y tan maduro como un adulto jugando con una figurita de Spiderman y creyendo que realmente vuela.

28

¿HAS OLVIDADO TUS AUTÉNTICAS PRIORIDADES?

Cuando una pareja ha estado junta durante muchos años, con frecuencia se crea una rutina en la que las labores domésticas cotidianas y las obligaciones familiares tienen prioridad, mientras que la intimidad queda relegada a último término. Con frecuencia dejan de reavivar el fuego de la pasión y de la intimidad. Sencillamente se olvidan de coquetear el uno con el otro y de tener pequeñas (y también grandes) citas. En una vida ajetreada, los deberes domésticos y las listas de tareas por hacer ocupan todo el tiempo y las parejas empiezan a relegar sus auténticas prioridades. Aquí tienes un ejemplo de una conversación que tuvimos con nuestros viejos amigos Isabelle y Tony.

Isabelle vino a vernos la mañana en que filmamos las minisesiones en vídeo, quejándose de que ella y su marido, Tony, apenas disponían de tiempo para pasarlo juntos.

Siempre había algo que se interponía entre ellos. Nos contó que tenían una lista de tareas por hacer que siempre parecían ser más importantes que cualquier otra cosa.

Nos sentamos con ellos en nuestro jardín mientras la suave brisa del otoño corría a nuestro alrededor. Ambos tienen alrededor de cuarenta y cinco años. Isabelle es menuda, de pelo corto castaño rojizo, ojos marrones y un vestigio de acento francés que conserva a pesar de llevar viviendo más de veinte años en los Estados Unidos. Tony es alto y atlético, con un pelo negro que empieza a clarear, y de complexión fuerte. Le sonrió a su esposa cuando esta empezó a hablar.

—Queríamos comentar con vosotros que tenemos la impresión de que no reservamos bastante tiempo el uno para el otro –dijo Isabelle–. Siempre tenemos nuestra lista de cosas por hacer y parece que eso es siempre lo primero.

—Déjame hacerte una pregunta –dijo Shya–. ¿Alguna vez has llegado a realizar todas las tareas de la lista?

Isabelle respondió en seguida:

—No.

Ese era un punto importante de partida para la conversación sobre cómo redescubrir la intimidad con su marido, porque siempre, día tras día, hay algo que hacer que se va añadiendo a tu lista. Al final de la jornada, lo más probable es que queden cosas por hacer. Si Isabelle y Tony seguían esperando hasta acabar con toda la lista, nunca tendrían tiempo para estar juntos.

—En cualquier vida sana –explicó Shya– siempre hay cosas por hacer que se van sumando. Os tendríais que poner el uno al otro en esa lista como prioridad.

A nuestros amigos nunca se les había ocurrido ponerse a sí mismos en su lista, y mucho menos considerar su relación como una prioridad.

Comprender que tu bienestar y el de tu pareja puede ser tan importante, o más importante aún, que la tarea que tienes entre manos, es una idea expansiva.

Realmente tu relación puede tener prioridad. A menudo estamos tan ocupados intentando cumplir con nuestras obligaciones o avanzar en nuestros objetivos vitales que nos olvidamos de la salud de la propia relación o no le damos el valor que se merece.

ESTAR AQUÍ CON TU PAREJA

Una vez que Isabelle y Tony comprendieron la idea de que estar juntos puede ser una prioridad, llegó el momento de dejar a un lado la lista de tareas por hacer. Aunque planificar un tiempo para dedicarlo a sí mismos era una idea estupenda, ese plan no sería eficaz si no tenían en cuenta un hecho importante: Isabelle y Tony casi nunca estaban donde estaban.

—Lo que dijo Shya es verdad —indicó Ariel—, pero da igual las veces que os diga que os pongáis en el primer lugar de la lista, esto no servirá para nada a menos que comprendáis que en realidad podéis estar juntos en una habitación pero vuestras mentes encontrarse en otro sitio. De ese modo estáis ausentes, pensando en el futuro y en todo lo que hay que hacer.

»No importa lo que haya en vuestra lista. Incluso aunque os pida que paséis más tiempo juntos, estaréis pensando en que tenéis que pasar más tiempo el uno con el otro, cuando en realidad estáis en la misma habitación.

Al oír eso, Tony e Isabelle se rieron; claramente conocían bien la experiencia. Estaban tan habituados a esa forma de pensar, siempre adelantándose a lo que había que hacer, que daba igual si su prioridad era «pasar más tiempo con Tony» o «pasar más tiempo con Isabelle». Tal y como se comportaban, era probable que cuando estaban juntos pensaran en otros asuntos o en sus listas de tareas por hacer, por ejemplo en los proyectos de trabajo que habían dejado sin terminar.

Ariel les contó un ejemplo de nuestras propias vidas para mostrarles la profundidad de la intimidad que sentimos a diario, a pesar de haber estado juntos durante tanto tiempo:

—Shya apareció el otro día detrás de mí mientras yo estaba haciendo algo —comenzó Ariel—, y me abrazó y me besó en la base del cuello. La verdad es que en todos los años que llevamos juntos, no es la primera vez que ha hecho eso. Pero yo estaba lo suficientemente presente para sentirlo. Y no es que antes no lo hubiera sentido, sino que en ese momento estaba donde estaba, en lugar de perdida en mis pensamientos sobre lo que quería hacer. Para mí hubiera sido muy fácil seguir con mi tarea, o percibir su demostración de afecto como una «intrusión» en lugar de la expresión de cariño que en realidad era.

»Si hubiera estado ausente, u ocupada intentando conseguir algo, absorta en mis pensamientos de lo que tengo que lograr, ese gesto se habría interpuesto entre mi piel y sentir el tacto de sus labios y su ligero aliento en mi cuello. No habría prestado atención al calor de sus brazos. Mis pensamientos habrían interpuesto una barrera entre él y yo.

»Cuando los dos estáis juntos —prosiguió Ariel—, verdaderamente no lo sentís porque estáis ausentes, en vuestras mentes os encontráis en otro lugar.

—Por eso nunca estáis satisfechos —añadió Shya—, porque no estáis ahí para poder sentiros plenos. La satisfacción y el bienestar se dan si estáis aquí, en este preciso momento de vuestra vida. Si no es así, no os sentiréis llenos. Incluso si estáis juntos, aparentemente en sintonía, si estáis ausentes pensando, el resultado es que no lograréis ninguna satisfacción.

MIEDO A LA INTIMIDAD

—Probablemente lo que os hace quedaros ahí pensando una serie de cosas —explicó Shya— sea el enfrentamiento con la intimidad. Tenéis miedo a la intimidad, a simplemente estar ahí sin un guion, sin saber lo que decir, ni lo que hacer, ni cómo comportarse.

—Cuando Shya dijo «intimidad», es probable que en seguida pensarais en la intimidad física —dijo Ariel—. Creeríais que se estaba refiriendo principalmente al sexo. Pero la intimidad sexual, física, es solo un aspecto del hecho de estar juntos. Es una extensión de cómo estáis juntos en la cocina o en el salón.

»Por ejemplo, cuando vosotros y los demás vinisteis a casa para grabar estas minisesiones, Shya y yo queríamos hacer un almuerzo ligero para todos. Anoche preparamos una parte y el resto lo hicimos esta mañana. Nos levantamos bastante temprano y nos pusimos a cortar, rehogar y mezclar los ingredientes en un gran bol. Cuando llegó el momento de pasarlo de un recipiente a otro, Shya sostuvo el bol mientras yo usaba la espátula pequeña para rebañarlo. Era un momento muy íntimo. Teníamos muchísimas cosas que hacer para preparar la comida de todos, pero no estábamos ausentes pensando en lo que aún no habíamos hecho. Nos encontrábamos justo ahí, inmersos en la sensualidad de rebañar el bol mientras Shya lo sostenía. La verdad es que, para empezar, elegí ese bol para mezclar los ingredientes en él por lo sensual y bonito que era. Estábamos disfrutando de eso. Si no estás en el momento presente en la cocina, cuando te metes en la cama y tienes intimidad física con tu pareja, estarás ausente pensando en mañana por la mañana.

»Mientras preparábamos el almuerzo, éramos muy eficientes y productivos, y al mismo tiempo estábamos satisfechos con nosotros mismos y el uno con el otro. Preocuparte o pensar en algo más es solo un hábito. Disminuye tu capacidad de ser eficiente y productivo, además de crear una barrera entre tú y el hecho de sentirte satisfecho. Cuando estás absorto en tus pensamientos, no hay intimidad.

»Muchas veces cuando la gente no tiene tanta intimidad física como quisiera —prosiguió Ariel—, creen que se trata solo de intimidad física, sin darse cuenta de que empieza cuando te levantas por la mañana y con la forma en que sostienes la taza de café o el vaso de zumo.

—Se trata de estar donde estás en todo lo que haces —dijo Shya—, de estar donde estás en lugar de irte a algún sitio con tus pensamientos y con tus acciones. Hemos descubierto que cuando todo va mal a nuestro alrededor, es porque estamos yendo muy deprisa para acabar algo, de manera que no estamos simplemente realizando una tarea. Pero si estás presente en lo que estás haciendo, no cometes errores, porque estarás ahí para hacer las cosas bien desde el principio.

UN PEQUEÑO TRUCO: ¡FINGE QUE ESTÁS ENFERMO!

—La primavera pasada estuve enferma durante un mes –dijo Ariel–. Agarré un fuerte resfriado cuando estábamos en Europa y me costó bastante quitármelo de encima. Sencillamente no tenía la energía necesaria para hacer un montón de cosas extra. En ese tiempo me di cuenta de todo lo que hago en lugar de simplemente estar. Cuando volví a recuperar la energía, me propuse una especie de juego muy interesante: permitirme a mí misma seguir viviendo de esa forma tan simple y no estar siempre empujando hacia delante, como cuando no tenía energía para hacerlo.

»Lo curioso es que ahora hago muchas más cosas que antes. De hecho, estaba haciendo todo lo que necesitaba hacer cuando no me sentía bien, pero sin ningún estrés y sin forzarme para avanzar. Ya sé que suena estúpido lo que voy a decir, pero de todas formas, ahí va: fingid que estáis enfermos, que simplemente no tenéis la energía para hacer esa tarea extra por la noche antes de acostaros. Fingid que no depende de vosotros. Solo durante un tiempo, hasta que os habituéis a estar.

Isabelle y Tony se volvieron para mirarse, se sonrieron y siguieron mirándose a los ojos durante unos instantes, compartiendo un momento de intimidad mientras estábamos allí sentados. Después Tony se inclinó hacia ella y se besaron ligeramente.

—¿Lo veis? —dijo Ariel, riendo—. Ya ha empezado.

Isabelle y Tony se giraron hacia nosotros con los semblantes sonrojados de regocijo.

—Gracias.

—Gracias a *vosotros* —dijo Shya, mientras reía—. Lo hemos pasado estupendamente.

Tus auténticas prioridades
LaRelacionIdeal.com

29

VOLVER A PONERSE EN MARCHA

En este capítulo nos encontramos con Christina, una hermosa mujer de treinta y pocos años, brillantes ojos marrones, abundante y ondulada cabellera castaña y una sonrisa contagiosa. La conocemos bien porque es la hija de dos de nuestros mejores amigos y también nuestra asistente personal y directora de nuestra oficina. Con los años ha tenido varias relaciones de larga duración que siempre acaban en ruptura. Sin embargo, sigue creyendo que la vida será mejor cuando tenga una relación, aunque su experiencia actual no respalde esa idea.

Cuando nos sentamos con ella en nuestra casa, nos dedicó una amplia sonrisa que mostraba claramente lo relajada y contenta que se sentía por compartir ese momento con nosotros. Pero en cuanto empezó a plantearnos su pregunta, reconectó con la idea de que para ser feliz necesitaba una relación y vimos cómo su semblante se volvía de pronto serio.

—Tengo una pregunta –comenzó–. Sé que tengo un par de trabajos excelentes, y que estoy logrando perder bastante peso y pagar mis deudas. Sin embargo, hay algo que me falta –nos miró, claramente un poco avergonzada de admitirlo–: tener una relación.

—Eso es porque en lugar de salir con alguien estás intentando tener una relación –dijo Ariel.

Christina asintió, de nuevo con una palpable seriedad, mientras pensaba en la respuesta sin que llegara a gustarle. Pero en seguida la nube pasó y pudo ver hasta qué punto era cierto lo que Shya le había dicho.

—Crees que te falta algo, algo que, de tenerlo, te llenaría –continuó Shya–. Este es el problema de mucha gente. Si no es una relación, es el dinero o alguna otra cosa que crees que te llenará. Pero eso no va a pasar nunca. Si se trata de una relación, esa misma relación pasará a ser la causa del problema.

Lo que Christina no había comprendido es que cuando piensas desde la perspectiva problema/solución, una vez que resuelvas tu problema actual, surgirá otro que tomará su lugar como causa de tu insatisfacción.

Escuchando atentamente, Christina asintió con una inclinación de cabeza. Media sonrisa apareció en sus labios pero en sus ojos permanecía una sombra de seriedad. Aún no estaba lista para desprenderse de sus viejas creencias. Sin duda nos había oído decir antes que el bienestar de una persona no viene determinado por sus circunstancias. Lo entendía y lo creía a un nivel intelectual. Sin embargo, todavía mantenía la creencia, profundamente arraigada, de que una relación le traería felicidad y que de algún modo podría completarla y llenarla.

—Además –prosiguió Ariel–, estás buscando cumplir el sueño de una niña, en una relación, en lugar de simplemente fijarte en si estás disfrutando con tu cita. Por cierto, ¿estás saliendo con alguien?

—No –admitió–, ahora no.

Ariel sonrió recordando una conversación que tuvimos una vez con Christina en un momento en el que estaba decepcionada con las citas. Le aconsejamos que «comprara un boleto».

COMPRA UN BOLETO

Christina vino a trabajar a nuestra oficina un sábado por la mañana y notamos que parecía un poco apagada. No estaba tan bella y alegre como de costumbre, por eso nos sentamos a tomar café con ella y le preguntamos si todo iba bien. Empezó a llorar, y entre lágrimas y sorbidos logramos descubrir lo que parecía ser el quid de la cuestión. Christina se sentía sola y quería un novio, alguien con quien poder estar, alguien que la amara y la acariciara y, sí, alguien de quien pudiera enamorarse, alguien con quien se pudiera casar.

En el curso de nuestra conversación, se hizo evidente que Christina había sufrido una decepción tan grande con la ruptura de su última relación que se encerró en sí misma. Aunque fue ella quien decidió terminar con su anterior novio, tras el estallido inicial de energía que surgió del hecho de ser sincera y decir la verdad, se sintió agotada, triste y sin atractivo.

Sentados a la mesa de nuestro comedor, le contamos una historia: había una vez un hombre que estaba tan desesperado por ganar la lotería que todos los días se quejaba a Dios. Su queja era más o menos así:

—¡Oh, Dios! ¿Por qué no permites que gane la lotería? ¿Me tienes manía? De verdad, me hace falta ese dinero y si fueras un Dios bueno, harías que lo ganara. Si fueras un Dios justo, seguro que me ayudarías. Si fueras un Dios recto, te asegurarías de que tengo los números ganadores. Por favor, Dios, deja que sea hoy.

A diario el hombre se sentaba en su mecedora y se lamentaba:

—Dios, querido Dios, ¿por qué no me dejaste ganar?

Siempre seguía la misma rutina. Volvía a casa del trabajo y se quejaba a Dios, diciéndole que debía de odiarlo porque no le había dado el dinero que tan justamente merecía.

Una noche, tras llevar a cabo su ritual de quejarse desde la comodidad de su mecedora, oyó de repente una voz que pedía ayuda. Era una voz fuerte y profunda, que parecía surgir de todas las direcciones a la vez. Pensando que había alguien tras él, el hombre miró rápidamente detrás de su silla, pero allí no había nadie.

—¡Ayúdame! –tronó la voz una vez más.

Asustado ahora, el hombre saltó de la mecedora y empezó a mirar por toda la habitación buscando frenéticamente a la persona que pedía ayuda, sin lograr localizarla. Al final comprendió que la voz debía de venir del cielo. Convencido de que por fin sus plegarias habían sido escuchadas, cayó de rodillas, seguro de que ahora, con la intervención divina, todas sus oraciones serían respondidas. De nuevo la voz tronó, resonando por toda la casa:

—¡Ayúdame! ¡Ayúdame! ¡Por favor... compra un boleto!

—Christina –le dijimos–, si quieres ganar la lotería, tienes que comprar un boleto. Si quieres viajar en autobús, no lo esperas en mitad del campo. Si quieres conseguir una cita, no puedes quedarte sentada en casa esperando que alguien que ni siquiera te conoce te llame. Si deseas encontrar novio, tienes que hacer algo para conseguirlo.

A Christina le animó aquella charla. Esa misma noche empezó a comprar su propio boleto. Se apuntó a una página de contactos online y cuando salía a la calle, miraba a su alrededor buscando los hombres que estuvieran disponibles en su entorno. También dejó de esconderse tras esa sonrisa que enmascaraba su decepción y su creencia de no ser deseada.

Una cosa llevó a la otra, y Christina empezó a involucrarse en su propia vida. Encontró un folleto que ofrecía entrenamiento para un maratón con el que se recaudarían fondos para la investigación contra el cáncer. Durante su entrenamiento y otras actividades relacionadas con el maratón, se dio cuenta de que estaba rodeada de hombres y de que muchos de ellos estaban disponibles. Sin embargo, seguía sin salir con asiduidad. Le sugerimos que practicara el flirteo, una sonrisa aquí, una mirada allí y estar presente para la respuesta. De hecho, le sugerimos que flirteara en todas partes, mientras permanecía interesada, involucrada y hablando con la gente tanto si se encontraba en la cola del banco o de Correos como tomando un café en Starbucks. Daba igual si la persona era hombre o mujer. No se trataba de casarse. Cuando compras un boleto de lotería, no esperas ganar siempre el gordo. Lo importante es jugar.

Las oportunidades de Christina mejoraban cada vez que compraba un boleto. Ciertamente tenía muchas más posibilidades de encontrar a un hombre que alguien que juega a la lotería y trata de ganar un millón de euros. Si quieres tener una oportunidad de alcanzar tus sueños, no puedes sentarte en la mecedora de la vida y esperar que Dios intervenga.

HACER LO QUE FUNCIONA

Tuvimos esa conversación con Christina unos años antes y la verdad es que en ese momento le funcionó. Hizo lo que le sugerimos y empezó a salir de nuevo, hasta que una de esas citas la llevó a una relación que finalmente terminó. Se decepcionó y se entristeció tanto que se olvidó de lo que al principio había funcionado. Así que en lugar de volver a salir una vez más, Christina hizo lo que hace mucha gente cuando la hieren. Dejó de salir por completo.

Esta reacción es muy normal. Cuando nos sentimos mal o sufrimos una decepción, olvidamos lo que funciona. Christina había dejado de comprar el boleto. Era el momento de charlar con ella de lo que estaba ocurriendo.

—Si quieres salir con alguien –dijo Ariel–, tienes que empezar. No puedes quedarte sentada en casa esperando que alguien llame a tu puerta. Si lo haces, es más probable que sea un testigo de Jehová que alguien con quien puedas salir.

Todos nos reímos, compartiendo la ligereza del momento.

—Después de que tuvimos esa conversación contigo hace unos años –continuó Ariel–, empezaste a tener éxito con las citas. Luego pasaste a una relación que tuvo su círculo completo de vida y finalmente terminó. Pero entonces no hiciste lo que te había funcionado antes porque te sentías decepcionada.

—En ese momento tomaste una decisión –intervino Shya–. Dijiste: «Esto es muy difícil, muy doloroso. No voy a volver a hacerlo».

—Sí –asintió Christina, recordando su decepción.

—De manera que te contrajiste –prosiguió Shya–. Las decisiones siempre se toman en un momento de contracción. Nunca tomas una decisión cuando te estás expandiendo, sino cuando las cosas no van de la manera en que crees que quieres que vayan. Te decepcionas, te irritas y tomas esas decisiones sobre cómo vas a ser en el futuro.

—Sí –Christina asintió–. Me doy cuenta.

—Esa decisión se proyecta en el tiempo y dicta cómo va a ser tu vida en el futuro –explicó Shya–. Ahora tienes un par de trabajos estupendos que disfrutas, y aun así no te sientes satisfecha porque crees que te falta algo. Pero quizá no te falte nada.

Christina había decidido dejar de salir para evitar la decepción, pero, sin darse cuenta, se había quedado estancada. Era el primer principio de la transformación instantánea una vez más: lo que resistes, persiste y controla tu vida.

En el intento de Christina por evitar volver a sufrir un desengaño, esa misma sensación de desengaño impregnaba todas las áreas de su vida como un perfume maloliente, incluso las áreas «buenas». Era incapaz de disfrutar plenamente de su trabajo, de su pérdida de peso y de la creciente estabilidad económica o de cualquier otro aspecto de su vida.

LA PERFECCIÓN DEL MOMENTO

—Vamos a plantearnos la posibilidad –le sugirió Shya a Cristina– de que este momento sea absolutamente perfecto tal y como es. En este instante solo puedes estar aquí, justo ahora, teniendo esta conversación con nosotros. Es un ahora perfecto, de manera que si en este mismo momento no tienes una relación, es perfecto porque no la tienes. Pero todavía albergas la idea de que en el futuro, algo llamado una relación va a llenarte de alguna manera. Esa idea te está causando mucho dolor. Déjame hacerte una pregunta. –Shya se inclinó en su asiento:– Has tenido relaciones. ¿Te han llenado?

—No, realmente no –confesó Christina.

—¿Lo ves? –dijo Shya–. Una relación, en sí misma, no puede llenarte. Sin embargo, si ya estás llena, tu relación será muy satisfactoria. Pero si estás esperando que esa relación te dé una sensación de bienestar, de satisfacción y de alegría de vivir, ten por seguro que no va a ser así.

—Hubo un momento en el que tenías los trabajos que tienes ahora y no te sentías satisfecha –le recordó Ariel–, porque lo que le brindas a tu vida es la sensación que tienes de ti misma, no al revés. Una relación no va a llenarte. Estoy subrayando lo que Shya acaba de decir porque tú pensabas que estarías «completa» una vez que consiguieras una.

—Sí –Christina asintió, empezando a mirar su pasado con una luz totalmente distinta. Había estado apegada a una creencia falsa. Ahora podía ver la verdad de que sentirse o no realizada no tenía absolutamente nada que ver con su situación sentimental.

NO HAY NINGÚN PROBLEMA EN TI

—El caso es que ya eres un éxito absoluto –dijo Ariel–. Estás viviendo con éxito la decisión que tomaste antes de «se acabó esto. No me ha funcionado». En este preciso momento tienes una relación estupenda contigo misma. Estás siendo verdaderamente auténtica. Buen trabajo.

Todos nos reímos y Christina asintió. Sus ojos marrones volvían a brillar.

—Sí –dijo, entendiéndolo–, porque ahora mismo me siento maravillosamente.

—Sí –respondimos, viendo lo alegre y animada que estaba.

—Y ahora –añadió Ariel– si quieres tener citas, puedes hacerlo. Depende de ti.

—Pero si vas a tener una cita, Christina –le recordó Shya–, simplemente ten una cita. Disfruta con quienquiera que estés, dondequiera que estés. Mira, te confieso que le infiel a mi esposa –dijo Shya chistosamente.

Ariel asintió, divertida.

—Soy infiel porque tengo citas en cualquier lugar al que vamos.

—Lo está haciendo ahora mismo –dijo Ariel, mientras Christina parecía también divertirse.

—Me comprometo con toda la gente que conozco –explicó Shya–. Ese es el fin de esta vida: tener una relación especial con cada una de las personas que conoces en lugar de buscar a alguien especial para que te salve. Ya sabes, el príncipe azul no va a venir. Es un cuento de hadas.

—De manera que –preguntó Ariel–, ¿estás teniendo una buena cita en este momento?

—Sí, estupenda de verdad –Christina rió–. Muchas gracias.

—De nada –dijimos, disfrutando la dicha y la emoción que reflejaba el rostro de Christina. En ese momento había redescubierto la alegría de salir.

Volver a ponerse en marcha
LaRelacionIdeal.com

30

ES DIFÍCIL ROMPER

Los miércoles por la tarde presentamos el programa de radio *Estar aquí*. Con los años hemos ido cubriendo un amplio abanico de contenidos. Para una de las emisiones tomamos prestado el título de una canción de Carly Simon llamada *These are the Good Old Days* (*Estos son los buenos viejos tiempos*). Nos sorprendió cuando el tercer oyente que llamaba al programa, Gio, al que ya conocíamos, quiso hablar de su reciente ruptura. Resultaba evidente que en el vacío creado después de que su relación se terminara había empezado a olvidar los motivos que le hicieron acabar con ella. Había comenzado a languidecer en la fantasía de «los buenos viejos tiempos» en los que su relación todavía era cordial. Por supuesto, cuando sucede esto, no recuerdas las cosas como eran en realidad. Tu mente elige los «buenos» momentos y olvida lo demás.

Acompáñanos mientras charlamos con nuestro amigo Gio sobre su ruptura. Tanto él como su ex están próximos a la treintena. Son gente encantadora y no hay nadie a quien culpar. Se trata solo de uno de esos casos en los que se rompe la unión y llega el momento de pasar página.

—Me encanta el tema de este programa —dijo Gio cuando nos llamó para charlar—. He estado escuchando y de verdad es un programa magnífico. Me imagino que despertó algo en mí y solo quería aprovechar esta oportunidad para preguntar sobre eso. He tenido una relación larga que terminó hace alrededor de un mes y definitivamente hay veces que me siento muy apagado y momentos de mucha tristeza.

—Bueno, déjame hablar de esto contigo, amigo mío —dijo Shya—, porque he pasado por una serie de rupturas en mi larga vida, entre ellas un matrimonio. En otra ocasión, además, estuve comprometido para casarme.

—Sabemos que has roto con la chica con la que salías en el instituto —dijo Ariel.

—Es verdad —contestó Gio.

—Aunque ocurrió hace un mes, todavía tienes una adicción física a la que ahora es tu exnovia.

—Sí.

—¿Sabes? Lo más probable es que recientemente no te hayan amado, ni tocado, ni hayas recibido ninguna de las demostraciones físicas de afecto que empleabais cuando había sintonía entre vosotros —dijo Ariel.

—Me encanta como lo expresas, «sintonía» —dijo Shya—, en lugar de «cuando estabais viviendo juntos».

—Sí, uso esa expresión porque en algunos momentos, especialmente hacia el final, había mucha agresividad, y por

tanto nada de cariño –dijo Ariel–. Pero lo que te ocurre ahora, Gio, es que sientes el síndrome de abstinencia.

—Sí –dijo Shya–. Te estás recuperando de la adicción,
eso es todo. Recuerdo cuando me estaba divorciando. En
aquella época trabajaba en una empresa en la que asesorába-
mos a la gente, de manera que busqué el asesoramiento de
uno de mis compañeros. En estos momentos no puedo recordar quién era porque fue hace mucho tiempo, alrededor
de treinta y cinco años, pero dijo algo así: «Mira, después
de separaros la primera semana vas a pensar en tu exesposa
veinticuatro horas al día. La segunda semana solo pensarás
en ella todas las horas que estés despierto y luego, la semana
siguiente, solo ocho horas al día. Un par de semanas más tarde, quizá pienses en ella solo cuatro horas, y luego, si tienes
suerte, un año después no pensarás nunca en ella».

Gio se rió. Se había reconocido a sí mismo en la historia de Shya.

—Eso es lo que sucede con las adicciones –indicó Shya.

—Sí, vaya –dijo Gio. Podía verlo todo expuesto frente
a él: las veces que se sentía apagado y perdido, pasando por
«momentos muy tristes», solía ser a altas horas de la madru-
gada, cuando estaba soñando con como fueron las cosas... o
al menos en su fantasía de cómo habían sido.

—Me imagino que en tu caso todo va a transcurrir más
rápido de lo que Shya acaba de describir –dijo Ariel–, porque
te he observado en los últimos meses y ha habido momentos
en los que al mirarte a los ojos te he visto salir a la luz y estar
de verdad presente. Cuando digo «salir a la luz», me refiero
a salir de la zona oscura.

—Sí —añadió Shya—. Esto es cuando no estás perdido en tus pensamientos.

—Sí, es verdad —dijo Gio.

—En parte te pierdes en tus pensamientos y estás triste porque a veces deseas que las cosas fueran diferentes, como si esta no fuera tu decisión —señaló Ariel.

—En esos momentos —dijo Shya— recuerdas esos días de la relación como los «buenos viejos tiempos». Te preguntas si deberías haber hecho algo para salvarla o si deberíais haber seguido juntos y piensas si podrías haber dicho o hecho algo de una forma distinta.

—Sí, eso es lo que hago —dijo Gio.

—Sé que en el pasado rompisteis y luego volvisteis a estar juntos un tiempo —continuó Ariel—. Pero había ciertas dinámicas entre los dos que no querían salir a la luz y disolverse. Hace algún tiempo me dijiste que te sentías como si a veces tuvieras que arrastrar de ella. Estoy segura de que si me sentara con ella, me hablaría de algunas cosas que sentía que tú no estabas haciendo y de esas otras de las que no te desprendías. Shya y yo también teníamos cada uno unas dinámicas muy fuertes, pero el hecho de estar juntos era más importante que aferrarnos a esas viejas maneras conocidas de relacionarse. Y la verdad, Gio, es que te has estado compadeciendo de ti mismo como si esta ruptura no hubiera sido idea tuya.

—Aunque tú la iniciaste —dijo Shya.

—Sí. Es verdad —reconoció Gio.

—Sí, de verdad. Mira, tú decides terminar con tu ex-novia, bien, perfecto. En ese caso sigue adelante —dijo Shya.

En segundo plano Gio se reía sin hacer ruido. De repente Shya tuvo una intuición.

—Oh, Gio, lo acabo de entender —dijo, como si una bombilla acabara de iluminarse con la respuesta a por qué Gio había estado de duelo por su exnovia—. Tú eres católico, ¿verdad?

—Sí —contestó Gio.

—Crees que ahora debes hacer penitencia porque tu relación ha terminado.

Gio empezó a reír. Shya había tirado del hilo de su adoctrinamiento cultural y estaba desenredando la red que mantenía en su sitio su tristeza.

—En tu interior, era una especie de matrimonio. Desde ese punto de vista, te has divorciado —dijo Shya.

—Sí —asintió Gio.

—¿Puedes conseguir una anulación? —preguntó Ariel—. ¿Podemos darte la absolución de alguna manera?

Gio volvió a reír mientras le restábamos importancia a la situación. También él se iba sintiendo cada vez más ligero.

—Quizá podríamos mandarle a rezar unos Padrenuestros y unos Avemarías, y con eso sería suficiente —sugirió Shya.

—Me hace gracia —dijo Gio—. ¡La verdad es que es justo la sensación que tenía!

—En realidad creo que debíais celebrarlo —aconsejó Ariel—. Los dos sois encantadores. No tenéis que dividiros los amigos y poner a un lado los tuyos y al otro los de ella. No tenéis por qué hacer de esto algo horrible o dramático.

—Sí, no tiene por qué haber resentimiento —dijo Shya.

—Sí, eso es —admitió Gio. Casi podías verle asentir conforme iba aceptando la idea de tomarse las cosas con calma—. De acuerdo. Me gusta la idea.

—Bien —dijo Ariel.

—Sí —contestó Gio.

—Gio, trátate bien —le sugirió Shya—. Deja de castigarte por vivir tu vida y por ser sincero contigo mismo.

—Te voy a decir algo. Ahora mismo es difícil porque probablemente estarás pensando: «¿Alguna vez encontraré a alguien?» —dijo Ariel.

—Cuando una relación se acaba es porque ambas partes lo desean. Las dos han terminado con esa relación pero una tiene el valor de decir: «Esto no funciona, voy a dejarlo». El que dice eso es el que suele cargar con las consecuencias de la ruptura y al que se le echa la culpa —intervino Shya.

—Date un respiro, dale un respiro a ella y disfruta de tu vida. Este es el momento —dijo Ariel.

—Eso es —lo animó Shya—. *Estos* son los buenos viejos tiempos.

—¡Os quiero, chicos! Muchas gracias —dijo Gio.

—Gracias a ti por querernos. Nosotros también te queremos, Gio —respondió Shya.

—Te queremos, sí, mucho. ¡Y también a ella! —añadió Ariel.

—Sí —corroboró Shya.

La conversación llegó a su final en el momento perfecto. Ariel cerró el programa con nuestro eslogan habitual:

—Tenemos que irnos. Volveremos la próxima semana. Os esperamos a todos una vez más, no os perdáis *Estar aquí*.

Cuando colgamos el teléfono, estábamos contentos por Gio y por su exnovia. La mayoría de la gente, cuando termina una relación, pasa por meses, o incluso años, muy difíciles. Los amigos toman posiciones. Un grupo es leal a uno de los dos y se compromete a odiar al otro. Pero tenemos testigos de que existe otra posibilidad: un enfoque transformador de las citas, las relaciones y el matrimonio. Y aquí también cabe un enfoque transformador de las rupturas.

Estos son los viejos buenos tiempos: es difícil romper
LaRelacionIdeal.com

31

TIEMPO EN EL AGUA: LA GUÍA DEL PESCADOR PARA SALIR

Un día Shya y yo fuimos a pescar al río Delaware. Era a última hora de la tarde y la luz inclinada del sol bailaba sobre las aguas cuando lanzamos a ellas nuestra pequeña lancha de aluminio. Dos días antes, mientras dábamos un paseo, nos habíamos detenido en el puente que cruzaba esa sección del Delaware y observado la gran cantidad de peces: róbalos, percas y mojarras. Todos se mantenían en un pequeño remanso entre una isla y el extremo occidental, y estábamos deseando pasar por esa zona y probar algunos de los cebos de Shya para ver lo que podíamos pescar.

Las lluvias recientes de primavera habían elevado el nivel de las aguas, creando una isla entre el río principal y lo que ahora era un pequeño canal. En verano, esta pequeña vía de agua es muy poco profunda para navegar por ella pero por ahora era perfecta para dejarse arrastrar y lanzar el sedal a cualquiera de los dos lados.

Al principio arrojábamos señuelos de color verde y naranja con aspecto de insectos con pequeñas tiras de goma a modo de patas que ondulaban con el movimiento del agua, haciéndolos parecer un insecto en apuros. A este tipo de señuelos se los llama «corchete». Con un rápido tirón del sedal, lanzas el corchete al agua, salpicando y chapoteando en un intento de atraer a los peces cercanos con esos ruidos.

Mientras nos deslizábamos, Shya arrancó el motor eléctrico que estaba en la parte delantera de la lancha para que en caso de que nos acercáramos más de la cuenta a cualquiera de las orillas pudiéramos volver a dirigirnos, suave y tranquilamente, a un punto más ventajoso para la pesca. Podíamos ver rocas y troncos sumergidos, en los que a los peces les suele gustar esconderse, áreas en las que se sienten seguros. Lanzamos la caña una y otra vez, llegamos a este rincón y a esa grieta y sin embargo los peces apenas reaccionaban, así que decidimos que era el momento de hacer un cambio.

Hasta ahora habíamos navegado canal abajo hasta alcanzar una posición en la que podíamos lanzar la caña al remanso que vimos desde el puente. Arrojamos el ancla por la borda y nos reímos por el ruido que hacía la cadena al caer por el lado de la lancha de aluminio mientras preparábamos el anclaje. Shya se volvió hacia mí riendo.

—Sigilo –dijo burlándose de sí mismo—, a esto se le llama sigilo.

Con los años hemos aprendido que siempre es mejor ser lo más silenciosos posibles con objeto de no alertar a los peces de tu presencia y evitar que se asusten. Sin embargo, los róbalos, las percas y las mojarras no son los peces más asustadizos, por eso sabíamos que todo iría bien.

Cuando la lancha se habituó a la corriente, cambiamos los señuelos por unas moscas *Goddard caddis*, hechas con pelo de ciervo y plumas y que imitan casi a la perfección un insecto acuático llamado mosca caddis o frígano (Goddard es el nombre del creador de este diseño.) Antes de que pudiéramos darnos cuenta, estábamos pescando unos preciosos peces pequeños. Nos encontrábamos en el lugar adecuado, usando un señuelo atractivo, con la destreza precisa y la presencia necesaria para tirar del anzuelo cuando mordía un pez.

Pescamos el uno al lado del otro. (O quizá debería decir espalda a espalda, ya que yo estaba en la proa o en el frente de la lancha y Shya en la popa.) Estuvimos allí un tiempo, con la luz brillando en el agua, los pájaros cantando y de vez en cuando algún vehículo o un caminante cruzando por el puente que pasaba por encima. Cerca de la orilla se bañaban unos gansos blancos.

Llegó un momento en que un pez chapoteó junto a mi señuelo, tratando de llevárselo para la cena. Con un rápido impulso, alcé la caña para tirar del anzuelo. No enganché al pez y el señuelo se enrolló en el motor. Cuando desenrollé el sedal del motor, vi que la esclavina del sedal y el mismo señuelo estaban enredados en una maraña de hilos.

Cuando me senté para desenredarla, llegué a una conclusión sorprendente: llevábamos en el río un par de horas y esa era la primera vez que se enredaba el sedal. No lo había hecho por lanzarlo mal. Era el resultado de tirar de él sin el peso de un pez que pudiera parar su trayectoria de regreso a la lancha. Había vuelto a subestimar mi destreza en la pesca.

Y sin embargo no siempre había sido tan diestra. Todavía me acuerdo de mi curva de aprendizaje, que fue pronunciada y, a menudo, frustrante. Aun así, por el simple hecho de volver a salir una y otra vez había aprendido y crecido de una forma tan orgánica que ni siquiera había notado cómo pasé de novata a aficionada, y de ahí a experta.

Hay un viejo dicho: «Tiempo en el agua». Hubo muchas ocasiones en las que Shya y yo fuimos a pescar y no atrapamos nada, así que lo consideramos parte de nuestra experiencia y de nuestro tiempo en el agua. Se dice que cuando un pescador quiere mejorar, no hay nada que sustituya al tiempo pasado en el agua. Cuando no logramos nada... bueno, esa es la razón por la que a este deporte en lugar de «atrapar» lo llamamos «pescar».

Pacientemente solucioné el rompecabezas que tenía delante de mí, desenredando el enmarañado cordel. Al cabo de muchos años de pesca he aprendido que si me frustro y manifiesto mi frustración tirando bruscamente del hilo, lo único que consigo es apretar aun más la maraña. Pero desenredar con tranquilidad lo que se ha enredado por accidente es la forma más fácil de desembrollarla.

Mientras mis dedos trabajaban, mi mente divagaba. De pronto comprendí cómo en los primeros días, por más molesto que me pareciera encontrar un nido de ratas al final del sedal, en cierto sentido también suponía un alivio. Mientras solucionaba un problema con el sedal que me impedía pescar, no tenía la presión de intentar arrojarlo, algo en lo que no tenía mucha destreza. No debía sentirme fracasada si no sabía presentarme de la manera adecuada. No debía sentirme «rechazada» por el pez cuando lanzaba el sedal sin parar sin que picara una sola vez en el anzuelo. No debía compararme con Shya ni con otra gente que me parecía que era mejor que yo pescando. En otras palabras, el problema que tuve con el sedal fue una oportunidad de retirarme y descansar.

Cuando finalmente desenredé el sedal, un pensamiento vino nadando hasta mí desde las profundidades de mi interior. De repente me acordé de varios amigos que todavía se encuentran en la fase de las citas. «Pescar se parece mucho a salir con alguien», pensé. A veces tener un problema con algo puede ser un alivio. Cuando la gente está solucionando un problema que le impide tener una cita, no tiene que sentirse fracasada si cree que todavía no está lista para dar la cara. Cuando ponen su atención en solucionar un problema, no tienen que sentirse rechazados cuando lanzan el anzuelo una y otra vez sin que nadie lo muerda, ni compararse con Shya, ni conmigo, ni con ninguno de los que creen que se relacionan mejor que ellos. En otras palabras, pueden usar ese problema por el que están atravesando en sus vidas como una oportunidad de retirarse y descansar. Ciertamente no hay que dar la cara tanto como cuando uno está pescando... o debería decir saliendo.

A veces la gente se siente frustrada por no haber encontrado a su «media naranja». Me imagino que por eso se llama salir, en lugar de casarse. Nada puede sustituir al tiempo en el agua. «Hummm», pensé, mientras tensaba el sedal, me levantaba y volvía a lanzarlo de nuevo.

32

SALIR TRAS EL DIVORCIO

A veces la gente viene a vernos con un problema o una pregunta pero se equivocan al buscar respuestas en nosotros. Cuando dirigen su atención hacia lo que realmente está sucediendo, sus «problemas» son fáciles de resolver.

Este fue el caso de Kat, una joven menuda con pelo castaño liso que le cae por debajo de los hombros y una sonrisa cautivadora. Cuando nos sentamos con ella, llevaba cerca de un año separada legalmente de su marido. En el estado de Nueva York, donde reside, la ley exige que las parejas que quieren divorciarse esperen un periodo de un año antes de iniciar el proceso final del divorcio. En este periodo de espera, Kat había empezado a salir con alguien.

—Hay un chico que me gusta muchísimo –exclamó Kat entusiasmada–. Hemos tenido unas cuantas citas, pero él no siente lo mismo por mí.

—Olvídalo –opinó Ariel, entrando de golpe en la conversación.

—Eso es exactamente lo que yo iba a decir –dijo Shya–. Encuentra a otro chico. Vives en Nueva York. Probablemente tienes cien mil candidatos excelentes... ¡solo en tu misma manzana! –añadió bromeando–. Aparte de eso, eres una mujer preciosa.

Con frecuencia hemos conocido a gente que se fija en quien no les corresponde y excluyen a todos los demás. Es como si el resto de los candidatos potenciales para salir y tener una relación cesara de existir mientras esperan a la sombra de ese «alguien» de fantasía. Es evidente que si Kat hubiera pensado con más claridad, no querría realmente a alguien que no la consideraba atractiva o deseable... ¿o sí? Quizá una atracción no correspondida es justo lo que estaba buscando.

—Te conviene –dijo Ariel–. ¿En qué parte del proceso de divorcio estás ahora? ¿Cuándo lo obtendrás?

Kat se puso seria.

—Puedo pedirlo dentro de unos meses y creo que luego pasarán unos cuantos meses más hasta que todo se termine.

Ariel sonrió.

—Entonces este chico te viene muy bien.

—¿Por qué lo dices? –preguntó Kat, inclinándose hacia delante.

—Porque tú eres muy respetuosa –le explicó Ariel–. Aunque tú y tu esposo lleváis ya un tiempo separados, una vez intercambiaste votos de matrimonio con él que aún no se han disuelto legalmente. Una parte de ti está maniobrando para que permanezcas fiel a esos votos. Lo que significa que en este momento te viene mejor alguien que no tenga interés en ti que alguien que sea tu media naranja.

—Oh, Dios mío, no había visto eso –dijo Kat, claramente encantada–. Es genial.

—Hay algo más, y es que puede que tengas algunos problemas con la intimidad –intervino Shya–. Con alguien que no quiere estar contigo no tendrás que lidiar con ellos. Te centras en el rechazo y te preguntas: «¿Qué pasaría si llegáramos a tener intimidad y tuviera que enfrentarme a mis inhibiciones?».

—Sí –asintió Kat–. Así es.

—Puedes lanzarte –continuó Ariel– y él no te corresponderá. Pero ¿qué ocurriría si te lanzaras y él te mostrara que está totalmente interesado en ti?

Conforme hablaba, Ariel se alejó de Kat y luego volvió, con los ojos muy abiertos, sonriendo, prestándole toda la atención.

—Bueno –se quejó Kat, notablemente incómoda–, eso suele ponerme histérica.

—Te pone histérica cuando lo hago, y ni siquiera estamos saliendo –dijo Ariel, y todos reímos.

—Este hombre que «de verdad, de verdad, te gusta mucho» en este momento te proporciona varios mecanismos maravillosos de evasión.

—Eso es fantástico –dijo Kat–, porque muchas veces me he preguntado por qué estoy tan interesada no solo en este chico sino también en otros que no están disponibles.

—Porque de esa manera no tienes que comprometerte –respondió Shya.

—Entonces no es un problema –añadió Ariel–, es una solución. Ya podrías disfrutarlo. En lugar de buscarte a otro para tener una relación, quizá lo que deberías hacer es simplemente disfrutar de tus citas.

—Sí –asintió Shya. Pero cuando empezó a hablar, Kat no se volvió para mirarlo. En lugar de eso, mantuvo la atención centrada en Ariel, aunque era evidente que Ariel había acabado su frase y dejado claro lo que quería decir–. Ahh –dijo Shya–. Esto es muy interesante. Me doy cuenta de que has tardado un poco en mirarme cuando he empezado a hablar. Todavía tienes algo con los hombres, Kat. No quieres que te dominen o que te digan lo que tiene que hacer, ni siquiera que te pidan que les prestes atención cuando están hablando contigo. Cuando empecé a hablar, fue una intrusión. Estabas teniendo una conversación con tu amiga. Ahora bien, a menos que quieras una relación amorosa con una chica, tienes que aceptar a los hombres cuando te hablan.

Esta información fue muy valiosa para Kat cuando volvió a tener citas. En muchas ocasiones, en particular si tu relación anterior fue tumultuosa o si aún acarreas las carencias que sentías con tu padre, demostrarás poco interés en un hombre cuando habla contigo. Era como si incluso las conversaciones más sencillas tuvieran que abrirse camino a través de un laberinto mientras Kat se dedicaba a demostrarse a sí misma que no la estaban dominando.

Uno podría preguntarse si «no querer que le dijeran lo que tiene que hacer» fue lo que en principio contribuyó a que el matrimonio de Kat terminara. Quizá. Pero eso no era importante en ese momento. Sin embargo, si Kat quería llegar a tener una relación ideal, debía descubrir cómo aceptar a los hombres y escucharlos en lugar de automáticamente mostrarles resistencia.

—Empieza a prestar atención a lo desconfiada que eres, Kat —dijo Shya—. No tienes que temer que esta conversación vaya a llevarte a algún sitio, como una cita en la que tengas que enfrentarte a la intimidad. Conmigo estás a salvo porque no estoy intentando buscar una relación romántica contigo. No necesito una cita —Shya sonrió y juguetonamente le dio un codazo a Ariel—. Ya tengo una con ella.

Kat sonrió mientras se relajaba aún más. En un principio podríamos haber pasado fácilmente por alto su carácter desconfiado porque tiene siempre una sonrisa a punto y es muy bien parecida y atractiva.

—Este es un momento excelente para que practiques la intimidad —dijo Ariel—. Sé que uno de tus trabajos es el de camarera. Algo que puedes hacer, tanto si tus clientes están en pareja como si están solos, es conectar de verdad con ellos. Simplemente sigue practicando la conexión. Cuando vayas a Starbucks y pidas un café, conecta. De ese modo, no supondrá un desafío tan grande cuando estés preparada y libre para volver a conectar por completo de forma romántica con alguien.

—Oh —dijo Kat—, eso es maravilloso. Gracias.

—De nada —dijimos.

No es un problema, es una solución
LaRelacionIdeal.com

33

EL CUIDADO Y LA ALIMENTACIÓN
APROPIADA DE TRACY

En este capítulo nos encontramos con Tracy, una atractiva joven de treinta y pocos años con el pelo rizado de color castaño rojizo, piel color crema y mejillas sonrosadas. Nos sentamos en nuestro jardín en un día fresco de primavera y Tracy nos habló de lo que pensaba que era su problema.

—He venido notando, tanto en el trabajo como fuera de él, que me siento ansiosa o nerviosa al estar con alguna gente –Tracy se trabó con sus palabras–. A veces, para tratar de evitarla, no voy a la cocina ni al baño, si están allí.

—De acuerdo –dijo Shya–. O sea, que no es toda la gente, es cierta clase de gente.

—Sí.

—¿Son hombres o mujeres?

Hizo una pausa para pensar.

—Creo que la mayoría son hombres.

—Bien. ¿Qué sucede exactamente?

—¿Quieres decir cómo me siento?

—Sí. ¿Qué te sucede a ti?

—Noto una tensión en el pecho –explicó Tracy.

—¿Tienes la misma sensación corporal con todos ellos? –preguntó Shya–. ¿O tienes sensaciones diferentes dependiendo de la persona?

Tracy volvió a hacer una pausa.

—La verdad es que no estoy segura.

Cuando Shya le sugirió que pensara un poco, dijo que se sentía diferente dependiendo de la persona.

—Tengo otra pregunta sobre esto –intervino Ariel–, especialmente porque has dicho que la mayoría de esta gente con la que sientes ansiedad son hombres. Me pregunto si estarás bien alimentada físicamente.

Los ojos de Tracy se abrieron como platos; parecía sobresaltada.

—¿Qué quiero decir con esto? –explicó Ariel–. Si alguien no está bien alimentado físicamente, en otras palabras, si no ha tenido la suficiente intimidad física, a veces, cuando se le acerca otra persona, es como si su necesidad de ser amada y tocada se intensificara. Puede que esto no sea lo más adecuado si esa persona tiene una relación o es tu jefe. Pero a tu cuerpo le da igual, solo está buscando «comida».

—De acuerdo –Tracy se rió al comprender la idea–. Es así.

—De modo que, ¿estás bien alimentada físicamente? ¿Tienes una relación?

—Sí, pero en este momento no estoy bien alimentada –dijo Tracy riendo. Era agradable verla tomarse las cosas con humor.

—¿Estáis luchando en esa relación? –preguntó Shya.

—Sí, pero ahora estamos mucho mejor que antes, por eso creo que pronto empezaré a alimentarme.

—Bueno, ¿y de quién depende? –quiso saber Shya.

—¿De quién depende el cuidado y la alimentación apropiada de Tracy? –añadió Ariel.

—De mí –reconoció Tracy con una sonrisa–. De mí.

NEGANDO EL SEXO

—Si no has sido bien alimentada, es porque te has negado a ello o has estado intentando llevar la razón en algo –explicó Ariel–. Porque como sucede en la mayor parte de las relaciones, si dieras a conocer tus deseos la mayoría de los hombres accederían a complacerlos. Si no estás bien alimentada en el aspecto íntimo, es porque te has cerrado. Tú eres la que ha dicho «no».

—Sí –admitió Tracy, con una expresión suave y vulnerable–. Soy yo la que me he cerrado.

—Bueno, una vez que te das cuenta de que la puerta se ha cerrado, puedes volver a abrirla –dijo Ariel–. Pero para eso tendrás que dejar de llevar la razón. Porque cuando llevas la razón, le castigas. Pero a quien realmente estás castigando es a ti.

—Le castigarás negándote tu placer –señaló Shya.

—Sí –dijo ella casi de forma automática, pero luego se quedó sin aliento al comprender el verdadero significado de las palabras de Shya–. ¿Quieres decir no dándole la satisfacción de darme placer?

—Así es –dijo Shya–. Porque si tú sientes placer, él también lo sentirá. Si estás peleando con él, eso significa que no deseas que sienta ningún placer.

—Sí, es cierto –asintió Tracy, haciendo una ligera mueca–. Le estoy haciendo pagar por algo.

—¿Qué es lo que hizo o no hizo? –preguntó Shya.

—Durante un tiempo se descarrió.

—¿Y qué tuviste tú que ver con eso?

Tracy se mordió el labio y los ojos se le llenaron de lágrimas. Sabíamos bien que ella no tenía la «culpa» de la infidelidad de su pareja. Pero si veía las cosas como si ella fuera cien por cien responsable de la salud de su relación, sería capaz de liberarse de su sensación de ser una víctima. Cada uno de los miembros de la pareja aporta maneras mecánicas de relacionarse. Si Tracy podía identificar cómo había estado actuando con su novio, sin juzgarse a sí misma (ni a él) por lo que veía, quizá todavía podrían tener una oportunidad.

—¿Tienes alguna idea de qué papel jugaste tú? –dijo Ariel, pero Tracy permaneció en silencio conteniendo sus emociones.

—¿Estabas negándote antes de que se descarriara?

Tracy asintió con una inclinación de cabeza y los ojos llenos de lágrimas.

—Estaba hambriento –explicó Ariel.

—Eso fue lo que hizo que se descarriara. Mira, un perro hambriento se escapa de casa, pero un perro bien alimentado se queda. Y no es que le esté llamando perro, por supuesto –dijo Shya para aligerar el ambiente–. Pero la realidad es que si estás bien alimentado en casa no tienes que descarriarte.

—Sí, lo sé.

—Algo que tienes que hacer, sobre todo ahora que la relación ha dejado de ser monógama, es examinarte. Los dos deberíais haceros la prueba del VIH y de otras enfermedades de transmisión sexual –le aconsejó Ariel.

—Sí, se lo pedí a él, se supone que va a ir.

—Pero ¿y tú? –preguntó Shya–. ¿Habéis usado preservativos desde que volvisteis a estar juntos?

—Desde entonces no hemos mantenido más relaciones sexuales.

—Entonces hay algo más que deberías plantearte, y es si has terminado con él o no –dijo Ariel–. Porque si has terminado con él, es el momento de cambiar de tercio. Para algunos, si su pareja le es infiel, es el fin. Se acabó la relación. Otros quizá tengan interés en examinar qué es lo que dio lugar a esa infidelidad. Quizá tu conexión con él es lo bastante fuerte para darle una segunda oportunidad con otras normas básicas. Pero tienes que ser sincera contigo. Porque si en realidad has terminado con la relación pero intentas mantenerla, vas a ser muy desgraciada. Sin embargo, si no le das tanta importancia, porque es posible que no la tenga, puede que entonces estés castigándole porque crees que debería tenerla.

—Sí –reflexionó Tracy–. A veces eso es lo que creo. Pero se lo he contado a algunas amigas y piensan que debería dejarle.

—Oh, eso puede complicar las cosas.

Para entonces el tono de la conversación había vuelto a ser ligero y la tez de Tracy tenía otra vez un color sonrosado. Comprendimos que una de las cuestiones con las que había estado lidiando eran las opiniones que tenían ahora sus amigas acerca de su novio. Cuando hay una disputa, los amigos, con la mejor de las intenciones, se ponen de nuestra parte, pero muy rara vez se paran a darse cuenta de que una relación es una dinámica entre dos personas. Puede que en el corazón de Tracy hubiera espacio para perdonar la falta de su novio, pero los puntos de vista de sus amigas siguieran avivando el fuego del conflicto.

—¿Cuánto hace que sucedió esto? –preguntó Ariel.

—Unos tres meses.

—¡Oh! –exclamó Ariel con una sonrisa–. ¿Llevas tres meses sin comer?

—Bueno, sí –rió Tracy–, solo conmigo misma.

—Pero a nivel energético existe una gran diferencia entre hacerlo contigo y hacerlo con tu pareja –dijo Ariel–. Es como comer arroz todos los días. Solo arroz. Llega un momento en que se hace aburrido.

—Sí –afirmó Tracy con una sonrisa–. Y he empezado a tener fantasías con otra gente.

—¿Cada cuanto tiempo ves a este chico ahora? –preguntó Ariel.

—Vivimos juntos –dijo Tracy.

—O sea, que es zona de guerra –señaló Shya–. ¿Dormís en la misma cama?

Tracy asintió.

—Si estáis en guerra el uno con el otro, porque esta es una lucha entre los dos, durmiendo en la misma cama y reprimiendo el sexo, el amor y la intimidad para castigaros mutuamente sin llegar a una solución, no sé si esta relación llegará alguna vez a ser realmente satisfactoria.

Shya añadió:

—A menos que seáis sádicos o masoquistas y os guste castigar y que os castiguen.

—Espero que no –dijo Tracy.

—O, si la intimidad te hace sentir incómoda –sugirió Ariel–, este incidente te hace más fácil darle de lado. No estoy hablando solo de intimidad física sino también de intimidad emocional. O esto puede encajar en alguna otra historia. Por ejemplo, si crees que tienes algo malo o que hay algún fallo en ti, la situación, tal y como está ahora, te dará la razón.

SER SINCERO Y CONSCIENTE CONTIGO MISMO

—Tengo otra pregunta –dijo Ariel–. Si no vivieras con este hombre, si las cosas no fueran tan difíciles, ¿seguirías estando con él?

—No lo sé –respondió Tracy mordiéndose el labio–. Me he hecho esa pregunta pero no lo sé.

—No creo que sea verdad –dijo Ariel–. Creo que lo sabes pero tu respuesta no te conviene. Ahora bien, la respuesta no tiene por qué ser estática. Pero si miras en tu interior, hay algo que en este preciso momento es verdad. Aunque no estás dispuesta a decirlo porque temes que con el tiempo vaya a significar algo.

—Sí –prosiguió Shya–. Tienes miedo de que si miras y dices la verdad, eso signifique que en el futuro tendrás que hacer algo más que mirar y ver lo que para ti es verdad. En realidad para ti es más fácil dar la impresión de estar confusa que mirar y decir: «Sí, seguiría estando con él» o «No, está claro que saldría con otro».

Tracy permaneció un instante sentada en silencio, pensando en nuestras palabras, con la cabeza inclinada y una sonrisa ligera en los labios, todo dulzura.

—Eres muy atractiva –dijo Ariel–. Es una lástima que desperdicies la mejor época de tu vida peleando. Existe otra posibilidad. Yo me interesaría de verdad por el cuidado y la alimentación apropiada de Tracy.

—De acuerdo –musitó ella–. De acuerdo.

Mientras reflexionaba sobre lo que le habíamos dicho, no estábamos seguros de si pondría en práctica nuestras sugerencias o no. Estaba claro que se identificaba con lo que dijimos, pero eso no significaba que estuviera preparada para ser sincera consigo misma y encontrar el valor para ser consecuente, haciendo lo que tuviera que hacer. Tendríamos que esperar para saberlo.

Seis meses más tarde descubrimos que la situación de Tracy apenas había cambiado. Aunque su novio se hizo las pruebas para detectar enfermedades de transmisión sexual, seguían sin compartir intimidad física. No sabemos con seguridad por qué Tracy, que claramente era tan encantadora y deseable (al menos para nosotros), llevaba tanto tiempo viviendo de esa manera. Obviamente ella no se veía a sí misma como nosotros la veíamos.

Sin duda había algún beneficio en mantener esa situación. Lo cierto es que así no tenía que superar sus inhibiciones. No se veía obligada a enfrentarse a los intimidantes retos de buscar un nuevo sitio para vivir o empezar a salir otra vez. Quizá sus padres no aprobaban a su novio, y dejarlo hubiera sido admitir que tenían razón. O quizá pensaba que esa relación era lo único que la podría salvar de estar sola o de tener que volver a casa y hacerse cargo de sus padres, ya ancianos. Cualquiera de esos argumentos es motivo suficiente para permanecer paralizado e indeciso, si estás buscando una razón para ello. Pero hay algo seguro: Tracy todavía no había aprendido a entregarse, a estar completamente con otro.

Al final, quizá Tracy mantuvo la situación estancada para no tener que enfrentarse a su naturaleza pudorosa, porque vivir en pareja sin sexo le permitía evitarla.

El cuidado y la alimentación apropiada de Tracy
LaRelacionIdeal.com

34

TU NATURALEZA PUDOROSA

En este capítulo conoceremos a Adam, un joven que acaba de empezar a salir con chicas. A los diecinueve años se había dejado la barba, quizá en un intento de disimular su juventud y falta de experiencia. Lo que la mayoría de los jóvenes no comprenden es que esa misma falta de experiencia, si la aceptas, puede ser un don. En ocasiones intentan dar la impresión de que tienen mucho mundo —algo que no es cierto— y adoptan una postura defensiva de «eso ya lo sé» que llevan también a las situaciones en las que existe una intimidad física. Cuando esto sucede, los primeros encuentros sexuales dejan de ser una oportunidad para sorprenderse y aventurarse. En lugar de eso se convierten en furtivas incursiones en la oscuridad, a veces estimuladas por el alcohol como medio de sobreponerse a las inhibiciones y a la falta de conocimiento.

Aunque seas un lector «maduro» con años de experiencia sexual y una relación estable, ten en cuenta mientras lees este capítulo que tu enfoque de la intimidad sexual se estableció cuando eras mucho más joven que Adam. Si prestas atención, te verás a ti mismo en él y descubrirás en tu capacidad de intimar profundidades que aún no has sondeado. También puede ocurrir que la novedad de la inexperiencia juvenil te contagie con su frescura.

INTIMANDO

Adam es un joven atractivo, algo fornido, con el pelo corto de color castaño rojizo, de comportamiento ligeramente nervioso Lleva gafas oscuras de estilo deportivo y camisa azul marino. En seguida empezó a explicarnos su «problema» con la intimidad.

—He visto que me siento incómodo con la in... intimidad –tartamudeó, juzgándose claramente a sí mismo por ese «fallo».

—Bueno, no conozco a nadie que esté cómodo con la intimidad –dijo Shya, poniendo el problema de Adam en perspectiva–. Eso significa que estás en el sitio adecuado.

Todos reímos. Una expresión de alivio se formó en el rostro de Adam al comprender que nadie lo estaba juzgando.

—De acuerdo –dijo.

—Crees que sentirte incómodo con la intimidad tiene que ver con tu inexperiencia, o con tu falta de experiencia, tu edad o tu juventud –explicó Ariel–. Hay un conjunto de circunstancias que piensas que son la causa. Pero en realidad la incomodidad con la intimidad es algo que afecta a todo el mundo.

—La gente se siente incómoda cuando se limita a estar –prosiguió Shya–. Es mucho más fácil cuando tienes algo que hacer, un guion en el que basarte. Pero la idea de simplemente estar con alguien nos resulta perturbadora porque hace aflorar cualquier inhibición que uno pueda tener. A los diecinueve años existe una agitación natural en tu interior. Más que en cualquier otro momento, por la influencia de las hormonas.

—Sí –dijo Adam, asintiendo con la cabeza.

—El secreto de la intimidad es relajarse –señaló Shya—. En lugar de hacer algo para huir de esas emociones, permítete a ti mismo sentir lo que estés sintiendo. En realidad esa es la base de todo.

Ariel añadió:

—Mucha gente le echa la culpa de lo que siente a las circunstancias. Si tienen una cita con alguien y se ponen nerviosos, o si están desnudos en la cama con un nuevo amante, creen que lo que les causa incomodidad es la situación. Pero esas sensaciones ya estaban en ellos, esperando únicamente a salir a la superficie.

NUESTRA NATURALEZA PUDOROSA

Adam había venido ese día con una camisa que no quedaba bien en la cámara, por eso alguien se ofreció a dejarle otra. Mientras se cambiaba la camisa, resultaba evidente que le preocupaba su físico, que esperaba que los demás le juzgaran como él se juzgaba a sí mismo. No solo le daba vergüenza que lo vieran, sino que también le avergonzaba su timidez. Aún no había comprendido que la mayoría crecemos en sociedades que ven el cuerpo desnudo y el sexo como un tabú. Cuando éramos niños, explorábamos nuestra desnudez con un deleite desinhibido. Pero muy pronto nos condicionaron para dejar de hacerlo.

—Algo que todos tenemos en común es esa naturaleza pudorosa —explicó Ariel—. Tu cuerpo te incomoda, te hace inhibirte. Antes, por ejemplo, cuando te estabas cambiando de camisa, te resultaba casi insoportable que te miráramos.

—Sí —asintió Adam.

—En la playa sería aceptable ir sin camisa y mostrarle tu torso desnudo a la gente —continuó Ariel—, porque hay tanta que esperas que nadie se fije en ti. Además, se admite que en la playa puedas llevar menos ropa de la que llevas normalmente, está bien visto hacerlo. Pero imagina lo que ocurriría si estuviéramos cenando en un restaurante en bañador. Si lo hiciéramos, todo el mundo pensaría: «¿A dónde miro? ¿Cómo actúo?». A veces las convenciones sociales pueden hacerte sortear tu incomodidad pero esa incomodidad sigue estando ahí.

Adam empezó a sentirse más relajado consigo mismo en general, y más específicamente acerca del asunto que estábamos tratando.

—No te sucede solo a ti, Adam —le indicó Ariel—. Por lo general la gente se siente incómoda con su cuerpo y con sus funciones corporales. Es algo que aprendemos. Viene con el proceso de adaptación a la sociedad. Algunas personas no tienen muchas inhibiciones, pero la mayoría sí. No deberías avergonzarte por sentirte cohibido. Es normal. Solo tienes que encontrar a alguien con quien jugar.

SENTIRSE INCÓMODO CON UNO MISMO

—Sí —afirmó Shya—, eso también es verdad. Pero volvamos a ti por un momento. Lo primero es sentirte cómodo contigo. Si lo estás, la intimidad se hace mucho más fácil. Por el contrario, si te sientes incómodo contigo, pensarás que el otro también lo está. El secreto radica en descubrir que no puedes ser distinto de como eres en el momento presente. De manera que, ¿por qué no disfrutar lo que estás sintiendo?

—Por ejemplo, Adam, ¿conoces esas sensaciones corporales que se producen cuando existe la posibilidad de llegar a tener intimidad?

—Sí –dijo Adam.

—Proponte empezar a disfrutarlas. Sé que preferirías otra cosa. Pero haz como si esas sensaciones fueran lo que prefieres, porque eso es lo que estás sintiendo. Juega un poco contigo mismo. El truco del juego consiste en permitir que las cosas sean como son en lugar de desear que sean distintas. Por cierto, si te permites a ti mismo sentir lo que estás sintiendo, cuando tengas una experiencia sexual gozarás más, ¡porque estarás presente para sentirla!

—Entiendo –indicó Adam mientras se acostumbraba a la intimidad de estar entre nosotros. Era un placer ver cómo ahora se sentía cómodo simplemente estando. En ese momento había una gran intimidad.

—Gracias –dijo.

—De nada –contestamos.

SE SABE AUNQUE NO SE DIGA

Muchas de tus inhibiciones las absorbiste de la mentalidad que había a tu alrededor. A continuación te mostramos un ejemplo extraído de la niñez de Ariel:

Uno de mis primeros recuerdos es jugar en el patio con mi amigo Stevie Emerick. Debía de tener unos cinco años porque los dos estábamos en la misma guardería y él se mudó al poco tiempo. En ese momento, Stevie era uno de mis mejores amigos. Ese día hacía mucho calor y estábamos jugando en ropa interior, corriendo alrededor del aspersor que regaba el césped, yo en braguitas y él en calzoncillos. Unos amigos de mis padres vinieron de visita y yo me puse a buscar frenéticamente una camisa, quería taparme. Mi mamá se rió. No es que se estuviera riendo de mí, tan solo pensaba que era una tontería. Dijo: «Ariel, tú no necesitas una camisa». Pero sí que la necesitaba, en mi mente sí. Estaba avergonzada de esos dos puntos marrones que tenía en el pecho. No eran distintos de los del pecho de Stevie, pero de algún modo sabía que era una vergüenza dejar que me vieran los pezones. Ya era consciente de que algunas partes de mi cuerpo eran vergonzosas y había que esconderlas.

Todos hemos interiorizado ideas de nuestro entorno sobre nuestro cuerpo. Esas ideas no son ni buenas ni malas. Simplemente son.

Siendo consciente puedes disolver tus inhibiciones
que actúan como barreras entre tú y tú mismo
y entre tú y tu pareja. Con práctica puedes
volver a descubrir la inocencia infantil y la
capacidad de sentirte bien en tu propia piel.

 La intimidad y tu naturaleza pudorosa
LaRelacionIdeal.com

35

LA INTIMIDAD: ESTAR A GUSTO CONTIGO MISMO

Muchos de los que estáis leyendo este libro creeréis que, por haber tenido más experiencia sexual que Adam, os sentís más a gusto con vuestro cuerpo que él. Pero ¿de verdad es así? Y aunque lo sea, ¿no podría ser que hubiera todavía incógnitas, puntos velados para ti, detalles acerca de tu cuerpo que has pasado por alto, que nunca has visto o que simple y llanamente has juzgado?

De vez en cuando impartimos cursos sobre intimidad y sexualidad, y hay un ejercicio que a veces les sugerimos a los participantes. Quizá quieras practicarlo.

Te sugerimos que te busques una habitación, preferiblemente bien iluminada, en la que haya un espejo de cuerpo entero, y reserves unos momentos libres de interrupciones. También necesitarás un espejo de mano, cuanto más grande mejor —es fácil encontrar uno en cualquier tienda de productos de belleza, farmacia o grandes almacenes– y un temporizador –un temporizador de cocina o la alarma de tu móvil te servirán estupendamente para esta experiencia–. Ahora prepárate para hacer un auténtico experimento antropológico, un experimento en el que vas a emplear tu naturaleza puramente objetiva y dejar a un lado tus prejuicios para así poder ver, realmente ver.

El juego consiste en que te desnudes por completo y permanezcas de pie delante del espejo, en tu habitación bien iluminada con el espejo de mano preparado y la alarma puesta para sonar en quince minutos –si tienes tiempo, mejor treinta–. Cuando pongas en marcha el temporizador o la alarma, oculta la esfera para que la hora no te distraiga y poder implicarte plenamente en el ejercicio.

¿Te pones a hiperventilar ante el mero pensamiento de permanecer desnudo delante del espejo? ¿Ya has decidido que de ninguna manera vas a hacer esto? Si es así, tus juicios te tienen atrapado y no te permitirán tener intimidad contigo mismo, ni con tu pareja o posible pareja.

Terminemos las instrucciones para quienes estén interesados. El experimento consiste en imaginarte que eres un marciano, un ser que no ha visto nunca un cuerpo y no tiene una noción preconcebida de cuáles son las partes buenas y las partes malas, de lo bonito y lo feo, de lo viejo y lo joven, de lo que está en forma y de lo que no lo está.

1. Limítate a mirar, a observar, a ver cómo están relacionadas las distintas partes de tu cuerpo.
2. Mira los colores, las formas, las texturas, y observa dónde hay pelo y dónde no.

3. Date permiso para sentarte en el suelo, abrir las piernas y ver de verdad lo que tienes ahí. O ponte a cuatro patas y usa el espejo de mano para verte desde diferentes ángulos.

Este ejercicio no tiene como propósito alcanzar un objetivo, ni excitarte, ni nada que no sea que te detengas a mirar realmente tu cuerpo sin juzgar lo que ves. Si haces justamente esto, no pensarás en tus arrugas, o en la cantidad de vello que tienes en los genitales. Te fijarás en una línea, o en la diferencia en textura y color de tus pezones, del escroto o de los labios de la vulva. Si de verdad te sueltas, no te censurarás pensando: «Estoy gordo» o «Tengo unos pies horribles», por ejemplo. Estos son conceptos que nos han inculcado al mismo tiempo que las nociones acerca de la belleza. En lugar de eso, mira tu cuerpo como si fueras un marciano que de repente ha habitado esta vivienda orgánica que es tu cuerpo y está familiarizándose con todas sus partes.

Al realizar este ejercicio a veces la gente ve partes de sí misma que no sabían que existían. O se hace consciente de una parte de su cuerpo que nunca antes había mirado.

Adelante, ¡mira! Sabemos que te han dicho que es de mala educación mirar, pero no olvides que ahora eres un marciano. Tócate un pezón con un dedo, por ejemplo, y fíjate en cómo reacciona tu piel. Mírate dentro de los labios vaginales o tira del prepucio si no estás circuncidado. Mira. Ve. Siente. Toca. Huele. Experimenta.

Insistimos en que esto no es un ejercicio de sexualidad. Es un ejercicio para aprender a estar con tu cuerpo sin juzgarlo.

UN EJERCICIO PARA ESTAR

Una mujer llamada Sue asistió a uno de nuestros talleres, en el que sugerimos el mismo ejercicio. Al día siguiente, los participantes hablaron de su experiencia y Sue reveló que durante su exploración de media hora, empezó a acariciarse y posteriormente se masturbó hasta que alcanzó el orgasmo. Conforme hablábamos de eso, comprendió que tocarse de esa manera durante el ejercicio, aunque no había sido algo «malo», fue en realidad un escape. Empezó a darse cuenta de que tenía muchas inhibiciones y que mirarse le había resultado muy violento.

La masturbación fue para Sue una manera de ir a lo conocido, de dejar de mirar y, en efecto, de cerrar los ojos. Cuando hablamos con ella, comprendió que en realidad había evitado el ejercicio. Al entender la noción de que no había realmente nada que temer, tras el almuerzo volvió al hotel y realizó la tarea.

Ese día Sue volvió del almuerzo muy excitada, y no en el sentido sexual del término. Nos contó que siempre había odiado mirarse la cara. Cuando niña, sus hermanas se burlaban sin piedad de las pecas que tenía en la nariz, y ella evitaba mirarlas, lo mismo que con las pecas de los brazos. Ni siquiera había vuelto a pensar que fueran feas. Simplemente evitaba por completo posar los ojos en ellas. Pero en esa ocasión Sue miró sus pecas, las miró de verdad. Y no eran feas ni bonitas. Simplemente eran. Miró la amplia extensión de piel de su espalda, notó manchas en ella sin criticarlas y también exploró sus genitales de una manera más aséptica o desapegada. Se dio cuenta de que nunca había visto su clítoris, ni el juego de colores y texturas del interior y los alrededores de su región genital.

Mientras Sue le contaba al grupo sin tapujos lo que había descubierto sobre su cuerpo, se hizo obvio que aunque estaba casada, seguía acarreando una gran cantidad de inhibiciones. De hecho, descubrió que, al igual que en un principio se había masturbado para evitar realizar el ejercicio, frecuentemente usaba el sexo para enmascarar lo pudorosa que realmente era.

Con frecuencia conocemos a gente que asume que, por el hecho de haber tenido muchas parejas con el transcurso de los años, o porque han estado casados mucho tiempo, han perdido todo el pudor. Incluso ser «pudorosos» les parece un defecto, algo que se puede decir de los padres de uno, pero no de uno mismo. Al juzgar negativamente a alguien que tiene «tabúes» sexuales, evitan enfrentarse a aspectos personales que los hacen sentirse incómodos y que están esperando a ser descubiertos y experimentados.

36

MÉTODOS ANTICONCEPTIVOS
E INTIMIDAD

Era un día luminoso de primavera cuando nos sentamos con nuestros amigos Caitlin y Rod. Los árboles y el césped brillaban tras ellos con un verdor intenso, los pájaros cantaban u corría una ligera brisa. Aunque estaban muy dispuestos a hablar de su vida sexual y de métodos anticonceptivos, seguía siendo un tema difícil para ellos. Cuando Rod empezó a hablar, sus palabras salieron algo desordenadas, a trompicones.

—Sabes que tuvimos un pequeño… desafío —comenzó, mirando a su esposa—. Algo nuevo en nuestra relación. —Puso en orden sus pensamientos y respiró antes de entrar de lleno en el tema—. Simplemente voy a hablar de ello. Ya sabes, decidimos prescindir de métodos anticonceptivos y por eso…

—No —Caitlin le corrigió cariñosamente—. De la píldora.

—De la píldora, perdón. No de todos los métodos anticonceptivos —dijo, riendo nerviosamente—. Quiero decir que decidimos dejar la píldora por razones de salud. Y, ¿sabes?, estábamos intentando ver cómo, tras mucho tiempo de tener relaciones sexuales sin usar preservativos, cómo... cuál iba a ser el siguiente paso. Por eso, creo, atravesamos un periodo en el que no teníamos tanto sexo.

—Sí, eso es —confirmó Caitlin, asintiendo. Ahora había ido directo al grano.

—Pero... —añadió significativamente con un resto de sonrisa. Esa simple palabra era muy potente. Podías ver que al mismo tiempo le divertía y le producía zozobra el giro de la situación. El hecho de que Caitlin hubiera dejado de tomar la píldora estaba creando complicaciones que ninguno de los dos había previsto.

—Bueno —Ariel rió—, esa es una manera de que no haya embarazo: no tener nada de sexo.

—Sí —dijo Rod—, no era la mejor opción.

—Lo cierto es que surgieron algunos problemas para tener relaciones sexuales —prosiguió Caitlin—. Como que ya no era tan fácil. No era tan... —y ahora también a ella le costó trabajo encontrar la palabra.

—Espontáneo —la ayudó Shya.

—Sí, espontáneo. Eso es. No era espontáneo.

—En realidad se hizo más fácil desconcentrarse —dijo Rod—. O encontrar una excusa para no hacer el amor.

—Entonces, ¿qué usasteis como método anticonceptivo? —preguntó Ariel.

Rod y Caitlin se miraron el uno al otro, sonriendo ligeramente cohibidos, mientras decidían cómo responder. Tras un acuerdo tácito, Rod fue quien, una vez más, tomó las riendas.

—Decidimos usar muchos métodos distintos. Los mezclamos. Caitlin se hizo con un diafragma y conseguimos preservativos. Teníamos amigos que llevaban un tiempo siendo monógamos y habían decidido pasarse a la píldora, por lo que tenían una gran cantidad de preservativos que ya no necesitaban. Nos dieron una bolsa grande –dijo sonriendo.

—Los preservativos te permiten más espontaneidad –explicó Caitlin–. Cuando no necesitas ser espontáneo, el diafragma no está mal. Nos ayudó mucho a volver a lo que estábamos acostumbrados. Pero aún no hemos... –Nos miró, sin saber muy bien cómo continuar. Resultaba obvio que el cambio de método anticonceptivo había afectado a su vida sexual. La intimidad física se había vuelto más complicada y no habían conseguido recobrar el equilibrio.

—Bueno, a mí me parece –dijo Ariel– que si para vosotros usar un diafragma no es algo espontáneo es porque no habéis aceptado su uso como si fuera tan natural como quitarse el sujetador, bajarse la cremallera de los pantalones o ir al baño. De alguna manera todavía lo veis como algo sucio, pegajoso y extraño. No es parte del fluir natural de las cosas.

—¡Sí! –exclamó Rod.

—Sí –afirmó Caitlin–, eso es totalmente cierto.

—Práctica. Con la práctica viene la perfección –sugirió Shya, y rieron, Caitlin inclinándose en la silla hacia delante con deleite.

—Me costó mucho acostumbrarme a usarlo –dijo con una sonrisa–. Pero ahora lo hago mucho mejor. Y sí, es verdad que no lo he aceptado como algo natural.

—Bueno, mira, está bien ser una experta en eso –respondió Shya– en lugar de ser solo algo que sobrellevas para conseguir el resultado deseado.

—Sí –dijo Caitlin, asintiendo mientras se volvía pensativa. Era como si estuviera contemplando en su mente cómo usaba el diafragma, viéndolo con otros ojos y con nuevas posibilidades.

—Lo que cuenta no es conseguir el resultado sino dónde te encuentras en cada momento del proceso que llamamos «tu vida». Todas nuestras vidas van a terminar en algún punto, pero lo que importa es dónde estás justo ahora, en lugar de intentar sobrellevarlo para llegar a algo mejor.

Mientras Shya hablaba, podías ver cómo ambos reflexionaban. Rod dejó escapar una ligera risa mientras se imaginaba a sí mismo y a su pareja luchando con el diafragma. Durante un momento agachó la cabeza y se cubrió el rostro, al tiempo que reprimía una sonrisa.

—Eso es muy cierto –exclamó.

—Se vuelve más difícil cuando intentas acabar cuanto antes con el asunto –dijo Caitlin.

—Por supuesto, eso lo hace más difícil –le dió la razón Shya–. Una vez conocí a una mujer que estaba dándole el pecho a su hijo, y cada vez que quería acabar en seguida, se le cortaba la leche y el niño se ponía a llorar. Cuando finalmente se entregó a lo que estaba haciendo, a darle de mamar, se acabó el problema. El niño dejó de llorar, se calmó y mamó hasta saciarse. Pero cuando ella quería hacer algo, cuando no estaba simplemente allí con él, siempre era difícil.

—Cuando estás intentando llegar al resultado final, es siempre un problema porque no estás aquí, y esto es todo lo que hay. Esto es tu vida. Este momento. Ahora mismo. Es esto. Es todo lo que hay. Esto. Es. Todo.

Rod y Caitlin rieron, tranquilos e ilusionados al mismo tiempo.

—Si no estás en este momento, no estás aquí, punto –continuó Shya–. No hay satisfacción, ni bienestar, porque no estás aquí para sentirlo. No sucede en el futuro porque el futuro siempre termina siendo un momento presente. Si no estás aquí en tu vida, en cada momento, no hay satisfacción. Y esto incluye también colocarse un diafragma.

En ese momento tanto Caitlin como Rod parecían relajados, habían dejado de contraerse cada vez que se mencionaba la palabra «diafragma». Ya no era un objeto sucio, pegajoso o extraño. Se había convertido en algo tan natural como bajarte la cremallera de los pantalones cuando nadie te está mirando.

A continuación Ariel tomó la iniciativa y fue como si empezara a contar un cuento de hadas:

—Todas las niñas sueñan con un príncipe azul que aparece de pronto en sus vidas y les prestan toda su atención... hasta el punto de que estaría encantado de ayudarlas a ponerse el diafragma –terminó con ironía–. Tú piensas: «Quiero atención, deseo tener una relación sexual maravillosa, dichosa. Mientras no mires mi cuerpo desde el cuello hasta las rodillas, todo irá bien».

Caitlin y Rod reían y asentían. Las palabras de Ariel habían descrito su situación perfectamente.

—Sí –rió Caitlin–. Es el factor de la vergüenza.

—Exacto –corroboró Ariel–. Una cosa es tener una relación sexual con él y que su pene entre en tu vagina porque estás acostumbrada, y ahí es donde tiene que estar, siempre que no tengas que mirarlo. Incluso aunque te encante contemplar su cuerpo desnudo y a él le encante contemplar el tuyo, cuando te estás colocando el diafragma es distinto. Se trata de algo muy íntimo y personal.

Caitlin inclinó la cabeza, frunciendo el ceño y arrugando la nariz mientras hacía una mueca.

—Mírate la cara –dijo Ariel riendo–. Te sientes asqueada, como si esa parte fuera asquerosa.

Caitlin volvió a reír.

—¡Lo sé! –exclamó.

—Eso es lo que te inculcaron –explicó Shya–. Que eras mala por tocarte ahí abajo.

—En una ocasión estuvimos hablando con alguien sobre la naturaleza pudorosa de la gente –dijo Ariel–. La vida te regala una oportunidad de ver qué más hay ahí. Antes, con ese método de anticoncepción, estabais muy relajados en ese aspecto y ahora que habéis cambiado de método podéis daros cuenta de esos pequeños retazos de pudor que seguís teniendo. Es como limpiar tu casa y encontrar un cajón que habíais olvidado que está lleno de trastos.

—Hummm –murmuraron los dos al unísono mientras asentían con la cabeza. Caitlin y Rod volvían a estar en sintonía.

—Este es solo vuestro cajón de los trastos. Ahora lo estáis limpiando. Pero no estoy diciendo que tu vagina sea un cajón de los trastos –Ariel rió, agitando un dedo en dirección a Caitlin con fingida seriedad.

Ambos soltaron una carcajada. La dificultad del asunto había reventado como una pompa de jabón.

—Eso es magnífico –dijo Caitlin.

—¿De acuerdo? –preguntó Ariel, para confirmarlo.

—¡Sí! ¡Completamente! Tendremos que incluirlo en los juegos preliminares porque hasta ahora era, ya sabes, me metía en el cuarto de baño y cerraba la puerta —rió—. Y cuarenta y cinco minutos después...

—...estoy dormido —Rod se rió con ella.

—No tardes mucho, por favor, no tardes mucho —cantó Shya— o a lo mejor me duermo.

Para entonces ya nos había venido a todos la tontería, aturdidos al pensar en la ridiculez de cómo habían estado actuando. Nuestras palabras salían una tras otra, no parábamos de reír.

—¡Esa es una forma estupenda de anticoncepción! —exclamó Shya con una risa—. ¡Nunca lo hacen!

—Quizá podrías conseguir varios diafragmas de distintos colores y ponerlos en diferentes sitios por toda la casa —bromeó Ariel mientras hacía un gesto, fingiendo que tomaba uno—: «Hoy me siento violeta, querido», o «Vamos a por el rosa». Podrías ponerte uno con bandas y estrellas cuando te sintieras patriótica.

—Oh, ¡eso es genial! —exclamó Caitlin.

—Por el cuatro de julio —dijo Rod

—Sí, luego podrías colocarlo en el asta —dijo Ariel. Todos reímos.

Caitlin y Rod habían visto una nueva posibilidad y en ese momento se sentían cómodos consigo mismos y entre ellos. Se podía ver que estaban deseando ponerse a «practicar» en seguida.

Métodos anticonceptivos e intimidad

LaRelacionIdeal.com

37

ALCOHOL, SEXO Y ENVEJECIMIENTO

Cuando dejamos de reír y el «problema» del diafragma quedó resuelto por el momento, las demás preocupaciones de Caitlin sobre la intimidad surgieron a la superficie. Quería saber si podía hacernos otra pregunta y le dijimos que sí. Nuestra conversación prosiguió pero ahora sobre otros asuntos.

—Tenía la idea de que a medida que pasaban los años me apetecería menos el sexo —declaró Caitlin—. Pero no es así.

—¿Qué edad tienes? —preguntó Shya.

—Cuarenta y uno.

—Bueno, en lo que respecta al sexo, aún te quedan por delante muchos años buenos —la tranquilizó Shya.

—Sí, pero ya no bebo apenas —dijo Caitlin— y ya no salimos como antes. Solíamos relacionar el sexo con nuestras salidas.

—Salir y ponerse un poco «alegre» es solo un mecanismo que usabais para disminuir las inhibiciones —contestó Ariel.

—Buena observación.

—Sí —dijo Shya—, empleabais el alcohol para superar todo lo que os causaba pudor. El alcohol adormece el pudor, y así podéis evitarlo. Pero ¿no sería mejor sentirlo simplemente? Si os dais permiso para sentir vuestra incomodidad en lugar de enmascararla, se disolverá por sí misma. Este es el tercer principio de la transformación instantánea.

—Sí —dijo Caitlin, pensativa. Rod también asentía.

—Existe una intimidad que es más dulce, más amplia, más inmensa —Ariel abrió sus brazos—, más poderosa, y que surge cuando no tienes que usar algo para drogarte con objeto de experimentarla.

—Estoy aprendiendo eso —admitió Caitlin—, junto con lo del diafragma. Ahora todo encaja de golpe. Quiero decir que realmente en muy poco tiempo todo se ha vuelto mucho más íntimo.

—No, no se ha vuelto más íntimo. Se ha vuelto más desafiante —explicó Shya—. La intimidad no está en la confrontación. La intimidad está en soltar la resistencia que puedas sentir a que te vea. Porque crees que él va a juzgarte de la misma forma en que te juzgas tú. Y el problema es que aunque seas una mujer, tienes prejuicios contra las mujeres.

—Sí, sí que los tengo —admitió ella.

—Tus prejuicios te hacen verte a ti misma como una persona repulsiva. Pero Dios no creó a nadie repulsivo.

—Así es —Caitlin se volvió hacia Rod, que le sonrió—. Eso es muy cierto.

—Volvamos al principio de tu pregunta, Caitlin —continuó Ariel—, porque hiciste una declaración muy fuerte. Dijiste que tenías la idea de que a medida que pasaran los años, el sexo sería menos frecuente. Y ahora que has llegado a los cuarenta y uno piensas que tu apetito sexual tiene que disminuir.

—Todos hemos asumido ideas acerca de cómo debería ser la vida al alcanzar cierta edad —continuo Shya—. Son ideas que establecen un límite. Por ejemplo, tenemos creencias sin cuestionar sobre lo que sucede cuando te casas, cuando tienes un hijo o al llegar a los sesenta y cinco años. Nos han inculcado que a esa edad te retiras, eres viejo y has perdido toda tu capacidad productiva o tu propósito en la vida. Hay muchos pequeños límites que hemos asimilado, en la mayoría de los casos de forma inconsciente. Has escuchado a la gente hablando sobre su vida: «Oh, cuando llegué a los cincuenta fue...». Has interiorizado esas declaraciones y cuando te acercas a esa edad, de repente piensas que tu vida está acabada.

—No sé por qué lo pensé —dijo Caitlin—, pero lo pensé.

—Bueno —señaló Shya—, seguramente en algún momento oíste a alguien que lo decía.

—Retrocede varias generaciones en tu familia —sugirió Ariel—. En aquella época, cuando alguien llegaba a los cuarenta, querría tener menos sexo. Después de todo, ya tenía una docena de hijos y la esperanza de vida hace unos pocos siglos era de unos cincuenta años. En esos días tu familia gastaba toda su energía en mantenerse viva, cultivar sus propios alimentos y calentar la casa.

»Sin embargo, hoy no tenemos que cultivar nuestra propia comida. De hecho, a nosotros nos cuesta más cultivar

verduras en nuestro jardín que comprar productos orgánicos a los agricultores locales. Ahora no tienes que preocuparte de esas cosas, pero durante generaciones tu familia ha
absorbido esa realidad, sin replanteársela. Ahora hay otras
posibilidades.

Rod y Caitlin miraban a Ariel mientras hablaba, asimilando esa nueva perspectiva.

—Hace poco más de un año –dijo Ariel– fui al médico
a decirle que estaba preocupada porque me sentía cansada y
atontada, no me sentía bien. El médico me dijo: «Ariel, ahora tienes más de cincuenta, acostúmbrate. Todo el mundo
se siente así cuando pasa de esa edad». Esa fue la última vez
que lo vi. Me busqué otro médico. Mi vida ahora es increíblemente distinta porque me he interesado de forma activa
en ampliar mis posibilidades. Por el hecho de envejecer no
tienes que conformarte con una peor calidad de vida.

—Eso es extraordinario –dijo Caitlin con el rostro radiante.

—En esta época de tu vida puede brotar una nueva posibilidad –señaló Ariel–, la posibilidad de tolerar la mirada
de tu pareja.

—Sí –Caitlin se volvió de nuevo hacia Rod–, realmente
es así, ¿verdad?

Él asintió con un gesto y le tomó la mano. Ella posó la
mirada en sus dedos mientras se entrelazaban.

—Me encanta eso –dijo Caitlin–. Gracias.

—De nada –respondimos–. Gracias a ti.

Existen muchos mitos sobre la sexualidad que hemos asimilado con la educación. Uno de los más comunes es la creencia de que el impulso sexual disminuye significativamente en

la gente conforme envejece, en especial si ha estado casada muchos años. Pero nosotros llevamos juntos treinta años y esto no es cierto para ninguno de los dos. Aunque no tenemos relaciones sexuales con tanta frecuencia como a los veinte o a los cuarenta años (Ariel tenía veinticuatro años cuando empezamos a estar juntos y yo cuarenta y uno), seguimos disfrutando el sexo varias veces a la semana.

Hay veces en que uno de los dos está enfermo, o nos sentimos muy cansados, y la frecuencia disminuye durante un tiempo. Pero siempre somos conscientes de que si pasamos mucho tiempo sin tener intimidad física es porque estamos descentrados, preocupados por algo. En ocasiones hemos tenido la tentación de quedar absorbidos en «hacer avanzar» nuestra carrera o divididos en varios proyectos. En algún momento nos hemos visto rodeados de gente que discute y cuyas relaciones son un caos, y esto nos influye. Con frecuencia viajamos y a veces permanecemos en un entorno que no favorece particularmente el romanticismo. Cuando sucede esto, es muy importante para nosotros estar pendientes de cuidarnos el uno al otro y no perder el deseo sexual. Siempre hemos tenido pasión por estar juntos, y esa pasión abarca la intimidad física. Ese acto de estar el uno con el otro de esta manera es lo que nos hace olvidarnos de las preocupaciones cotidianas y encontrar nuestro centro, y sigue siendo uno de los pilares sobre los que se basa nuestra relación ideal.

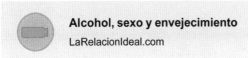

Alcohol, sexo y envejecimiento
LaRelacionIdeal.com

38

SEÑORAS Y SEÑORES, ENCIENDAN SUS MOTORES

¿Te has detenido a echar un vistazo a lo que te enciende, lo que arranca tu motor sexual? No seas tímido. Echa un vistazo. Si sabes lo que favorece a tu libido y lo que la inhibe, puedes acelerar a voluntad tu motor sexual y hacer que vuelva a arrancar, si últimamente las cosas se han vuelto un poco frías entre tú y tu pareja.

Puede haber determinadas esencias o rituales que nos exciten. Por ejemplo, si Shya se afeita por la tarde o yo le pido que se afeite, esa es nuestra clave de que planeamos tener sexo antes de que termine la noche. Shya fabrica ahora su propio aceite para después de afeitar con esencias que a ambos nos resultan atractivas. Solemos mantener nuestro dormitorio ordenado para que nada exija nuestra atención o nos distraiga cuando estamos haciendo el amor.

¿Te gusta más mantener relaciones sexuales por la mañana o por la tarde? Presta atención. ¿Hay ciertas actividades que alimentan tu libido? Uno de nuestros clientes ha descubierto que cuando trabaja como voluntario en la escuela de su hijo encargándose de la contabilidad, siempre está excitado cuando regresa a casa.

PÍNTAME DE ROJO

Un año, mientras hojeaba varios libros en una librería, Ariel decidió elegir uno de un género que no había leído antes. He aquí lo que pasó, en sus propias palabras:

Era jueves y estaba en la librería local viendo cuántas copias de *Working on Yourself Doesn't Work* había en las estanterías. Como me encanta leer, decidí echar un vistazo a los libros para encontrar uno nuevo que llevarme a casa y con el que relajarme. Normalmente me atrae el género de fantasía o las novelas de detectives. Me gusta llamarlos «libros de chicle». No tienen ningún «valor nutritivo» pero es divertido consumirlos.

Este día estaba buscando algo nuevo y llegué a la sección de novela romántica. Nunca le había prestado mucha atención hasta ese día, cuando me encontré a mí misma eligiendo un romance histórico. No me acuerdo del título, lo que sí recuerdo es que la tapa era roja. A las pocas páginas los protagonistas comenzaban una tórrida aventura. Me sorprendió ver que esa novela romántica consistía en una escena tras otra de carácter sexual explícito y que la narración era bastante excitante. Compré el libro.

Esa noche leí los primeros capítulos y me sorprendió agradablemente ver que me hacía sentir aun más deseo por

Shya. Fue como si los escenarios de la novela encendieran mi motor, y el resultado es que disfruté mucho más el sexo. Shya estaba sorprendido y contento también. «¿Qué has estado leyendo?», me preguntó. Le mostré la portada.

Normalmente leo por las noches antes de acostarme. Me relaja y para mí es una buena manera de desconectarme del día. Pero si una noche me apetece tener una relación sexual, Shya me encontrará leyendo un libro «rojo». Y lo que es mejor, tampoco tiene que preocuparse porque esté leyendo un libro «normal». Solo le digo: «No te preocupes. No vas a pasar toda la noche sin que te moleste. Cuando acabe con este libro, empezaré con uno rojo».

39

SEXO, SEXO, SEXO Y... ¿HEMOS MENCIONADO EL SEXO?

Si creciste en un entorno en el que el sexo se consideraba malo, inapropiado o sucio, expresar libremente tu sexualidad es algo que te resultará ajeno, porque tienes inhibiciones formadas a una edad muy temprana. Es como si hubiera paredes invisibles contra las que chocas una y otra vez sin darte cuenta. Cuando sucede esto piensas que se trata de alguna deficiencia o alguna falta tuya, pero no es más que el condicionamiento cultural que te inculcaron.

Una vez más nuestro enfoque aquí es antropológico. Se trata de fijarte en la manera en que interactúas en tu vida y no juzgarte a ti mismo ni echarle la culpa a tus padres o a tu educación de lo que ves.

Basta simplemente con verla para eliminar esa opresión
sobre la intimidad física que domina tu vida y tu
capacidad de relacionarte adecuadamente con tu pareja.

ESTAR AQUÍ

En nuestro programa de radio, *Estar aquí*, muchas emisiones tienen que ver directamente con crear y mantener una relación mágica. Hemos tratado sobre la intimidad, la responsabilidad personal, el propósito de casarse, la escucha y la búsqueda del príncipe o la princesa que va a venir a salvarte. También, en ocasiones, sobre el sexo. Estamos maravillados, lo mismo que con nuestros vídeos de minisesiones, de la sinceridad con la que se expresa la gente cuando llama con alguna pregunta. Todos están dispuestos a revelar algunos de los detalles más íntimos de sus vidas, incluidos los detalles sexuales.

Tuvimos una de esas conversaciones con una joven llamada Leah. Ella y su marido, Andy, llevaban muy poco tiempo casados, desde principios de ese mismo año. Cuando Leah llamó, todavía estaban aprendiendo a conocer sus cuerpos y a ampliar la forma en que se expresaban sexualmente. Desconocían que, si lo permites, esta expansión sexual dura una vida entera. Después de tres décadas juntos, aún seguimos aprendiendo cosas nuevas sobre el otro y experimentando una vida íntima más dulce, profunda y rica.

Un aspecto sorprendente de nuestra conversación con Leah, aparte de su interés sincero en preguntar y escuchar nuestras respuestas, fue el hecho de que su madre, Mary, estuviera escuchando el programa. Desde que Leah y Andy le hablaron de nuestros libros, seminarios, vídeos y programa de radio, la transformación se convirtió en algo especial que comparten en familia. Lo mejor era ver que no estaba preguntando cosas con objeto de escandalizar a su madre, ni tampoco se estaba reprimiendo. Acompáñanos mientras tenemos una conversación abierta con Leah sobre un asunto muy personal: el sexo con su marido.

SEXO, SEXO, SEXO Y... ¿HEMOS MENCIONADO TAMBIÉN EL SEXO?

Era un día fresco de otoño cuando empezamos la segunda emisión de nuestro programa de radio sobre el sexo. La primera había tenido un éxito tremendo, por lo que le pedimos a nuestro productor que fijara cuanto antes una segunda parte. Habíamos comprado una revista popular en los quioscos como preparación para el programa que incluía un artículo sobre cómo avivar el fuego en tu vida sexual. Queríamos ver lo que podía ofrecernos.

En cualquier mes, en *Cosmopolitan* o en cualquier otra revista, encontrarás consejos y reglas, ideas e información sobre cómo sazonar o mejorar de alguna forma tu vida sexual. Pero lo que habíamos descubierto es que da igual las técnicas que emplees, al final todo se reduce a «estar aquí». Si estás aquí durante la experiencia de intimidad sexual, puede ser un acto profundo y divino. Pero si estás perdido en tus pensamientos o intentando alcanzar algún propósito (como tener un orgasmo, o no tenerlo demasiado pronto), el sexo es solo una versión superficial de lo que puede llegar a ser.

Para entonces ya habíamos comentado la cuestión de la escucha y de los tres principios de la transformación instantánea. Además habíamos charlado sobre el número actual de la revista *Cosmopolitan* y preparado el terreno para nuestra primera llamada del día. Esta es la conversación:

—¡Hola, chicos! –comenzó Leah.

—Hola –contestamos.

—¿Desde dónde nos llamas? –preguntó Ariel.

—Estoy llamando desde Nueva York –respondió Leah–. Oh, Dios –continuó–, me encanta escucharos. Disfruto mucho con vosotros dos y con el programa. Estaba nerviosa por llamar a un programa que trata de sexo, pero mientras estaba escuchando, me sentí mucho más relajada. De manera que gracias.

—Bueno, ¿no es gracioso que pongamos el sexo en un compartimento aparte, como algo de lo que hay que avergonzarse? –preguntó Ariel–. Quiero decir que si estuvieras llamando a un programa para hablar de tu comida favorita, sería muy distinto.

—Sí –admitió Leah riendo–, seguramente no estaría tan nerviosa.

—¡Sí, claro! –continuó Ariel–. Puedes decir cuál es tu comida favorita, pero hablar de lo que prefieres hacer durante el sexo seguramente sería muy diferente.

—Bueno, tengo una pregunta para vosotros –dijo Leah.

—De acuerdo.

—Hay algo que me ha pasado recientemente con mi marido. Tuvimos un fin de semana extraordinario en el que solo nos dedicamos a pasarlo bien y a gozar muchísimo del sexo. Nos sentimos de verdad unidos. Y luego, en los dos últimos días, es como, no sé cómo describirlo, como si algo hubiera sacudido nuestra relación. No es en absoluto que hayamos estado discutiendo, sino que ahora no sentimos esa clase de intimidad relajada y el sexo no fluye como antes. Ahora es como si hubiera que hacer un pequeño esfuerzo, algo así. Me pregunto cómo se vuelve a lo de antes... Es como si te cayeras del caballo: ¿cómo vuelves a subirte al caballo, o en este caso al marido, ya sabes, a esa intimidad tan relajada y que se disfruta tanto?

—Bueno, tengo que hacerte una pregunta –dijo Shya.

—Hummm.

—¿Cuándo fue la última vez que hablaste con tu madre?

—Creo que ayer –contestó Leah.

—Bien –dijo Ariel–. ¿Y cuándo fue cuando las cosas se pusieron más difíciles?

—Diría que hará un par de días más o menos.

—De acuerdo. O sea, que puede que no guarde relación, pero a veces el flujo de la intimidad se corta cuando la gente está en contacto con miembros de su familia –señaló Ariel.

—Es decir, que tu madre viene a la ciudad –dijo Shya–. ¿Cuándo será eso?

—En diciembre, para asistir a vuestro curso «La libertad de respirar y el arte de ser un sanador».

—Excelente, excelente –dijo Shya. Su respuesta confirmó su sospecha.

—¿Sí? –preguntó Leah. Todavía no tenía idea de lo que Shya estaba viendo.

—Sí –dijo Shya–. Es perfecto que venga. Tú y tu marido lo pasasteis estupendamente en la cama, totalmente desinhibidos, y tú estuviste del todo presente. ¿Le contarías esto a tu madre?

—Hummm... –murmuró Leah, claramente incómoda.

—Sí, a lo mejor puedes hacerlo ahora porque está escuchando este programa –indicó Ariel.

—Sí –dijo Leah riendo–. ¡Hola, mamá! Quiero decir que ella sabe que nos entendemos muy bien en la cama. Pero no hablamos sobre eso. No en detalle.

—En absoluto le estoy echando la culpa a tu madre –aclaró Shya–. Es solo que te han condicionado para no ser sexual.

—Sí, eso es verdad.

—Cuando tenías tres o cuatro años, te tocabas y la gente te daba una palmada en la mano –dijo Shya.

—Cierto –contestó Leah.

—Pero te sentías bien al tocarte –prosiguió Shya–. Sabes que en esa zona hay una gran cantidad de terminaciones nerviosas que dan placer; sin embargo, jugar contigo misma era algo inaceptable. Unos amigos nuestros tienen dos hijos, y el menor se tumba boca abajo y, en dos palabras, se frota con el suelo. El mayor dice: «¡Mamá, está rozándose con el suelo!». Pero la madre sabe que el niño está haciendo eso porque le da placer, le excita, y es algo que seguramente dejará de hacer cuando crezca un poco más. Como solo lo hace en casa, porque no se tira al suelo en el supermercado ni en la escuela, se lo permite.

—La mayoría de nosotros no creció en un ambiente como ese –dijo Ariel.

—Es verdad –afirmó Shya–. La mayoría no teníamos una madre abierta que estaba dispuesta a permitirnos sentir lo que estuviéramos sintiendo cuando empezamos a explorar nuestra sexualidad.

—Exacto –dijo Leah.

—A veces, Leah —añadió Ariel—, cuando has hablado o estás preparándote para hablar con alguien como tu madre, es como si le dieras marcha atrás a todo para que resulte más apropiado en el momento de la llamada telefónica.

»Shya y yo también solíamos pasar por lo que tú has descrito. Con frecuencia cuando teníamos esa expansión sexual, después era difícil durante un tiempo porque una parte de nosotros quería volver al control, volver a la normalidad. Pero no solo «volvíamos a la normalidad». Nos contraíamos. Es como si de manera automática volviéramos a estar más cerrados.

—Sí, esa fue la sensación que teníamos esta pasada semana —dijo Leah—. Como si realmente fuera algo muy alegre y divertido, y luego volviéramos atrás.

—¿Qué más ocurrió la semana pasada? —preguntó Shya.

—Realmente me identifiqué con lo que dijiste antes en el programa acerca de cómo llevarás la manera en que actúas en tu vida al ámbito sexual. Como si, cuando por ejemplo vas acelerado en tu vida cotidiana, cuando te acercas a tu pareja de una manera sexual o íntima, estarás acelerado y no serás capaz de estar realmente ahí. Lo he notado cuando me precipito en proyectos de trabajo y también en otras áreas.

—Cierto —dijo Shya—. Si intentas llegar a algo todo el tiempo, llevas esa misma actitud a tus momentos de intimidad. Y no estás realmente ahí. Estás esperando a conseguir algo que será mejor que donde ahora estás, y nunca llegas allí.

—Sí —admitió Leah.

—Dijiste que hace una semana fue muy alegre —dijo Ariel—. Pero la semana pasada ya se ha convertido en un concepto. En este punto ya no es una experiencia, sino más bien el rastro de un recuerdo de lo que fue.

—Comparar este momento con ese momento es mortal. La comparación realmente destruye —añadió Shya.

—Oh, sí —dijo Leah. Podía fácilmente ver cómo ella misma había estado haciéndolo.

—Si comparas la relación sexual que estás teniendo hoy con la que tuviste ayer y crees que esa fue mejor, en realidad no estarás aquí con tu marido. La gente se suele aferrar a los buenos recuerdos para hacer comparaciones, pero solo son recuerdos. La verdad es que ya no son una experiencia —señaló Shya.

—Cierto, sí —contestó Leah.

—Mira, Leah —dijo Ariel—, Shya y yo llevamos treinta años juntos y, créeme, en todo ese tiempo hemos tenido montones de orgasmos.

—¡De verdad, de verdad, montones y montones de ellos! —dijo juguetonamente Shya.

—¡Estupendo! —exclamó Leah.

—Algunos fueron explosivos —dijo Ariel—. Y otros, lo que yo llamaría «chirriantes». Ya sabes, tienes un orgasmo pero es una sensación muy ligera, y te quedas como diciéndote a ti misma: «¿Qué? ¿Eso es todo? ¡Qué injusto!». Ocurre de vez en cuando, bien sea por el apresuramiento, porque estoy muy cansada o no del todo centrada en mi cuerpo, o porque las hormonas andan un poco descontroladas.

—Pero si te preocupas por tener uno de esos «orgasmos chirriantes», por ejemplo —indicó Shya—, estarás forzando que se produzcan una y otra vez. Cada vez que te resistes a algo, haces que se mantenga a tu alrededor.

—Sí, me doy cuenta —dijo Leah.

Ariel sonrió para sí y continuó:

—Esto me recuerda a un chiste subido de tono que me contaron cuando estaba en primaria, Leah. Es sobre un chico que va a una casa de mala reputación que tiene tres plantas. En la de abajo hay una mujer preciosa, preciosa de verdad. En la de en medio, una mujer de mediana edad, y en la de arriba, una señora, bastante mayor, que antes era maestra de escuela. Aunque es con diferencia la más vieja y la más cara de las tres, hay una cola enorme frente a su puerta. Al final del chiste el chico dice: «Bueno, voy a probar la del último piso, porque parece que es realmente popular». Llega a la planta de arriba para ponerse en la cola cuando le oye decirle al cliente con el que está en ese momento: «Si no te lo he dicho una vez, te lo habré dicho mil: práctica, práctica, práctica. De acuerdo, ¡ahora vamos a hacerlo otra vez hasta que lo aprendas bien!».

Leah se rió al escuchar el remate del chiste.

—Si sientes que no disfrutas, ¡practica, practica, practica! –dijo Ariel.

—Pero de todos modos –añadió Shya–, lo contrario también es cierto. Si sientes que estás disfrutando, ¡practica, practica, practica!

—Es cuestión de practicar, cierto. Lo haré –dijo Lea, divertida–. Estupendo. Me gusta eso. ¿Puedo haceros una pregunta más, una pregunta rápida?

—Claro –accedió Shya.

—No tiene por qué ser rápida –añadió Ariel.

—De acuerdo –dijo Leah, tomando un tono más serio–. Me da un poco de vergüenza, pero de lo que quiero hablar es de la felación.

—De acuerdo –dijo Ariel.

—En pocas palabras, desde que estoy con mi marido parece que se me hubiera abierto un mundo totalmente nuevo y he disfrutado como nunca lo había hecho antes haciéndole una felación. Y me ha gustado. Pero tengo ese problema con lo de tragar.

—¿Tragar el semen? –preguntó Shya.

—Sí.

—Ajá –dijo Shya, animándola a seguir hablando.

—Siempre, en el último momento, me echo para atrás. Tengo esa idea de que es un poco desagradable, o asqueroso, o lo que sea –confesó Leah atropelladamente.

—Lo primero de todo, ¿de dónde sacaste esa idea de que tragar es mejor o no tragar es mejor? –quiso saber Ariel.

—Definitivamente tengo la idea de que tragar es mejor –dijo Leah.

—De acuerdo. ¿De dónde sacaste esa idea? –preguntó Shya.

—Dios, debo de tenerla desde que era adolescente. –Resultaba obvio que Leah estaba reflexionando por vez primera sobre esa pregunta. Nunca antes se había detenido a mirar cómo se presionaba para tragar el semen de su marido cuando estaban practicando sexo oral–. ¿Sabes una cosa? –dijo con una risa–, puede que me lo dijera mi novio del Instituto. Ahora tengo un vago recuerdo de esto, y probablemente es algo que viene de algún momento de la adolescencia.

—Hay algo que he aprendido sobre mí con el paso del tiempo –dijo Ariel–. Si hay algún tema sobre el sexo en lo que pienso una y otra vez, generalmente es algo que quiero. Si has estado pensando en que te resulte agradable tragarte el semen, es probable que sea algo en lo que tienes interés.

—Ajá —dijo Leah.

—Puedes hacer que tu marido te lo pida —le sugirió Shya—. Eres totalmente capaz de hacer que te quiera de una manera o de otra, da igual que te lo tragues o no.

—Es verdad, sí —dijo Leah.

—Pero, mira —prosiguió Ariel—, podrías pensar en esto como *Nike, Just do it!* (¡Simplemente hazlo!) No es tan diferente de la saliva, solo que más espeso.

Leah se reía porque estaban abordando el tema de forma más ligera y desenfadada.

—O puedes pensar que es como esa gelatina, Jell-O shooter —dijo Ariel sonriente—. Dicen que es una bebida muy popular. Puedes engañarte a ti misma como quieras. Pero es interesante que te hayan educado para sentir todo ese asco.

—Nos han inculcado que el sexo es repugnante, pero entre tú y tu marido no debería ser así —señaló Shya.

—Cuando estás realmente excitada, todo se vuelve jugoso y viscoso, todo se pone perdido, y, ¿sabes?, eso es parte de lo divertido del sexo —indicó Ariel.

—Ajá. Bien. ¡Genial! —dijo Leah.

—Por cierto —añadió Ariel—, si evitas algunas de las cosas que quieres practicar durante el sexo, eso tiende a hacer que sea menos divertido.

—Puede que ya hayas obtenido tu propia respuesta, Leah —expuso Shya.

—Genial. Eso es fantástico. Muchas gracias, chicos.

—Gracias por llamar —dijo Shya.

—Gracias por ser tan franca y abierta —añadió Ariel.

—¡Que tengáis un buen día!

—Muy bien. Y... ¿Leah? —dijo Ariel antes de pasar a la siguiente llamada.

—¿Sí?

—No lo olvides: ¡práctica, práctica, práctica!

—¡Por supuesto! Apenas puedo esperar.

Sexo, sexo, sexo y... ¿mencionamos también el sexo?
LaRelacionIdeal.com

40

PRACTICA, PRACTICA, PRACTICA

Ahora que has leído este libro, esperamos que haya sido para ti un viaje orgánico y vivo compartido con nosotros, algo parecido a una relación. Dedica un momento a mirar el índice u hojea las páginas del libro y elige al azar algunas para leerlas. Probablemente descubrirás que ciertas ideas que al principio sonaban extrañas ahora se han integrado sin fisuras en tu realidad. Ahora solo te queda practicar: practicar estar en el momento y practicar ser tú. Esto no será difícil de hacer porque ya estás en el momento, este momento de tu vida, y ya eres un *tú perfecto*.

Al realizar juntos este viaje, has descubierto algo muy positivo: no puedes ser diferente a como eres en el momento actual de tu vida. En otras palabras, tus circunstancias actuales solo pueden ser exactamente como son. También has visto que cualquier cosa a la que te resistas te sigue durante toda tu vida, y que si le permites a tu vida ser como es, tus problemas se solucionan solos. Eso te quita la presión de encima. Lo único que tienes que hacer es notar cómo estás en el momento actual de tu vida sin juzgarte a ti mismo, sin culpar a otros ni a las circunstancias por lo que ves. Esto es suficiente para transformar tanto tu vida como tu capacidad de relacionarte.

Lo que necesitas es ir más despacio (solo un poco), lo bastante para conectarse con el momento actual de tu vida. Esto no se logra de una sola vez. Es parte de un estilo de vida transformador. A todos nos han programado y condicionado para llegar a algún punto en el futuro, para alcanzar o producir resultados. Pero lo que te estamos presentando aquí es una nueva posibilidad, la de estar con los acontecimientos de tu vida a cada momento, en lugar de intentar alcanzar algún sueño o decisión de la infancia.

A través de este libro hemos conocido a varios valientes que se sentaron con nosotros para hacernos preguntas. Y que fueron lo bastante generosos para compartir lo que nos contaron, con todas sus debilidades y fortalezas. Como cada individuo es una faceta de una gema llamada «relación», es fácil verse a uno mismo en ellos. Su humanidad y grandeza ha sido una verdadera inspiración. Si vas más despacio (ya sabes, solo un poco), podrás rozar tu propia humanidad y grandeza también.

Este viaje termina ahora donde empezamos. En las primeras páginas declaramos: si tras leer este libro, solo tuvieras un beneficio (tratarte bien a ti mismo), lo consideraríamos un éxito extraordinario. Y esto es porque:

La relación ideal empieza por ti

AGRADECIMIENTOS

Primero, y por encima de todo, queremos dar las gracias de nuevo a las personas que aparecen en los vídeos y programas de radio. Sin vosotros, sin vuestra sinceridad, valentía y voluntad de exponerse a los demás, no existiría este libro. Estamos agradecidos a nuestra amiga Menna de sa Baretto (A. K. A Menna Van Praag) por poner su talento a nuestra disposición a lo largo de todo este proyecto. ¡Eres *sencillamente genial*! Gracias especiales para Rod Hill por su maravillosa videografía y edición de vídeo. Nuestra editora Andrea Cagan ha sido, una vez más, un sueño hecho realidad. Nos encanta trabajar con ella. Gracias a Frannie Rutherford por asegurarse de que pusimos los puntos y las comas en su sitio y a Arne Hoffmann. Fernanda Franco, tu trabajo de diseño es estupendo, y Susan Donlon, es una bendición tenerte como productora de *Estar aquí*. También estamos agradecidos a los extraordinarios profesionales que trabajan entre bastidores, Valerie Paik y Christina Sayler, por su saber hacer y su amistad. Os apreciamos más de lo que imagináis. Gracias también a la magnífica empresa TAG Online, responsable de nuestra página web, que nos situó en Internet antes incluso de que supiéramos lo que es. Los vídeos, que son la columna vertebral de este libro, han sido presentados con la magia de su genio y su técnica.

SOBRE LOS AUTORES

Desde 1987 los autores galardonados Ariel y Shya Kane han enseñado a individuos, parejas y organizaciones de todo el mundo cómo vivir en el momento. Actuando como catalizadores para la transformación instantánea, nos alientan a desprendernos de conductas automáticas que nos impiden vivir la vida de una forma relajada. El enfoque de los Kane tiene un sabor original que es apropiado para las circunstancias de la vida actual y sus complejidades pero que al mismo tiempo resuena con las verdades universales de todas las épocas.

Pese a llevar juntos desde hace más de treinta años, la gente sigue preguntándoles a Ariel y Shya si están de luna de miel. Su famoso superventas *How to Create a Magical Relationship* ganó la medalla de oro del Nautilius Book Award de

2007 en la categoría de «Relaciones/Problemas de hombres y mujeres».

Para tener acceso a su programa de radio y eventos, únete a *The Premium Excellence Club*, y para conocer más, visita www.TransformationMadeEasy.com/es

Vídeo extra: transformación en el río
LaRelacionIdeal.com

ÍNDICE